KB166949

묵묵히 걷고 있는
당신의 길을 응원합니다.

고마운 마음을 담아

_____님께

이 책을 드립니다.

사장의 길

사장의 길

ⓒ 2016, 서광원

초판 1쇄 발행 2016년 3월 21일
초판 15쇄 발행 2022년 10월 11일

지은이 서광원
펴낸이 유정연

이사 김귀분
기획편집 신성식 조현주 심설아 유리슬아 이가람 서옥수 **디자인** 안수진 기경란
마케팅 이승헌 반지영 박중혁 김예은 **제작** 임정호 **경영지원** 박소영

펴낸곳 흐름출판(주) **출판등록** 제313-2003-199호(2003년 5월 28일)
주소 서울시 마포구 월드컵북로5길 48-9(서교동)
전화 (02)325-4944 **팩스** (02)325-4945 **이메일** book@hbooks.co.kr
홈페이지 http://www.hbooks.co.kr **블로그** blog.naver.com/nextwave7
출력·인쇄·제본 (주)상지사 **용지** 월드페이퍼(주) **후가공** (주)이지앤비(특허 제10-1081185호)

ISBN 978-89-6596-185-7 03320

사장의 길

· 서광원 지음 ·

흐름출판

•
'추천의 글'은 도착한 순서로 게재하였습니다.

'다른 사장은 어떨까?' 책을 받아들고 처음 든 생각이었다. 읽다 보니 사장의 공통된 고민과 생각에 많은 부분 공감했고, 선배 CEO들의 살아있는 경험과 지혜를 배울 수 있어 유익했다. 책장을 덮으면서 사장의 길을 묵묵히 걸어가 야겠다고 나 자신을 다잡는 계기가 되었다. 현직 CEO에게는 공감과 위로를 전해주고, 미래의 CEO에게는 자신의 길을 미리 살펴보는 지침서가 되어 줄 것이다.

──── **조남성** 삼성 SDI 사장

365일 24시간, 잠든 시간마저도 야수의 본능과 철학자의 고뇌를 동시에 끌어 안고 있는 사람이 리더다. 이 책은 구체적인 성과를 내야하는 리더들에게 상 대방을 제압하는 것이 아니라 스스로를 이겨내는 것이 진정한 승리임을 일깨 워주고 있다. 사장으로 살아가는, 살아가길 원하는 모든 리더들에게 성장과 자기성찰을 위한 지침이 되어줄 것이다.

──── **이방수** LG디스플레이 부사장

국내외 대기업 27명의 최고경영자와 일하면서 느낀 공통점은 그들 모두 혼자 라는 사실이다. 처절한 기다림과 인내, 불확실한 상황에서의 결정, 긍정의 메시지를 전하는 일은 그들이 끌어안고 있는 두려움, 초조함, 고뇌를 내면으로 감추는 근육을 단련하도록 만든다. 그렇다고 리더의 내면에 자리한 고독과 불안이 사라지는 것은 아니다. 저자는 깊은 통찰과 간결한 기술로 내가 보아왔던 사장의 길을 걷는 사람의 고뇌를 확인할 수 있도록 해주었다.

————— **정태희** 現 콘티넨탈코리아(주) 인사총괄전무(前 GE Korea CHO)

리더는 항상 조직의 문제 해결에 골머리를 앓는다. 크고 작은 딜레마로 가득한 문제들은 상황과 관계마다 다른 해결책을 요구한다. 저자는 실제 경영 현장의 다양한 사례를 통해 답 없는 문제의 답을 찾는 지혜를 하나씩 짚어내고 있다. 평소 좋은 책은 제목과 목차만 봐도 느낌이 온다고 생각했는데, 이 책은 첫 대면부터 무릎을 치게 하고, 읽는 내내 입가에 미소가 떠올랐다. 사장은 외롭더라도 혼자 가야 하고, 괴롭더라도 같이 가야 하며, 어렵더라도 불확실성과 싸워나가야 한다는 것을 깊이 공감했다. 책을 읽으면서 밑줄을 긋기 위해 몇 번이고 독서를 멈춰야 했다.

————— **변봉수** 제주썬호텔앤카지노 전무

누구나 큰 포부를 갖고 사업을 시작한다. 하지만 막상 사장이 되면 높고 거대한 현실의 벽을 목도하게 되고, 함께 일하는 구성원은 이런 사장의 마음을 이해 못 한다는 것을 느끼며 마치 황야에 홀로 선 듯한 기분에 휩싸인다. 사장은 이런 고독을 끌어안은 채, 내 안의 날 선 본능을 다스리고 조직의 잠재된 본능은 일깨우기 위해 앞장서야 한다. 이 책에 등장하는 수많은 조직의 리더들이 사장의 숙명을 깨우치고 받아들이며 앞으로 나아가는 모습에서 큰 감명을 받았고 진실한 용기가 무엇인지 엿볼 수 있었다.

————— **김동원** 現 Real Math학원 근무(前 멘토수학학원 원장)

한 기업을 경영하고 있는 사장으로서, 참으로 공감이 가고 해답이 되는 책이다. 매일 새로운 길을 만들면서 혼자 가는 외로움과 그러면서 전체를 아우르며 같이 가야 하는 책임에 대하여 분명하게 제시하고 있다. 오랜 기간 사장 직책을 수행하면서도 흐릿하게 느꼈던 길이 한결 밝아졌다. 경영자 제위께 일독을 권한다.

— **조항원** (주)대성미생물연구소 사장

저자의 전작 《사장으로 산다는 것》에 이은 이 책 《사장의 길》은 이 시대를 살아가는 사장의 고민과 그 자리를 지향하는 리더들의 고민이 같은 길 위에서 같은 방향을 향하고 있음을 일깨워 주고 있다. 저자는 그 길 위에서 반복되는 시련을 딛고 일어선 사장의 내면을 들여다보고 위로한다. 그리고 사장의 고민이 서로 다르지 않음을 전하며 함께 같은 길을 걸어가는 동행이라는 말을 건네는 듯하다. 그가 건네는 위로가 캄캄한 밤에 항로를 찾는 선장에게 길을 알려주는 북극성의 별빛처럼 영롱하고 따뜻하게 느껴졌다. 그의 시선을 따라 내 마음도 밖이 아닌 안을 향한다.

— **김강현** KB손해보험(주) 전무

경영은 실전이다. 그래서 경영진에게 실전 경험이 많은 리더의 경험담만큼 좋은 자산이 없다고 생각한다. 특히 요즘처럼 사업 환경이 어려워진 시기에는… 저자가 책에서 전하는 수많은 사장의 진솔한 고백에 가슴 깊이 공감했고, 그들이 그만두고 싶을 때마다 내디딘 한 걸음에서 비애를 넘어서는 묵직한 울림을 느낄 수 있었다.

— **한용수** 유한킴벌리 헬스케어사업본부장 상무

사장은 전투의 마지막 보루이며, 전략가이며 동시에 지휘관이다. 사장은 책임을 전가할 대상이 없기에 두렵다. 무너지면 바로 천 길 낭떠러지다. 이 시리도록 무서운 두려움과 마주하는 사람이 사장이다. 또한 이를 극복해야 성공이라는 목표에 도달할 수 있다. 저자는 이 두려움의 정체를 샅샅이 파헤치고 잘근 잘근 씹어서 소화하고 있다. 삶의 한복판, 항상 날 선 경계 위를 걸어야 하는 비즈니스의 전장에서 승리하고 싶다면 이 책을 꼭 살펴보길!

— **이재구** 한백텍스 대표이사

CEO의 방을 흔히 'The Corner Office'라고 부른다. 통상 '전망이 가장 좋은 방' 정도로 생각했는데, 이 책을 읽고 그 뜻의 본질이 혼자 밥 먹고 혼자 술 마시는 사람을 은유적으로 표현한 것이란 생각이 들었다. 최고경영자만이 겪는 애환과 해야 할 일에 대해 무릎을 탁 치도록 만드는 내용에 탄복했다. CEO뿐만 아니라 앞으로 최고경영자가 꿈인 분들에게 강력하게 추천하고 싶다.

— **송재조** 한국경제TV 대표

이 책은 얼핏 화려해 보이는 리더의 자리가 실제로는 혼자서 모든 책임을 감당하고, 묵묵히 직원을 이끌며, 매 순간 결단하고 앞으로 나아가야 하는 고뇌로 가득한 자리라는 것을 사실적으로 풀어내고 있다. 반드시 혼자서 가야 하는 길이지만, 직원들과 같이 가야만 하는 딜레마 속에서 힘들고 지친 사장들에게 위안이 되어 주는 책이다.

— **고한승** 삼성바이오에피스 사장

'사장의 딜레마'
속으로

왜 이렇게 힘들까?
무엇 때문일까?
....

2006년 1월 2일, 새로운 해가 시작된 둘째 날 사표를 냈다. 다른 날도 아닌 새해 첫 출근 날 내민 갑작스런 사표에 다들 둥그레진 눈들을 뒤로 하고 휴대폰을 껐다. 그리고 한적한 도로만을 골라 전국을 한 바퀴 돌았다. 새로운 길을 가기 위한 혼자만의 의례였던 것 같다.

내게 새로운 길을 가게 한 건 당시 출간한 지 얼마 안 된 책《사장으로 산다는 것》(이하《사장으로》)이었다. 이 책은 사업을 하던 시절 혼자 어쩌지 못해 끙끙거리며 힘들어했던 것들을 경험 많은 사장들에게 털어놓고 도대체 어떻게 그런 어려움들을 해결하고 이겨 냈는지를 취재한 것이었다. 막상 사업을 해보니 생각지도 않았던 마음고생이 많았기 때문이다. 그 많은 리더십 책에도 나와 있지 않고 물어볼 사람도 없어, 나중에 시간이 되면 경험 많은 사장들에게 꼭 물어보고 싶었는데 다행히(?) IT붐이 꺼지면서 언론에 복귀하게 됐고, 덕분에 그걸 알아볼 수 있는 시간이 생겼던 것이다. 많은 만남에서 회사 규모가 크나 작으나 사장이라는 자리와 역할을 맡게 되면 겪을 수밖에 없고 감당할 수밖에 없는 애환이라는 게 있다는 것을 알게 됐다. 사업하던 시절의 나처럼 사업을 처음 시작하는 이들이 괜한 일로 혼자 고민하고 괴로워하지 않았으면 하는 마음에 책으로 낸 것이《사장으로》였다.

그런데 책을 쓰는 과정에서 다시 한참을 끙끙대야 했다. 이런 애환들이 왜 사장에게만 생겨나는지, 그리고 이런 것들이 도대체 어디서 어떻게 생겨나는지 알고 싶었지만 알 수 없었다. 분명 근원이 있을 텐데, 그 근원만 알면 사장들이 겪는 딜레마를 상당 부분 이해할 수 있을 텐데, 그걸 알 수가 없었다. 많은 전문가들에게 물었지만 고개를 끄덕일 만한 답이 없었다. 답을 찾느라 몇 달 동안 한 줄도 쓰지 못할 때도 있었다. 어쩔 수 없이 에둘러갈 수밖에 없었지만 중요한 무언가를 남겨두고 온 것 같은 기분을 떨칠 수가 없었다.

고맙게도《사장으로》가 좋은 반응을 얻은 덕분에 새로운 길을 가볼 힘이 생겼다.《사장으로》를 쓰면서 많은 사장들에게 배운 걸 적용해보기로 했다. 온몸을 바쳐야 세상도 그만한 응답을 해준다는 말을 가슴에 새겼다. 사표라는 배수진을 쳤으니 남은 건 사장들의 표면적인 삶 너머에 있는 본질 속으로 들어가는 일이었다.

2~3년이면 충분하리라 생각했다. 물론 순전히 나만의 생각이었다. '충분한 시간'은 순식간에 지나가버렸고, 이 글을 쓰고 있는 지금은 꼭 11년째 되는 해다.

《사장으로》를 낸 뒤 참 많이 들었던 말이 있다.

"나만 그런 게 아니었구나."

다들 책을 읽으면서 자신도 모르게, 또는 직원들 모르게 안도의 한숨을 쉬었다고 했다. 얼핏 높아 보이고 빛나 보이는 사장이라는 자리라는 게 어디까지나 남들 눈에 그렇게 보이는 것일 뿐, 그 자리가 요구하는 보이지 않는 어려움을 어쩌지 못해 다들 혼자 끙끙거리고 있었던 것이다. 모든 게 다 내가 못난 탓 같고 능력 부족인 것 같아 힘들었던 것이다. 위기다 뭐다 해도 다른 사람들은 다 잘만 하는 것 같은데 왜 나만 이 모양 이 꼴인지, 힘들고 맥 빠지는 날들을 가까스로 견디고 있었던 것이다. 그런데 책을 읽으면서 자신들의 고민이 못나고 능력 부족인 탓도 있지만 사실은 조직을 이끌어가야 하는 리더라면 모두가 겪어야 하는 고충이라는 걸 알게 되었다고 했다. 햇빛을 받으면 자연스럽게 생기는 그림자 같은 것임을⋯⋯. "나만 그런 게 아니었구나"라는 그들의 혼잣말은 가슴을 쓸어내리는 안도의 한숨이자 마음속 토로였다. 그들은 그렇게 한숨을 내쉬며 하나같이 비슷한 말을 덧붙였다.

"(사장으로서) 뭘 해야 할지 아는데도 왜 갈수록 힘들어질까요?"

"왜 (사장은) 날이면 날마다 똑같은 일로 힘들어야 할까요?"

"왜 이 나이가 되었는데도(사업을 몇 십 년을 했는데도) 아직 서툴기만 할까요?"

귓등으로 흘려들을 수가 없었다. 내가 궁금해 했던 질문이 그들의 말 속에 있었기 때문이다. 정말이지 왜 그럴까? 왜 사장만 되면 외로움과 괴로움과 어려움이라는 고통을 멍에처럼 지고 살아야 할까? 도대체 이런 딜레마들은 왜, 어디서, 어떻게 생겨나는 걸까?

매를 맞아도 왜 맞는지 알고 맞으면 덜 아프고 아픈 것도 참을 수 있다. 병에 걸렸을 때 내가 왜 병에 걸렸는지 이유와 내력을 아는 것과 모르는 것은 완전히 다르다. 의사가 하라는 대로 하는 것도 좋지만 왜 병에 걸렸는지, 지금 무엇을 어떻게 해야 하는지 알면 마음을 안정시킬 수 있고 치료 효과 또한 높아진다. 모르면 불안해지고 별의별 생각을 다 하게 된다.

**자괴감, 능력 부족보다
이해 부족이다**

남이 알아주지도 않고 알 수도 없으며, 그렇다고 쉽게 말할 수도 없는, 이럴 수도 없고 저럴 수도 없어 절로 끙끙댈 수밖에 없게 하는 이른바 '사장의 딜레마'는 도대체 어디서 어떻게, 왜 생겨날까? 사장의 능력이 부족해서일까? 아니면 어떤 또 다른 이유가 있을까?

아무래도 조직을 이끄는 과정에서 생기는 것이니 먼저 조직의 속성을 알아야겠다는 생각이 들었다. 그래서 조직의 속성을 더듬어 가기 시작했는데, 곧 큼지막한 바윗돌 하나가 길을 막았다. 조직을 구성하는 인간의 기본 속성을 알지 않고서는 조직의 속성을 제대로 알 수 없었다. 먼저 인간을 알아야 했다. 인간에 대한 탐색이 필요했다.(왜 탁월한 CEO들이 인간 본성 탐구자인지 그 이유를 알 수 있었다. 본문에서 자세하게 설명할 것이다)

어떤 일이나 상황의 본질은 그것이 언제, 어떻게 그리고 어떤 이유에서 시작되었는가 하는 출발점에 그 실마리가 있을 때가 많다. 우리 인간이라는 존재가 시작되는 곳으로 거슬러 올라가야 했다. 인간은 어디서, 어떻게 시작되었을까? 인간의 역사는 생명의 역사에서 시작된 것이니 그 속으로 들어가 장구한 흐름을 헤아려야 했다. 그렇게 가고, 가고, 또 가다가 눈을 들어보니 어느 순간 '동물의 왕국' 한복판에 들어와 있었다. 생명의 역사를 더듬어가는 동안 나도 모르게 요즘 부상하는 진화생태학 속으로 들어갔던 것이다.

무언가 의미를 찾아 황야를 헤맨 자에게 하늘은 복을 내려주는 걸까? 얼핏 아무것도 아닌 듯 보이는 대자연은 신기하고 놀랍고 흥미로운 것들을 가득 품고 있었다. 약동하는 생명의 원리와 생존의 법칙들이 숨어 있었다. 무엇이 살아가는 힘을 만들어내는지, 어떤 생명체는 사라지는데 왜 어떤 생명체는 오랜 시간 살아오고 있는지, 우리가 알아야 할 것들이 자연사라는 이름으로 켜켜이 쌓여 있었다. 그것들은 또 생과 사 사이에 있는 우리가 기억해야 할 삶의 원리와 경영의 원리이기도 했다. 살아가는 원리는 같은 까닭이다.(SERICEO에서 선보였던 것과 생각지도 않았던 몇 권의 책들, 그리고 많은 CEO들과 임원들을 대상으로 강의해온 내용이 이것들이다)

하지만 안타깝게도 복은 한꺼번에 오지 않았다. 아니 가장 중요한 핵심만 빼고 왔다. 분명 이 근처 어딘가에 있을 것 같은데, 거의 다 온 것 같은데 정작 얻고자 했던 것만 보이지 않았다. 도대체 무엇이 리더의 딜레마를 만들어낼까? 리더는 왜 그렇게 쉽게 딜레마에 빠질까? 시간은 속절없이 흐르는데 손에 쥔 게 아무것도 없다는 걸 확인할 때마다 밀려오는 불안감을 감당하기 어려웠다. 심란함이 널뛰기할 때마다 이걸 왜 시작했는지 얼마나 후회했는지 모른다. 그렇다고 그만둘 수도, 마냥 갈 수도 없는 상황, 심증은 있는데 물증은 없다는 게 이런 건가. 뭔가 있을 것만 같은데…….

그렇게 5년쯤 되어가던 어느 날, 그날도 내내 씨름을 하다 머리를 식히기 위해 길을 걷고 있을 때였다. 수영장을 갔다 오는 아이들을 보자 문득 어릴 적 저수지에서 친구들과 깊이를 알 수 없는 밑바닥까지 내려갔다 오는 내기를 했던 기억이 떠올랐다.

저수지 밑바닥은 초등학교 저학년 아이들에게는 가도 가도 닿지 않는 컴컴한 심연 같은 곳이었다. 누가 먼저 저수지 바닥에 닿는지 내기를 할 때마다 기를 쓰고 헤엄쳐 내려갔지만 아무리 가도 닿지 않아 무서운 마음에 금세 물 밖으로 올라오고 말았던 그곳은 닿을 수 없는 곳이었다. 하지만 다들 물 밖으로 올라와서는 바닥에 닿았다고 큰소리를 쳤다. 아무도 확인할 수 없으니 그렇게 했고, 그래서 아무도 믿어주지 않았다. 분명 밑바닥은 있었을 텐데……

그 생각이 나서 혼자 씩 웃고 있는데 번쩍, 강력한 번개가 내 머릿속을 통과했다. 그래, 우리 안에 있는 저수지 밑바닥 같은 심연, 이거다! 번개가 내 안의 모든 걸 확 헝궈놓고 지나가면서 뒤죽박죽 엉켜 있던 것들이 정리되기 시작했다. 마치 머릿속에 해가 떠올라 자욱한 안개를 걷어내는 것 같았다.

우리는 우리가 항상 이성적으로 생각하고 행동한다고 믿는다. 모든 행동은 내가 의식적으로 판단하고 결정한 결과라고 말이다. 하지만 수많은 연구들에 의하면 우리의 뇌는 순차적으로 진화해온 세 개의 다른 뇌로 구성되어 있고, 이 뇌들은 일종의 집단지도체제에 따라 움직인다. 더구나 우리의 생각과 달리 우리를 '인간'이게 하는 뇌(신피질: 이성)는 이전에 먼저 발달한 두 뇌(구피질과 뇌간)에 수시로 밀린다. 이 두 뇌들이 독립적으로 존재하면서 강력한 영향력을 행사하고 있기 때문이다.

예를 들어 긴급한 일이 생기면 이 옛날 시스템들은 자기네가 판단하고 결정해서 온몸에 지시를 내린 후에야 '인간의 뇌'에 (보고하는 게 아니라) 통보한다. 마치 최신 정보와 기술을 습득한 젊고 똑똑한 선장이 부임했는데 급한 일이 생기면 나이 많고 오랜 경험을 가진 선원들이 자기들 마음대로 처리해놓고 나중에 젊은 선장에게 통보하는 식이다. 급하고 중요한 일일수록 그렇게 하니 인간의 뇌도 어찌할 도리가 없다.(연구들에 의하면 대체로 이성은 사후 통보받은 걸 자신이 판단하고 결정했다고 '생각'하고 '믿는다') 문제는 이 두 뇌들이 담당하는 일들이 생존에 필수적인 것들도 있지만 사리분별에 약하다 보니 아차, 하는 순간 우리를 후회와 곤궁, 더 나아가 실패로 몰고 가곤 한다는 점이다.

우리가 보통 '본능'이라고 하는 이 생물학적 유산은 우리 안에 깊숙하게 뿌리 내리고 있어서 웬만해서는 이 영향에서 벗어날 수 없다. 요즘 도시에서 자란 아이들은 뱀을 한 번도 본 적이 없지만, 뱀 비슷한 걸 보면 자기도 모르게 비명을 지르고 놀란다. 깊숙하게 내장된 본능이 '그렇게 생긴 것'을 무서운 존재로 기억하고 있기 때문이다. 사춘기를 겪고 싶다고 해서 겪고, 겪고 싶지 않다고 피해 갈 수 있을까? 그럴 수 없다. 우리 안에 그렇게 프로그래밍되어 있기 때문이다.

리더들이 겪어야 하는 딜레마 대부분이 바로 여기서 시작된다. 본능이라는 이름의 생물학적 유산, 더 구체적으로 말하면 예전에는 효과적이었지만 지금은 그렇지 않은 생물학적 유산들과의 씨름이 바로 딜레마들이다.

우리는 이제 설탕 같은 단 것을 따로 먹지 않아도 충분히 당분을 섭취할 수 있지만 우리 몸은 입에서 살살 녹는 달콤한 아이스크림이 눈앞에 놓이면 '본능적으로' 손이 가고 군침이 돈다. 당연히 마음을 '고쳐' 먹기 쉽다.(그래, 다이어트는 내일부터 하지 뭐. 조금만 먹으면 괜찮지 않을까?) 삶을 무겁게(?) 하지 않으려면 이런 무의식적 본능과 싸워야 하듯, 성과를 내야 하는 리더 역시 무수한 생물학적 유산과 부딪쳐야 한다. 내 안의 오랜 본능과 싸워야 하고,(1부에서 다룬다) 조직 속에 잠재된 더 많은 본능을 만나야 한다.(2부에서 다룰 것이다) 내밀한 것들이기에 말하자니 그렇고 안 하자니 속이 끓는다. 흔히 리더십을 자기와의 싸움이라고 하는 건 우리를 알게 모르게 어디론가 이끌고 가버리거나 떠밀어버리는 이런 마음의 중력, 조직의 중력들과 씨름하는 일이기 때문이다. 무너지는 회사들은 경영 판단 및 결정 실패 때문에 그렇게 되었다고 하지만 더 깊게 들여다보면 그 이전에 이미 무너지기 시작한 경우가 많다. 그것이 시간이 지나면서 경영의 실패로 드러나는 것뿐이다.

이 골치 아픈 심연들, 만나지 않을 수는 없을까? 안타깝게도 그럴 수는 없다. 경영이란 결국 사람으로 시작하고 사람으로 끝나는 것이기 때문에 그 안의 본능들을 피할 수 없다. 그렇다면 리더라는 자리에 오르게 되면 어떤 딜레마들을 만나게 될까? 산전수전 다 겪은 CEO들은 이걸 어떻게 해결했을까?(미리 말하자면, 그들은 잘 이겨내기보다는 잘 다루고 있었다. 수많은 시간과 시행착오 끝에 찾아낸 것이다) 이 책은 조직을 이끌고 나가는 사장들이 부딪치는 일상적인, 그러나 혼자서 괴로워해야 하는 딜레마들이 어떤 것들인지, 그리고 노련한 사장들은 이런 딜레마들을 어떻게 극복했는지를 탐색할 것이다.

사장들의 토로
"나를 좀 더 잘 이해했더라면…"

사업을 하고 조직을 이끌어야 하는 사장에게 중요한 게 뭘까?

사람을 쓰고 경쟁자를 이기는 법도 알아야겠지만, 자신이 해야할 역할을 본질적으로 이해하는 게 더 중요하다. 그래야 오래 갈 수 있고 멀리 갈 수 있다. 이유도 모른 채 커다란 바위를 산꼭대기에 밀어 올렸다가 굴러 떨어지면 다시 올려놓아야 하는 시지포스처럼 산다는 건 정말이지 괴로운 일이다. 날이면 날마다 무엇이 나를 넘어뜨리는 돌부리인지 모르면서 하루하루 팍팍하게 사는 것만큼 고통스러운 게 또 있을까?

지금 나를 힘들게 하는 것들이 어디에서 연유하는지, 그리고 그것들이 왜 나를 힘들게 하는지 알게 되면 쓸데없이 자책하지 않을 수 있다. 내가 겪고 있는 어려움들이 사실은 이런 자리에 앉게 되는 누구나 겪고 있는 것이라면 혼자 끙끙거리지 않아도 된다. 이제부터라도 알고 해결해나가면 된다. 그러다 보면 자신도 모르게 자괴감 대신 자신감이 자라나고 있을 것이다. 자괴감이란 능력 부족보다는 이해 부족에서 비롯되는 경우가 많기 때문이다. 특히 예기치 않는 일들이 많이 생기는 요즘에는 그 무엇보다 스스로를 믿는 힘이 중요하지 않은가.(자신감이란 스스로를自 믿는信 힘이다) 이 책을 쓰는 동안 만났던 경험 많은 사장들이 지나치듯, 또 한결같이 하는 말이 있었다.

"나(또는 내가 하는 일)를 좀 더 잘 이해했더라면…… 많이 달랐을 텐데……."

요즘 같은 세상에 살아가는 일이 힘들지 않은 이들이 얼마나 있겠는가마는, 사장들의 토로는 더욱 절절해졌다. 그들에게 요구되는 역할의 폭과 깊이가 비할 수 없이 높아진 까닭이다. 《사장으로》를 쓸 때 내 앞을 가로막았던 '사장들의 딜레마'라는 이름의 커다란 바윗돌은 오늘도 여전히 그들의 앞을 가로막고 있다. 앞으로도 마찬가지일 것이다.

왜 이렇게 힘들까? 살아남은 이들은 어떻게 살아남았을까? 10년 전에도 힘들었고 지금도 힘들기만 한, 여전히 현재진행형인 이야기를 시작한다. 힘들고 지친 그들에게 한줄기 힘이 되었으면 싶다.

2016년 서광원

PART 1

외롭더라도
혼자 가야 한다

P A R T   **2**

괴롭더라도
같이 가야 한다

PART **3**

어렵더라도 불확실성과
싸워야 한다

회사에서 도망간 CEO

"그래 가지고
사업할 수 있겠어요?"
....

눈이 떠진다. 시계를 보니 새벽 5시. 몸은 천근만근, 침대에 눌어붙은 듯 무겁다. 다시 잠을 청해보지만 오라는 잠은 오지 않고 잠시 잊었던 생각이 머릿속을 채우기 시작한다.

에잇, 떨치고 일어나 정수기 속 찬물을 가득 받아 벌컥벌컥 마시지만 속은 시원해지지도 개운해지지도 않는다. 아, 또 회사를 가야 하나? 출근할 생각을 하니 진저리가 난다. 정말이지 오늘은 가고 싶지 않다. 아프다고 할까, 아니면 밖에서 일 좀 보고 오후에 들어간다고 할까.

그래도 명색이 사장인데 그럴 수는 없지. 그래, 털어버리자. 화장실 수도꼭지를 확 틀어 얼음같이 차가운 물을 얼굴에 확 끼얹는다. 정신이 좀 든다. 문 앞에 배달된 신문을 가져오는 짧은 시간, 왠지 긴장된다. 밤사이에 또 무슨 일이 일어난 건 아니겠지? 혹시나 하는 마음으로 1면부터 빠르게 훑기 시작한다. 제발 회사와 관련된 일이 없기를……. 그렇게 끝까지 죽 넘겨본 후 별일 없으면 안도의 한숨을 내쉰 뒤 다시 처음부터 찬찬히 신문을 뒤적인다. 2008년 금융위기 때 한방에 회사가 날아갈 뻔한 일을 겪은 후 아침마다 반복되는 하루의 시작이자 긴장의 순간이다.

언젠가 상공회의소 모임에서 만난 사장들끼리 술 한잔 하는데 30년 넘게 사업을 해온 나이 지긋한 사장님이 웃으면서 했던 말이 생각난다.

"저는 지금도 아침에 신문을 가지러 갈 때마다 가슴이 막 설렙니다."

다들 왁자하게 웃었다. 누구도 왜 웃는지 말하지 않았지만 정말 화산이 폭발하듯 다 같이 웃었다. 웃겨서 웃었을까? 그런 사람은 없었을 것이다. 다들 그 '설레는 마음'을 아침마다 겪고 있기 때문이었을 것이다. 아침 신문을 펼칠 때마다 조용히 겁이 나는 게 하루를 시작하는 사장의 일인가.

업계 관련 뉴스가 큼지막하게 실려 있으면 숨도 쉬지 않고 읽어내려간다. 중국 경제가 어쨌다거나 환율이 폭락했다는 뉴스가 나오면 속에서 쿵 하는 소리가 난다. 고민 끝에 투자를 받아 시설을 증설한 지 얼마 안 된 상황이라 더욱 그렇다. 어찌 이렇게 날마다 살얼음판일 수 있을까. 사업이란 언제든 하루아침에 무너질 수 있다는 사실을 날마다 체감한다.

찬찬히 신문을 넘기는데 눈에 확 들어오는 게 있다. ○○ 컨퍼런스! 국내외 석학들을 초청하는 경영 관련 컨퍼런스가 열린다는 뉴스다. 그래 이거다! 예전부터 한번쯤 가보고 싶었지만 도저히 시간을 낼 수도 없고 비용도 만만치 않아 차일피일 미루어왔는데 그래, 오늘은 여길 가자. 근데 진짜 가도 될까? 출근 안 해도 될까? 개운치 않은 마음이 발목을 잡는다. 갈까, 가지 말까? 출근 시작 직전이 되어서야 오락가락하는 마음에 방향을 정했다. 가자!

어제 점심을 먹고 회사에 들어온 지 한 시간쯤 되었을까, 이 부장이 어색한 표정으로 주춤주춤 다가왔다. 평소 같지 않은 행동이라 무슨 일 있느냐고 묻자 등 뒤에 감추고 있던 손을 어정쩡하게 내미는 게 아닌가. 이게 뭐야? 왠지 불안하고 서늘한 느낌이 뒷덜미를 스치는 순간, 아니나 다를까, '사직서'라는 글씨가 눈에 확 들어왔다. 철렁하는 가슴, 뒷목을 따라 죽 올라오는 한기……. 올 것이 왔구나. 아니 왜? 놀란 눈으로 쳐다보자 봉투를 내민 손이 뒷머리를 긁적였다.

"새로운 일을 해보고 싶습니다. 여기도 좋고 사장님도 잘해주시지만 더 늦기 전에……. 애들 우유 값도 벌어야 하고……."

왜 이런 순간엔 오만 가지 생각이 파노라마처럼 지나가는 걸까? 무슨 말이든 해야 할 것 같은데 아무 말도 생각나지 않았다.

이게 뭐야? 말이 되는 소리를 해!

벌떡 일어나 봉투를 확 집어 던지고 한바탕 난리를 피우던지, 아니면 홱 나가버리던지 해야 할 것 같은데 생각만 간절할 뿐 꿈쩍할 수 없었다. 멍하니 사표를 내민 이 부장을 바라보고 있는데 가슴속에서 무언가가 무너져 내리기 시작했다. 가까스로 버티고 있던 것들이 우르르 무너져 내렸다. 맥이 탁 풀려 뭐라 할 수가 없었다. 힘이 빠져 일어날 수조차 없었다.

2년 반 전, 오랫동안 고심해서 삼고초려, 아니 칠고초려 끝에 모셔오다시피 한 사람이었다. 일을 하면서 오며 가며 겪은 그가 마음에 들어 몇 번을 찾아가 같이 일해보자고 해서 '모셔온' 사람이었다. "지금 있는 회사를 떠날 수 없다"고 완곡하게 사양하던 그는 "그러면 사장님만 믿고 가겠다"며 조심스럽게 합류했다. 고마운 마음에 연봉도 줄 수 있을 만큼 주었다. 다행히 그는 회사에 금세 적응했고 일 처리도 깔끔했다. 역시 데려오길 잘했다 싶었고 이제는 사업을 좀 키울 수 있겠다 싶었다. 기존 구성원들의 입이 부어올랐지만 일 처리가 깔끔한 그를 두고 뭐라 하는 사람은 없었다. 내년에는 반대가 있더라도 임원을 시켜야겠다고 생각하고 있었는데 갑자기 사표를 갖고 온 것이다. 무릎이 팍 꺾인다는 게 이런 건가? 믿고 맡길 사람을 이제야 찾았다고 생각했는데 이게 웬 날벼락이란 말인가.

"내일 이야기합시다."

일단 순간을 피하긴 했지만 솔직히 잡을 수 없다는 생각이 들었다. 아니, 잡을 자신이 없었다. 혹시 내가 뭘 잘못했나? 능력 있는 저 친구가 나하고 일할 수 없다면 나에게 문제가 있는 건가? 이런저런 생각들이 꼬리에 꼬리를 물고 이어졌다. 내가 이 사업을 계속할 수 있을까? 내가 진짜 능력이 있기는 한 걸까? 능력도 없으면서 그저 열심히, 몸부림만 치고 있는 건 아닐까? 이러다가 어느 사장처럼 한순간에 빈털터리가 되는 건 아닐까? 간이 콩알만 해지면서 식은땀이 흘렀다.

술을 마시면 인사불성이 될 것 같고, 그렇다고 딱히 갈 곳이 있는 것도 아니었다. 그렇게 가다 보니 결국 집이었다. 해도 지지 않은 훤한 시간에 들어온 집은 어색했다. 자꾸 무슨 일 있느냐고 물어보는 아내의 말에 대꾸하기 싫어 근처 술집에서 소주 한 병을 들이켰다. 마시고 푹 자고 나면 어떻게든 되겠지 했는데 정신만 말짱했다. 그렇게 뒤척이다 아침을 맞은 것이다. 회사에 가 사표를 낸 이 부장을 만나야 할 일이 아득했다. 그렇다고 그냥 보내고 말 것인가. 말 한 마디 못하고 보내고 나서 또 나를 자책할 것인가? 혼자 그렇게 허우적댈 것인가? 그런데 드디어 갈 곳이 생겼다! 서둘러 집을 나서며 비서에게 문자를 보냈다.

'오늘부터 이틀 동안 온종일 컨퍼런스에 참석해야 하니, 그렇게 알고 회사에 알려주세요. 급한 일 있으면 문자나 메일로 보내시고. 이 부장에게는 좀 기다리라고 전해주세요.'

아무 생각도 하고 싶지 않았다. 아니, 아무것도 안 보면 좀 살 것 같았다. 하루 종일 외국에서 날아온 대가들의 강연을 들으며 아주

바쁘게 돌아다녔다. 여유가 생기면 회사 생각이 날 것 같아 정말 바쁘게 하루를 보냈다.

그날 저녁 오래전에 약속한 모임이 있었다. 1년 몇 개월 전 멘토 세 분과의 만남을 공들여 만들었는데, 그분들과 저녁 식사를 하기로 했던 것이다. 이런저런 이야기 끝에 오늘 있었던 일을 털어놓았다. 그분들도 비슷한 일을 겪었을 테니 힘이 되는 말 한 마디쯤 들려주리라. 잠자코 얘기를 듣고 있던 한 분이 말문을 열었다.

"미국 유학 갔을 때 이름난 교수님으로부터 논문 지도를 받았습니다. 그 교수님은 미국에서도 논문 발표가 많기로 유명한 분이었는데 박사 학위 논문을 쓰다 교수님을 찾아간 일이 있었습니다. 너무 힘드니 시간을 좀 연장해달라고 말입니다. 한참을 하소연하는 동안 잠자코 듣고 있던 교수님이 책상 맨 아래 서랍 하나를 열어 보여주시더군요. 많은 논문들이 빽빽하게 들어찬 서랍이었습니다. '이거 학술지에서 거절당한 논문들이라네.' 그 한마디에 아무 말 못하고 나왔습니다. 논문을 많이 발표한 분으로만 알았던 그분이 그렇게 거절당한 논문이 많다는 걸 보여주는데 무슨 얘기를 할 수 있었겠습니까?"

누구나 다들 남모르는 아픔을 안고 산다는 말씀인가? 누구에게나 아픔이 있으니 당연하게 받아들이라는 것인가? 말뜻을 헤아리고 있는데 20년 넘게 대기업 사장을 지낸 분이 조용히 말을 받았다.

"참모는 휴식이 있어도 대장은 휴식이 없어요. 그게 대장의 일입니다. 대장은 항상 참호 속에 자신 있게 있어야 합니다. 별것 아닌 것 같지만 이게 정말 중요해요. 병사들이 그걸 보고 어떻게 싸울지, 지금 상황이 어떤지 알 수 있는 거예요. 그래서 대장은 쉴 수도 없고 좌절할 수도 없어요. 대장이 좌절하는 순간 모든 부대가 좌절합니다.

근데 지금 ○ 사장은 회사를 두고 도망을 간 거 아닙니까? 그래 가지고 사업할 수 있겠어요? 막말로 사장은 중요한 일이 생기면 함께 먹고 함께 싸고(배출하고), 밤을 새워서라도 문제가 뭔지, 어떻게 해결해야 할지 끝까지 들러붙어야 합니다. 직원들이 나가떨어져도 끝까지 해내는 게 사장이에요. 그래야 직원들이 아, 사장은 뭐가 달라도 다르구나, 하는 겁니다. 그래야 따르는 겁니다. 남들이 힘들어 하는 거 안 하고 피하고 그러면 어떻게 사업합니까? 아무리 좋은 것도 피해야 할 게 있고 아무리 더러워도, 얼굴에 오물이 묻어도 피하지 말아야 할 게 있습니다. 앞으로 이런 일이 한두 번 생기는 거 아닐 텐데 벌써부터 피해 다니면 임직원들이 뭐라고 하겠어요. 그 사람들이 모를 것 같아요? 다 압니다.

괴롭고 힘들겠지만 그럴수록 씨름을 해야 합니다. 저도 신규 사업들이 산더미처럼 몰려올 때는 그것들에 눌려서 죽을 것 같았어요. 해도 해도 끝이 없는 데다 저걸 해낼 수 있을까, 사실 자신이 없었어요. 거기다 여기저기 접대하느라고 날이면 날마다 술을 마셔야 했어요. 할 수 없이 주말마다 같이 일하는 사람들을 산으로 불러내 등산을 했어요. 그렇게라도 몸을 만들어야 하니까. 내려와서는 또 앞으로 일주일 일할 팀워크를 만들어야 하니 목욕탕 가서 서로 다

벗고 한바탕 씻은 다음, 나와서 막걸리 한잔 하곤 했습니다. 막걸리 마시면 등산한 것 다 도로아미타불 아닙니까? 그래도 그렇게 하다 보니 '저걸 우리가 할 수 있을까' 했던 일들이 '한번 해볼 만하다', '해보자' 이렇게 되더라고요.

피하지 마세요. 사업이란 남들이 못하는 일을 하는 겁니다. 제 경험상 우리 몸에서 나오는 게 피와 눈물과 땀인데, 이 셋 중 하나로는 안 되고 반드시 두 개 이상을 같이 흘려야 남이 못하는 일을 해낼 수 있어요. 어려울수록 같이 있어야 합니다. 그래야 팀워크가 생깁니다."

위안을 기대했던 사장은 그날 저녁 묵사발이 됐다. 평소 다정다 감하던 멘토들인데 어쩌면 이렇게 몰아붙이는지 눈물이 날 지경이었다. 왜 그랬을까? 그날 밤 집에 돌아와 멘토들이 한 말을 종이에 다 써본 후에야 알았다. 다 도망을 쳐도 자신은 회사를 지켜야 하는데, 가장 먼저 회사를 도망친 '중죄'를 지었던 것이다.

"절대 사장 같은 거 안 할 겁니다"

사장은 출근하는 게 항상 즐거울까? 사실 사장도 회사에서 도망 가고 싶을 때가 한두 번이 아니다.

미국의 소매업체 자포스Zappos는 독특한 고객 서비스로 유명한 회사다. 이제는 거대한 유통회사가 된 아마존이 2009년 인수할 때 당시까지 인수한 회사 중 최고가인 12억 달러(약 1조 3,000억 원)를 지불했을 정도로 가능성을 인정받은 회사다. 자포스를 인수한 아마존은 창업자인 토니 셰이의 경영 능력을 높이 사 그가 회사를 계속 경영하도록 했다. 그래서일까. 젊은 나이에 억만장자가 되고 경영 능력까지 인정받은 토니 셰이는 정말 천부적인 사업가처럼 보인다. 더구나 그는 자포스를 설립하기 전에도 링크 익스체인지Link Exchange라는 회사를 세워 설립 2년 만에 2억 6,500만 달러나 되는 거금을 받고 마이크로소프트에 팔았던 경력까지 있다. 하루하루가 새로울 것 같고 출근하는 게 날마다 즐거울 것 같다.

하지만 그게 아니었던 모양이다. 링크 익스체인지를 마이크로소프트에 넘길 때 세상은 그를 향해 부러움 가득한 박수를 쳐주었지만 정작 당시 그는 자신이 경영하던 회사에서 도망치고 싶은 마음뿐이었다고 고백한 적이 있다.

"회사를 처음 시작할 때 직원은 5~10명밖에 안 됐어요. 우리 같은 회사들이 다 그렇듯이 하루 종일 일에 빠져 살았죠. 책상에서 일하고 그 책상 아래에서 잠을 자면서 말입니다. 오늘이 무슨 요일인지도 모르고 살았으니까요."[1]

그런데 문제가 생겼다. 유능한 인재들을 많이 채용해 직원이 100명 가까이 되는 큰 회사가 되자 갑자기 회사가 낯설어지더라는 것이다.

"아침에 잠자리에서 일어나는 게 무서웠습니다. 일어나기 싫어 알람시계를 끄고, 또 끄고 잤습니다. 사무실에 나가고 싶지 않았어요. 회사를 세운 내가 그러니 다른 사람들은 오죽했겠습니까? 출근하는 게 겁이 나는 회사에서 일하고 싶습니까? 저는 아니었어요."

밖으로는 승승장구하는 듯 보였지만 갈수록 자신이 할 수 있는 게 적어지고 있다는 걸 하루하루 실감할 때마다 자신감이 없어졌다. 날이면 날마다 버겁기만 한 일들이 기다리고 있었다는 듯 터졌다. 누가 이런 회사를 날마다 가고 싶겠는가. 세상은 그를 성공한 기업가로 부러워했지만 그는 회사에서 도망치듯 그렇게 회사를 넘겼다. 그래서 그는 스스로 당시 거부가 되는 데는 성공했지만 경영에는 실패했다고 여긴다. 자식(회사)을 낳는 데는 성공했지만 부모(리더) 노릇에는 실패한 것처럼 말이다.

굳이 미국, 그것도 내로라하는 젊고 유망한 CEO를 예로 든 것은 어디에서나 사업을 하는 어려움은 똑같은 것이기 때문이다. 창업을 해서 회사를 일정 규모 이상 키워본 사람들은 안다. 회사가 커지고 직원이 늘어나면 기쁨도 커져야 하는데, 회사가 성장할수록 정나미 떨어지는 일이 너무나 자주 일어난다. 그럴 때마다 가까스로 버텨오던 마음이 무너지고 흔들린다. 앞이 암담해진다. 창업자만이 아니다. 조직을 이끌어가는 리더들은 모두 갑자기 등골이 서늘해지고 심장이 쿵 떨어지며 간이 졸아들 대로 졸아드는 일이 드라마 속에서나 일어나는 것이 아님을 알고 있다. 그것도 날마다! 더구나 모두 다 하나같이 예고 없이 들이닥친다! 그럴 때마다 사장들은 회사 가기 싫어진다. 어디론가 도망가고 싶어진다.

하지만 막상 회사를 나서면 갈 곳이 없다. 가보았자 멀리 못 가고 주변을 맴돈다. 한 사장은 갈 곳이 없어 한강변에 나가 "열심히 소주만 마시다 온 적도 있다"고 했다.

로마의 용장 아에밀리우스가 집정관 파피리우스 맛소의 딸 파피리아와 결혼했는데 결국 이혼했다. 누군가 물었다.

"부인이 정숙하지 않습니까, 아름답지 않습니까, 아니면 자식을 잘 낳지 못했습니까?"

정숙하고 아름다운 데다 자식까지 잘 낳는데 왜 이혼하느냐는 말이었다. 아에밀리우스가 그를 보더니 신고 있던 신발을 그에게 내밀었다.

"이게 아름다워 보이지 않습니까, 새것이 아닙니까? 그런데 이게 내 발의 어디를 깨무는지 남들이 어찌 알겠소?"

직접 경험해보지 않으면 모르는 게 세상일이다. 조직을 이끄는 자리는 더 그렇다. 삼성그룹에서 오랫동안 사장들과 임원들의 차량을 운전하다 퇴직한 사람이 자신이 겪은 얘기를 들려준 적이 있다.

"뭐, 시켜주지도 않겠지만 저는 물론이고 내 자식에게도 절대 사장 같은 거 안 시키겠습니다."

뜬금없는 그의 말에는 그럴 만한 이유가 있었다. 예전에는 사장이라고 하면 대단하고 온갖 부러운 걸 다 가진 사람이라고 생각했는데 같이 다니면서 보니 어찌 이렇게 사나 싶더라는 것이다. 그는 해외에 나가 있던 한 지사장(부사장)이 국내에 들어와 같이 보낸 일주일을 얘기하며 고개를 절레절레 흔들었다.

그의 하루는 새벽 4시, 서울의 한 호텔을 나서는 것으로 시작했다. 하루는 충남 아산에 있는 회사로, 다음 날은 수원 공장으로 가는 일정이 잡혀 있었는데 잠시 시간이 나면 바람처럼 날아 서울에 들러 일 처리를 한 다음 다시 다른 곳으로 날아가는 스케줄로 가득했다. 하루 내내 그렇게 돌아다니다 저녁이 되면 또 이곳저곳에서 기다리고 있는 식사와 술자리에 참석해야 했다. 홀어머니가 사는 인천에는 딱 두 시간 들렀다. 개인 시간은 꿈도 꿀 수 없었다.

"말이 좀 이상하긴 하지만 차만 타면 시체처럼 곯아떨어진 분들을 싣고 돌아다니는데 제가 다 나가떨어질 지경이었어요. 근데 그분들 정말 정신력 하나는 대단하더군요. 저녁 식사도 두세 번은 기본이었어요. 토하고 다시 먹고, 토하고 다시 먹더라고요. 사실 진짜 고생은 그분들이 하는데 그분들은 제가 고생한다고 두둑한 수고비를 주시더라고요. 감사하긴 한데, 저는 그런 일 정말 죽어도 못할 겁니다. 아, 그 사장이라는 자리, 저는 능력도 없지만 있어도 절대 하고 싶지 않아요."

그는 이야기를 하면서 계속 고개를 절레절레 흔들었다.

한때 중견 기업의 잘나가는 관리자였다가 지금은 조그만 가게를 운영하고 있는 사람도 같은 말을 했다.

"회사 다닐 때 마지막으로 프로젝트 책임자를 했었는데 정말 속이 다 타버리는 줄 알았습니다. 아마 위에 상사가 한 명만 있었어도 그렇게 힘들지는 않았을 겁니다. 연봉 많이 받았으면 속이 타지 않았을까요? 절대 그러지 않았을 겁니다. 아니 왜 그렇게 열심히 말하고 설득하고 설명하는데도 굼뜨고 움직여주지 않던지, 전생에 내가 뭐 잘못한 게 그렇게 많은가 싶은 생각이 들 정도였어요. 내가 이 정도로 이 사람들에게 인정받지 못했던가, 이런 생각 정말 수도 없이 했습니다. 그렇다고 마구 윽박질러서 하자니 프로젝트 끝나면 성치 못할 것 같고……. 제가 그 정도였으니 사장은 얼마나 이런 생각을 많이 할까요? 저는 절대로 큰 사업 같은 건 하지 않을 겁니다. 프로젝트하면서 알게 된 건데, 직원들 인건비 주고, 세금 주고, 사무실 임대료 주고, 또 직원들이 야근하면 택시비도 주어야 하고, 물값에 사무실 비품 비용에…… 남는 게 있을까요?"

요즘 사장으로
산다는 것
....

사업을 하고 조직을 이끈다는 건 뭘까?

하는 일이 잘되면 무엇이든 해낼 수 있을 것 같은 자신감에 하늘을 날 것 같지만, 일이 잘 안 되면 이게 내 한계인가, 내가 이 정도밖에 안 되는가 하는 절망에 졸아들고 쪼그라드는 것이다. 생각했던 일이 척척 이루어지면 별빛도 찬란해 보이지만, 그렇지 않으면 대낮도 캄캄해지는 게 사업가로, 또 리더로 살아가는 일이다. 극단을 달리기는 조직을 이끄는 것도 마찬가지다. 잘될 때는 비행기 엔진처럼 하늘을 날게끔 해주는 든든한 원군이지만 잘 안 될 때는 어떻게 해도 꿈쩍하지 않는 바위 덩어리처럼 느껴지는 게 조직이다. 일 잘하는 직원이 심각한 얼굴로 다가와 "드릴 말씀이 있습니다"

라고 하면 가슴이 철렁 내려앉는 일을 수도 없이 경험하는 것이다. 특히 전문경영인들에게 사장이라는 자리는, 한 전직 사장이 정확하게 얘기했듯 "현업에 있을 때는 너무 힘들고 내려오면 진이 빠져버리는, 꼭 바람 빠진 풍선 같다는 생각이 드는" 자리다. "해본 사람은 허탈해하고 못해본 사람은 억울해하는 자리"이기도 하다.

조직이나 사업이 커질수록 확실해지는 게 있다. 중간이 없다. 모아니면 도, 극단을 달려야 한다. '이 정도면'이라는 게 없다. 잘되든지 못되든지 둘 중 하나다. 사장들 입에서 '벼랑 끝', '절벽'이라는 말이 예삿말처럼 나오는 이유다.

요즘 들어 CEO들은 물론 임원들에게서도 부쩍 자주 듣게 되는 말이 있다.

"요즘 어떻습니까?" 하고 물으면 자연스럽게 "아이고, 치열하게 살고 있습니다"라는 말이 나온다. 얼마 전까지만 해도 이 말은 듣기 쉬운 말이 아니었다. 누구나 할 수 있는 말이긴 했지만 혼자 유난 떠는 것처럼 들릴까 봐 조심했던 까닭이다. 그런데 요즘엔 누구나 이 말을 한다. 그냥 하는 말이 아니다. 진지하다. 깊은 한숨을 내쉬는 것까지 똑같다. 만약 한숨에 색깔이 있다면 시커멓지 않을까 싶을 정도로 진한 한숨이다. 매출액이 수천억 원에 이르는 대기업 협력업체 사장이 한 말이 기억에 남는다.

"요즘은 정말 치열하다 못해 몸부림을 치면서 사는 것 같습니다. 대기업들도 죽을 맛이에요. 세계 시장에 나가보면 보기만 해도 악소리가 절로 납니다. 밖에서는 어떻게 보일지 몰라도 대기업들도 정말 무지막지하게 변해요. 아, 이런 게 바로 소용돌이라는 거구나, 하는 생각이 날마다 늘 정돕니다.

예전에는 신제품에 필요한 기술개발을 하고 나면 한동안 발 좀 뻗고 살았는데 몇 년 전부터는 언감생심 틈이 없어요. 대기업이 세계 시장에서 살아남기 위해 시도 때도 없이 제품을 개발해야 하니 우리도 같이 보조를 맞춰 뛰어야 합니다. 앞서가도 안 되고 그렇다고 한 발짝 뒤떨어져도 안 됩니다. 딱 반 발짝 간격을 유지하면서 계속 보조를 맞춰주어야 해요. 예를 들어 대기업이 해외에 공장을 지으면 우리 사정 같은 걸 따질 겨를이 없어요. 우리가 지금 나가지 못하는 사정이 있다고 기다려주겠습니까? 다른 누군가가 나가겠죠. 대열에서 탈락하지 않으려면 무조건 같이 뛰어야 하는 겁니다. 그렇다고 중간에 물건 만드는 원자재 값이 뛰면 같이 부담하자고 할 수도 없어요. 혼자 끙끙거리면서 다 끌어안아야 합니다. 신음소리 내면 싫어해요. 아무 소리 없이 원래 계약한 가격에 납품해야 합니다. 자기네들도 수시로 발등에 불이 떨어져 죽겠는데 누가 신음소리 내는 걸 좋아하겠습니까? 큰 계열사에 납품하는 작은 계열사도 다를 게 없어요. 같은 그룹이라고 봐주는 것도 거의 없어요. 요즘 세상이 그래요.

문제는 원자재 가격이 언제 어떻게 될지 모른다는 겁니다. 외국 어디에서 무슨 일이 났다는 큼지막한 뉴스가 뜨면 이젠 자동적으로 가슴부터 철렁해요. 그게 또 원자재 가격에 무슨 영향을 미칠지 모르거든요. 남들은 대기업과 어깨를 나란히 하고 세계를 무대로 뛰어다니니 얼마나 좋을까, 이런 눈길로 보지만 아이고, 지금 숨이 턱에 꽉 차 있어요. 물론 혜택이 없겠습니까마는 속으로 울어야 하는 일이 한둘이 아니고 한두 번이 아닙니다.

그래도 옛날하고 많이 달라진 건 있어요. 죽어도 같이 뛰어야 하는 운명이어서 그런지 우리를 대하는 자세가 많이 달라졌어요. 물론 지금도 을ㄴ 취급을 받는 직원들이 분기탱천하거나 어깨가 축 늘어질 때면 저도 일할 맛이 뚝 떨어집니다. 저라고 안 겪어봤겠습니까? 그 마음이 느껴지는 거죠. 하지만 어쩝니까? 저라도 그걸 다 독여주어야지. 이걸 가볍게 여기면 우리는 금방 나가떨어집니다. 대기업과 반 발 보조를 맞추려면 모든 직원들이 한마음이 되어야 하는데 이게 안 되면 끝나는 거지요. 정말 사는 게 쉽지 않습니다."

사장들의 말은 비슷하다. 다들 다른 제품을 만드는, 완전히 다른 회사들인데 왜 토로하는 말들이 비슷할까?

직원들을 설득하고 야단치는 것도 이제는 지겹다는 한 사장은 이런 말도 했다.

"다들 경기가 안 좋아서, 경쟁사가 어떠해서 어쩔 수 없는 상황이라고 합니다. 우리 회사 임원들이 하는 말이에요. 제가 보기엔 연초에 목표를 (최대한으로 잡은 게 아니고) 적당히 잡은 것 같은데 그조차도 연말에는 어쩔 수 없는 상황이라고 고개 푹 숙입니다. 물론 변명이 아니라는 걸 압니다. 아니까 뭐라 할 수도 없어요. 하지만 이런 하소연들 들어주고 저런 하소연 눈감아주다 보면 매출이 나오겠어요? 저도 좀 어쩔 수 없다고 하면 좋겠습니다. 수익이 이것밖에 안 났고, 내년에는 더 어려울 것이니 다들 연봉 좀 깎자, 인원 좀 줄이자, 저도 어쩔 수 없다면서 이런 말 좀 해봤으면 좋겠어요. 회사의 존재 이유는 이익인데, 어쩔 수 없다고. 이익을 남기지 못하면 회사는 어떻게 되겠습니까? 빤히 알면서도 닦달할 수밖에요."

그는 왜 이런 말을 할까? 자신은 이런저런 사정 봐줄 수 있어도 세상은 사정을 봐주지 않기 때문이다. 창업자라면 수십 년 애써 공들인 탑이 사라질 것이고 전문경영인이라면 인사 평가가 기다리고 있을 것이다. 사장이라고 해서 누군가를 평가하기만 하는 게 아니다. 더 엄혹한 평가를 받아야 한다. 전문경영인은 오너의 평가를 받아야 하고 오너는 시장의 평가를 받아야 한다. 매출액이 꽤 되는 한 협력업체 사장은 연말이 다가올 때마다 죽을 것 같다고 한다.

"무슨 일이 있어도 적자를 내면 안 돼요. 사업도 사업이지만 적자가 나면 협력업체로 선정을 안 해줍니다. 어쩌겠습니까, 당장 죽겠는데. 수치라도 고쳐서 흑자가 났다고 해야지. 그러면 또 직원들은 흑자 났으니 보너스 달라고 하고 대기업은 가격을 더 낮추자고 합니다. 도대체 어떻게 해야 할까요?"

사장이 되면 다른 회사로 옮겨가기도 쉽지 않다. 앉은 자리가 편하겠는가, 잠이 오겠는가, 밥을 넘긴들 소화가 되겠는가? 설사 소화를 시킨들 피와 살이 되겠는가? 남들 보기엔 어떨지 몰라도 파리 목숨이 따로 없다. 암담하다. 직원들에게 불확실성이란 강 건너 산일 수 있겠지만 리더들에게 그것은 일상생활이다.

요즘 세상은 뭔가를 익히기도 전에 바뀐다. 마치 급류가 그렇듯 온통 부대끼게 해놓고는 휙 흘러가버린다. 이젠 지나갔나 싶으면 또 다른 물살이 들이치고 여기에 적응해야 한다. 이 불안한 세상에 '실패해도 좋다'고 직원들에게 자신 있게 말할 수 있을까? 자녀들에게 '뭘 해도 괜찮아'라고 말하는 부모만이 진정한 중산층이라고 하는 이 시대에 나는 그런 여유와 자신감을 직원들에게 줄 수 있을까? 어디서 어떻게 살길을 찾아야 하고 어떻게 조직에 믿음을 줄 수 있을까?

어딜 가나 시장은 포화상태이고 막다른 골목이다. 뭘 하나 새롭게 시작한다고 해도 1~2년 안에 눈에 보이는 성과를 내기란 어렵다. 반대로 뭐 하나 잘못하면 모든 것이 그대로 날아갈 수 있다. 할 수 있는 게 많지 않은데도 어떻게든 성과는 내야 한다. 그래야 임직원들에게 월급을 줄 수 있고, 전문경영인이나 임원들은 내년에도 회사를 다닐 수 있다.

가을쯤 대기업 임원 강의를 가보면 한 사람 한 사람의 이름은 몰라도 그들이 내년에 다시 그 자리에 앉아 있을 것인가 아닌가를 거의 어림짐작할 수 있다. 무슨 신통력이 있어서 앞일을 맞추는 게 아니다. 그들의 얼굴 하나하나가 자신들의 현재를 그대로 보여주는 상황판인 까닭이다.

모두들 밝은 얼굴로 새로운 한 해를 시작했을 테지만, 뜨거운 여름이 지나고 선선한 가을바람이 부는 9월이 되면 얼굴은 제 각각 다른 색깔로 바뀐다. 한 해의 성적이 그대로 얼굴에 나타난다. 어떤 사람은 뜨거운 여름날 환하게 피어나는 해바라기 같은 얼굴을 하고 있고 어떤 사람은 흙빛이 되어 있다. 모르긴 몰라도 황무지 같은 가슴속에 부는 찬바람이 흙빛 얼굴을 만들었을 것이다. 애써 표정 관리를 하지만 마음을 그대로 투영하는 낯빛을 숨길 수는 없는 법. 이번이 마지막 연수일지도 모른다는 생각이 얼굴에 진하게 드리워져 있다. 임원은 '임시 직원'이라는 말을 새삼 실감할 정도다.

"회사에서 연수 가라고 할 때마다 정말 지겨웠는데 이젠 더 이상 지겨워할 수도 없을 것이란 생각에 한숨이 절로 나옵니다. 여기도 이제 마지막이구나 하는 생각이 드니 힘이 안 나요."

"생각이 많아지고 마음이 복잡합니다."

자신들도 모르게 토해내는 한숨에는 아쉬움과 억울함이 가득하다. 요즘 시장은 그야말로 총력전이다. 회사에서 좀 더 밀어주었더라면, 부하들이 조금만 더 힘을 내주었더라면, 아니 내가 조금만 더 잘 이끌었더라면, 하는 아쉬움이 머리에서 떠나지를 않는다. 임원들이 이러니 자신의 삶과 재산을 모두 투자한 사장들은 말할 것도 없을 것이다.

삶은 불확실성과의 싸움이고 살아있다는 건 이 불확실한 세상에서 확실한 나만의 것을 만들어내는 것이다. 땅속에서 금을 캐는 것과 다름없다. 어딘가에 있을 테지만 어디에 있는지는 모른다. 산전수전 다 겪으며 살아남은 사장들에게 성공 요인이 뭐였느냐고 물으면 무척 난감해한다. 한두 가지가 아니기 때문이고 이건 이거다, 라고 확실하게 말하기 어려운 까닭이다. 하지만 모두들 필요한 자질이 무엇인가에 대해서는 거의 같은 대답을 한다.

통찰력(선견력)과 용기다. 둘 다 이 불확실한 세상을 헤쳐 나가는 데 가장 필요한 능력이다. 어디서 이 능력을 얻을 수 있을까? 모두들 한 목소리로 말한다. 굳은 의지를 가지고 세상 속으로 들어가야 하고, 시행착오와 많은 학습을 통해, 그리고 깊게 고민하는 과정에서 얻을 수 있다고 말이다.

왜 그들은 그다지 새롭지도 않고 어디선가 많이 들었던 이야기를, 그것도 한 목소리로 말하는 걸까? 그들이 겪은 경험이 그렇기에 그렇다고 말한 것일 텐데, 그들은 어떤 경험을 통해 이걸 알게 되었을까? 그나저나 그들도 회사 가기 싫을 때가 있(었)을까? 그들은 무엇 때문에 가장 힘들(었을)까?

Part 1

외롭더라도
혼자
가야 한다

1
_____

나는
잘하고
있는 걸까

달의
뒷면

드디어 이런 날이 오는가. 몇 번의 실패를 딛고 사십 넘어 다시 시작한 사업이 점차 궤도에 올라서더니 드디어 직원 수가 1백 명이 넘었다. 몇 명의 직원을 데리고 이리 뛰고 저리 뛸 때 얼마나 꿈꾸었던 일인가. 저 정도만 되면 원이 없겠다 싶던 숫자였다.

가슴 벅찬 느낌을 그냥 보낼 수 없어 사내 통신망에 '번개'를 쳤다. 의미를 부여하면 너나없이 나올 것 같아 평직원에서 대리급까지, '일 없는 사람만 가볍게 김치찌개에 소주 한잔 하자'고 했다. 이전에도 가끔 하던 번개라 다들 별 생각 없이 삼삼오오 근처 식당으로 모여들었다.

사장이 기분 좋게 한잔 쏘겠다 하고, 눈치 볼 상사들까지 없으니 모두들 기분 좋을 수밖에. 젊은 직원들의 발랄하고 떠들썩한 소리가 축하와 환호처럼 느껴졌다. 오가는 소주잔을 보면서 드는 흐뭇한 마음이란……. 이 맛에 사업을 하는가? 마치 거인이 되는 것처럼 몸이 커지고 또 커지는 것 같았다. 뿌듯해진 가슴이 왁자한 흐뭇함을 더 느끼고 싶었던 것일까. 좋아진 기분이 호탕함을 불러냈다.

"내 오늘 한 번 더 쏩니다!"

내친 김에 젊은 직원들을 근처 맥줏집으로 몰고 갔다. 기세가 오른 직원들이 "사장님 노래 한 번……"을 외치기 시작할 때 그는 조용히 자리에서 일어나 계산을 마친 후 집으로 향했다. 피곤하고 힘들어서가 아니었다. 더 이상 머물지 말아야 한다는 '상식' 때문이었다. 적당할 때 눈치껏 빠져주는 것, 사장들끼리 모이면 하는 말이 있지 않았던가. 회식 자리에서 적당히 빠져주지 않은 사장은 존재 자체가 폭력이라고.

느지막이 돌아온 집은 이사 온 십 년 전 그대로다. 25평짜리 빌라형 주택. 그 사이 딸은 결혼해서 떠났고 아들은 군에 입대했다. 혹시 회사가 또 어떻게 될지 몰라 넓은 평수로 옮기지 못한 채 그냥 살고 있는 집이다. 씻고 나온 그가 마시다 만 양주를 들고 나오자 아내는 으레 그랬듯 냉장고에서 안주 두어 가지를 꺼내준 후 안방으로 조용히 사라진다. 작은 전등만 켜진 아무도 없는 주방, 탁자에 앉아 양주 한 잔을 가득 따라 죽 들이켰다. 식도를 타고 짜릿하게 내려가는 도수 높은 알코올이 온몸에 퍼지기 시작한다. 직원들 앞이라 기분껏 마시지 못한 술이다.

그렇게 한 잔 두 잔 독한 알코올을 들이켤수록 가슴이 텅 비었다는 걸 느낀다. 식도를 타고 내려가던 독한 술이 그 텅 빈 공간에 흩어져버린다. 가뭇없이 사라져버린다. 붓고 붓고 또 부어도 마찬가지다. 허虛하다. 열창을 하고 무대를 내려간 가수들 기분이 이럴까? 한 시간 전 왁자지껄함 속에서 느꼈던 가슴 뿌듯함은 간 곳이 없고 어둑한 주방 탁자에 앉아 혼자 술을 마시는 내가 나인가 싶다. 어색하다. 예전 회사가 손바닥만 할 때는 을乙 취급받는 게 억울하고 서러워서 마시고, 그게 아니면 오늘 같은 날을 꿈꾸며 의지를 불태우느라 마셨는데 왜 이리 공허할까? 드디어 그날이 되었는데 혼자 술잔을 기울이다 보니 별의별 생각이 다 든다. 내가 꿈꾼 건 이게 아니었는데, 이 정도 하면 뭔가 있을 줄 알았는데…….

기분 좋게 떠들썩했던 술자리를 남겨두고 늦은 밤 집에서 혼자 술잔을 기울이며 허한 가슴에 독한 술을 붓고 또 붓는 기분. 사업을 하거나 조직을 이끌어가는 사람이라면 누구나 겪는 일이다. 한두 번도 아니고 잊을 만하면 겪는 일이다. 사업이 크나 작으나 마찬가지다.

신창재 교보생명 회장은 2003년 작고한 선친이자 창업자인 신용호 명예회장에 대해 이런 말을 한 적이 있다.

"집에선 대화가 별로 없었던 아버지였죠. 주로 뵌 모습은 술 드시고 괴로워하시는 거, 회사에서 말을 많이 해서 목이 부어 말 걸면 싫어하시는 거. 요새 나하고 똑같아요. 1996년 회사에 들어오면서 아버님의 참모습을 보게 된 거예요. 그 전엔 어떻게 저렇게 집안에 무심하실까. 왜 어머니만 야단치실까. 그래서 초등학생 때 아버지에게 '어머니에게 큰소리 그만 치라'며 항의하는 편지를 쓴 적도 있어요." [1]

아들의 눈에 비친 사업가 아버지는 이해할 수 없는 존재였다. 이 아들의 눈에만 그런 게 아니었다. SK그룹을 일군 최종현 전 회장은 사업이 커지면서 낮 12시쯤 출근하는 것으로 공식적인 하루 일과를 시작했다. 사장이 할 일이 있고 회장이 할 일이 있다는 생각에서였지만, 당시 고등학교에 다니던 최 회장의 외동딸은 그런 아버지를 이해할 수 없었다. [2]

"아버지처럼 빈둥빈둥 놀고 있으면서 어떻게 회장 노릇을 하는지 몰라. 그런 회장이라면 나도 할 수 있겠네."

회사에서 항상 자율을 강조한 그는 회장이 있으면 스스로 할 수 있는 일들까지 회장에게 갖고 오는 조직의 속성을 싫어했다. 그래서 피하고자 한 건데 딸에게 '빈둥거리는 회장'으로 '찍혔던' 것이다. 딸에게 그렇게 보인 아버지는 그러나 하루도 빠지지 않고 술을, 그것도 통행금지 시간에 걸릴까 말까 할 때까지 마셨다. 그것도 혼자서. 유학생 시절에는 맥주도 잘 마시지 않던 그였기에 그와 친했던 언론인 홍사중 씨가 보다 못해 왜 그렇게 많이 마시느냐고 충고했다. 그러자 그가 말했다.

"이걸 안 마시면 잠이 안 와."

그런데 경남 거창의 부잣집 다섯째 딸에게 사업가 아버지는 조금 달랐던 모양이다. 어린 딸에게 아버지는 언제나 멋지고 근사했다. 어린 딸은 그런 아버지의 사무실 책상 가운데 서랍이 늘 궁금했다. 항상 꽁꽁 잠가두는 데다 근처에 가지도 못하게끔 '접근 금지' 엄포를 놓기에 더 그랬다. 소녀는 그 서랍에 두둑한 돈다발이 가득 들어 있을 거라고 믿었다. 하루는 신기하게도 서랍이 열려 있는데 아버지가 없었다. 기회였다. 소녀는 살며시 금기禁忌로 다가갔다. 그리고 금기를 열었다. [3]

돈은 한 푼도 없었다. 대신 5권의 공책이 있었다. 그중 4권 가득 글이 빽빽했다. 아버지의 일기였다. 첫 구절이 눈에 확 들어왔다.

'오늘도 외로웠다.'

충격이었다. '외로웠다'라니! 아버지의 겉모습은 저렇게 근사한데, 안에는 저런 것이 살고 있었구나. 사람은 겉으로 보이는 행동과 미소가 아니라, 내면에 있는 진실로 읽어야 할 존재였구나. 시인 신달자가 기억하고 있는 어린 시절 추억이다.

우리가 보는 달은 항상 같은 면이다. 우주선을 보내 달의 뒷면을 보기 전까지 우리는 달의 뒷면을 한 번도 본 적이 없었다. 달이 지구를 공전하는 속도와 자전하는 속도가 같기 때문이다. 하지만 우리가 보지 못한다고 달의 뒷면이 없는 건 아니다. 볼 수 없어서 보이지 않을 뿐 반드시 있다.

CEO라는 빛나는 존재에게도 '달의 뒷면'이 있다. 앉기 전에는 본인도 잘 모르니 남들은 더더욱 알 수가 없는 것, 바로 혼자가 되는 것이다. 왕따를 당하는 소외나 따돌림이 아니니 다행일 수도 있지만 반드시 그런 것도 아니다. 같이 있으면서도 혼자를 선택할 수밖에 없는 건 더 견디기 힘든 일일 수 있다.

누구나 인정하는 성공한 사람들이 왜 모두 함께 즐길 수 있는 흥겨움을 뒤로하고 혼자를 선택할까? 왜 혼자를 선택하고 공허한 가슴에 독한 술을 들이부을까? 왜 일기에까지 외롭다는 말을 쓸까?

"사업이 커질수록 가슴이 벅차오릅니다. 하루하루 살맛이 납니다. 밥을 안 먹어도 배가 불러요. 근데 참 세상엔 공짜가 없다는 말, 틀리는 법이 없어요. 어느 순간 제가 잘하고 있는지 알고 싶은데 알 수 있는 방법이 없어요. 규모가 점점 커지니 한 번 잘못 디디면 끝인데, 아무도 제가 잘하고 있는지, 잘못하고 있는지 제대로 얘기를 해주지 않아요.

처음엔 좋지요. 내가 하고 싶은 대로 할 수 있으니. 근데 이거 참 갈수록 죽겠다는 말이 자주 나오고, 혼자 끙끙거리게 됩니다. 밑에 있을 땐 누가 이래라 저래라, 밤 놔라 대추 놔라 하지 않고 제발 좀 알아서 하게 놔두었으면 얼마나 좋을까, 이런 생각 수도 없이 했어요. 근데 제가 알아서 해야 하고 책임까지 져야 하는 위치가 되니 이젠 정반대 생각을 해요. 누가 좀 있었으면 좋겠다. 근데 혼자 이걸 해야 하니 잠이 안 옵니다.

그 전에야 '이 정도면 됐지, 뭐' 하던 것도 한 번 더 해야 하지 않을까, 한 번 더 봐야 하지 않을까 생각하게 돼요. 그러다 보면 '아니 이 사람들은 왜 깔끔하게 마무리를 하지 않을까, 왜 꼭 내가 봐야 할까' 이런 생각, 자연스럽게 들죠. 이런 일이 반복되고 많아지면 슬슬 불안하고 짜증이 늘어갑니다. 잠 못 드는 거죠. 저도 모르게 직원들에게 강조하게 되고, 강조한다는 게 몇 번 하다 보면 잔소리가 되고……. 나는 절대 잔소리 안 해야지, 했는데 어느 새 나도 모르게, 짜증 섞인 목소리로 언성을 높이고 있어요. 아이고, 정말 끝이 없어요."

아무도 없는 주방에서만 혼자 덩그러니 있는 게 아니다. 밤늦게 누군가와 한잔하고 불 꺼진 회사에 혼자 있는 사장들도 많다. 딱히 뭘 하는 것도 아니다. 그냥 그렇게 밤을 새운다. 사실 사장들은 어디서나 혼자다.

"경영상 어쩔 수 없는 일로 감옥살이를 몇 달 하고 나온 적이 있습니다. 며칠 동안 집에 있다가 궁금한 마음에 가족 앨범을 펼쳐보게 됐어요. 몇 달이긴 하지만 감옥에 있다 보니 가족이 너무 그립더라고요. 그런데 앨범을 몇 장 넘기지도 못하고 그냥 덮었습니다. 맥이 탁 풀리는 거예요. 한 가족인데 그 많은 가족사진에 제가 없었어요. 바빠서 바깥으로만 도느라 가족들만 사진 속에 있고 저는 흔적도 없었습니다. 임원으로 있을 때 조직표에 제 이름이 빠져 있는 악몽을 많이 꿨는데, 이건 그것보다 더 서운하더군요. 일부러 그런 것도 아니고 어쩔 수 없이 자기네들끼리 찍었을 텐데, 얼마나 허무하던지……."

그날 이후 그는 무슨 일이 있어도 일주일에 한 번은 가족들과 같이 식사를 한다. 바쁘다고 혼자 뛰어다니다가는 영영 혼자 살 것 같다는 생각에서다.

"생각해보세요. 분명히 같이 사는 가족인데, 마치 영화 〈식스 센스〉에 나오는 브루스 윌리스처럼 나는 살아 있다고, 함께 살고 있다고 생각하고 있는데 그게 아닐 수도 있다는 생각이 드는 겁니다. 감옥에 가면서도 그렇게 섬뜩하지 않았습니다. 근데 앨범을 보는 순간 식은땀이 죽 흐릅디다. 도대체 내가 뭘 하고 살았지? 내가 지금 살아 있기는 한 거야? 한동안 이런 생각 많이 했습니다."

대기업 사장을 지낸 이의 토로다. 집에서도 외톨이 신세가 되어 있는 것이다. 사업가는 교도소 담장 위를 걸어가는 사람이라고 하는데 이건 언제든 한쪽으로 기울어질 수 있다는 말이기도 하다. 어쩌면 이 정도는 다행일지도 모른다.

매출 700~800억 원대의 기업을 경영하던 한 사장은 2008년 금융위기가 왔을 때 실적이 곤두박질치기 시작하더니 몇 년 동안 살얼음판을 걸었다. 그 전까지는 비교적 무리 없이 성장일로를 걸었는데 한 번 기울어지더니 계속 내리막길 아니면 정체였다. 어쩔 수 없이 집을 담보로 잡히고 대출을 받았지만 그마저도 안 돼 결국 얼마 전 방 두 개짜리 연립주택으로 이사를 가야 했다. 이사가 결정되던 날, 부인이 비워주어야 하는 집에 주저앉았다. 곧 울음 섞인 넋두리가 이어졌다.

꽃 같은 청춘을 그렇게 정신없이 보내고 이제 가슴 좀 펴고 사나 싶었는데, 이게 뭐냐는 것이다. 옛날 학교 친구들은 다들 서로 만나 이야기 나누고 여행 다니면서 40대를 보낸다는데, 이제 그 친구들하고 만나지도 못하는 신세가 됐으니 어떡하면 좋겠느냐는 것이다. 그리고 마지막으로 사장의 가슴에 비수를 꽂았다.

"당신이 어떻게 나에게 이럴 수 있어? 말도 안돼. 이건 정말 배신이야, 배신!"

그는 한동안 하루 종일 이리 뛰고 저리 뛰다 중간에 '집으로 출근해' 우울증 증세를 보이는 부인의 한숨과 타박을 받아야 했다. 누구보다 열심히 살려고 했을 뿐인데 왜 배신자가 되어야 하는지, 그의 가슴속 눈물을 받아줄 사람은 없었다. 어느 순간 아내의 삶에 걸리적거리는 사람이 되었을 뿐이다. 그렇다고 도망갈 수도 없는. 그는 말했다.

"저는 누구에게 토로해야 할까요? 누구에게 이 마음을 터놓을 수 있을까요?"

오랜 세월 사업을 해왔는데 나이 들어 사업이 잘 안 되거나 사업 때문에 가족과 멀어진 사장들이 하는 말이 있다.

"여기까지 왔는데…… 사는 게 뭔지 모르겠다."

"세월의 의미를 모르겠다."

멀미나듯 살아왔는데 원하는 목적지에 닿지 못한 회한일 것이다. 온몸으로 부딪치며 살아왔지만 까딱 잘못하면 몸뚱아리 하나만 남을 수 있는 위험천만한 삶이라는 걸 다시 한 번 되새김질하는 것일 것이다.

2004년 대한전선을 이끌던 설원량 회장이 갑자기 세상을 떠나자 부인 양귀애 씨가 경영전선에 나섰다. 내조에 전념했던 터라 쉬웠을 리 없었을 것이다. 그렇다고 경영이 완전히 낯선 것도 아니었다. 양 회장은 '신발 신화'를 일궈낸 양태진 국제그룹 창업주의 막내딸이자 양정모 전 국제그룹 회장의 동생으로, 국제그룹이 작은 회사에서 대기업이 되는 과정을 모두 지켜보았다. 1949년 부산에 세워진 국제그룹은 '왕자표 고무신'으로 이름을 날렸던 성장 신화의 주역이었다. 덕분에 재계 7위까지 올랐으나 5공화국 때 권부의 미움을 사 공중 분해됐다. 그에게 경영전선은 어떤 곳이었을까? 4

"여과 없이, 진정한 충고를 하고, 격려하고 칭찬해줄 사람이 없어요. 잘못이 그대로 노출되니 외롭고 쓸쓸한 자리예요. 스스로 자생력을 키우고 들국화나 잡초가 될 수밖에 없어요."

회장 자리에 오른 6년 뒤 한 인터뷰에서 털어놓은 말이다. 이보다 더 솔직한 토로가 있을까? 요즘 CEO들과의 인터뷰는 그야말로 '공식적'이다. 흔히 하는 말로 찔러도 준비된 답변만 나온다. 무엇이 양귀애 회장의 속내를 털어놓게 했을까?

그가 결혼했던 1969년 대한전선은 재계 4위였지만 인터뷰하기 전 해인 2009년에는 24위였다. 시대가 변하면서 모든 것이 변했다. 대한전선은 1955년 설립 이후 2008년까지 53년 연속 흑자를 낸

초우량 기업이었지만 지나친 성장 위주의 정책을 편 데다 2008년 세계 금융위기가 덮치면서 다음해인 2009년 재무구조개선 약정을 체결해야 하는 고통을 겪었다. 잠재력을 가졌지만 격렬한 시대의 삼각파도를 맞고 휘청했던 것이다. 폭풍에 정신없이 흔들리는 배를 이끌어야 하는 선장 역할은 쉬울 수가 없는데 그 역할을 갑자기 맡았으니 얼마나 힘들었을까. 더구나 자신이 잘하고 있는지 못하고 있는지 알려주는 사람도 없었으니 말이다(사실 조직이라는 피라미드의 속성이 그렇기도 하지만 직위가 올라갈수록, 자신에게 공손하게 대하는 사람이 많아질수록 올바른 평가를 받는 건 어려워진다. 항상 반복되는 일상에 익숙해지다 보니 평가를 받는 방법을 잊거나 잃어버리는 일도 많다).

"우울하고 괴로울 땐 피아노를 열심히 쳤습니다. 10~20분 지나면 잡념이 사라지고 평온을 찾습니다. 음악이 갖는 긍정과 치유의 힘이 얼마나 위대한지 모릅니다. 요즘엔 뮤지컬 〈맘마미아〉 속 노래를 외우고 있어요. 인생의 고비를 넘는 과정에서 중요한 건 의지할 수 있는 테마를 찾는 겁니다."

평온을 찾는 방법을 발견하기는 했지만 돌파구를 찾지는 못했던 걸까? 양 명예회장 일가는 안타깝게도 2013년, 경영권을 다른 곳에 넘기고 58년간의 경영에서 손을 뗐다. 경영을 하면서 괴로운 게 나을까, 아니면 더 이상 경영을 하지 못하는 괴로움이 더 클까? 겪어본 사람만이 알 것이다.

영화 〈링컨〉에서 주인공 링컨을 연기한 대니얼 데이 루이스는 시사주간지 〈타임〉과의 인터뷰에서 이렇게 말한 적이 있다(루이스는 스티븐 스필버그 감독이 제안한 링컨 역할을 맡기 위해 1년의 준비 시간을 달라고 한 다음 링컨처럼 말하고 행동했다. 독특한 걸음걸이와 핼쑥한 얼굴 같은 외모만이 아니라 말투, 고뇌가 묻어나는 표정까지 체화하기 위해서였다. 덕분에 아카데미 최초로 세 번이나 남우주연상을 수상했다).

"(나는 연기를 한 배우일 뿐인데) 대통령인 링컨 역할을 한 것만으로도 대통령이 평소에 느끼는 부담을 체감할 수 있었어요. (…) 요즘 보니 오바마 대통령이 눈에 띄게 나이가 들어 보이던데, 저는 제가 대통령을 연기했다는 것만으로도 급격히 늙어버린 것 같습니다. 대통령과 대통령을 연기한 저를 비교할 수는 없지만 책임감과 위치를 감당해야 할 사람의 외로움은 너무도 깊고 힘들 겁니다. (…) 링컨을 연기하는 동안 저 또한 무시무시한 외로움에 시달려야 했습니다."[5]

리더라는 자리는 어떤 자리일까? 지난 2009년, 선수 시절 이름을 날렸던 강동희가 프로농구단 동부의 감독으로 취임하자, 선수 시절 환상 콤비였고 먼저 KCC 감독이 된 허재가 '무서운' 축하 인사를 던졌다.[6]

"너, 지금 지옥으로 들어온 거 알지?"

그는 왜 지옥이라고 했을까? 프랑스의 문호 빅토르 위고가 일찌감치 답을 남겼다.

"지옥의 모든 것이 이 단어 속에 있다. 고독."

사장은 혼자다. 10년 전에도 똑같은 말을 들었고, 10년 후에도 똑같은 말을 들을 것이다. 각각의 사연만 달라졌을 뿐 결국 같은 말들이 여전히 반복되고 있다. 아무도 없다. 혼자다. 사장은 왜 혼자가 될까? 아니, 그 전에 우리는 왜 혼자가 되는 걸 이렇게 힘들어할까?

2
_____

혼자,
죽음
다음의 형벌

동물도
고독을
느낄까?

아프리카 대륙의 최남단 희망봉에서 바라보는 바다는 여느 바다
와 다를 게 없는 망망대해 그 자체다. 하지만 일 년에 한 번, 이 바
다에는 그 어느 곳에서도 볼 수 없는 장관이 펼쳐진다. 산란기를 맞
은 정어리 수억 마리가 마치 전진하는 로마 군단처럼 줄 지어 인도
양 쪽으로 거대한 이동을 시작하는 것이다.

푸른 파도만 넘실대던 바다에 어느 순간 나타난 녀석들은 길이
6~7킬로미터, 너비 3킬로미터라는 거대한 규모를 이루며 인도양
쪽으로 전진한다. 인공위성에서 보면 거대한 유조선에서 흘러나온
어마어마한 양의 기름처럼 보일 정도다.

당연히 바다 생태계의 지대한 관심을 불러일으키지 않을 수 없다.

특히 이날을 손꼽아 기다려온 사냥꾼들에게는 연중행사의 시작을 알리는 신호다. 커다란 돛새치와 참치들 그리고 바다표범과 상어, 고래들까지 모여들다 보니 그렇지 않아도 거대한 규모가 더 커진다. 거대해진 규모는 곧 쫓고 쫓기는 숨 가쁜 추격전으로 이어진다. 바닷새 케이프가넷에게도 이 연중행사는 놓칠 수 없는 기회, 역시 수천 마리가 몰려들어 마치 빗발치는 화살처럼 바닷속으로 쏟아져 들어간다. 매년 이곳에 몰려오는 돌고래만 3천 마리가 넘으니 어떤 일이 벌어질지 짐작하기는 어렵지 않을 것이다.

그야말로 물 반 고기 반이니 입만 벌리고 들이치면 될 것이라고 생각하면 큰 코 다치기 십상이다. 빽빽하게 밀집한 무리 속으로 들이치다 눈이나 지느러미 같은 중요 기관이 손상되면 큰일, 사냥꾼들은 거대한 무리 근처를 돌며 일부를 분리시킨 다음, 한입에 꿀꺽하려 한다. 당연히 정어리들은 흩어지지 않으려고 안간힘을 쓴다. 무리에서 떨어지는 순간이 곧 죽음의 순간이나 다름없기 때문이다. 로마군처럼 '질서 있게 행진하는' 정어리들은 자신들에 비해 거대한 덩치를 가진 사냥꾼들이 들이치면 참새 떼들이 그렇듯 주변으로 확 퍼지면서 위험을 피한 다음 다시 순식간에 제자리로 돌아온다. 순간순간 생사가 오가는 치열한 접전이다.

살아 있는 게 아름다울까, 아니면 살아 있으려는 노력이 아름다울까? 치열함과 절박함이 눈 깜짝할 사이에 교차하는 사이사이, 묘한 아름다움이 나타난다. 사냥꾼들에 의해 커다란 무리에서 떨어져 나오게 된 일단의 정어리들은 위기임을 직감한 듯, 질서 있게 앞으로 향하던 움직임을 순간순간 방향과 모양을 바꿔 들이치는 위기를 모면하는 필사적인 움직임으로 전환한다. 사실은 놀진해오는 사냥꾼에게서 멀어지려는 동료의 움직임에 반사적으로 반응하는 것이지만 이 움직임들이 긴박한 공간에 그려내는 기하학적인 군무群舞는 숨이 막힐 정도로 현란하고 환상적이며 아름답다. 누구도 흉내 낼 수 없는 찰나의 아름다움이다.

하지만 스스로 만들어내는 아름다움이 아니라 닥쳐오는 위기를 피하느라 만들어내는 아름다움은 그들의 것이 아니다. 워낙 집중되는 공격에 무리는 사냥꾼의 삶을 지탱하는 에너지가 되는 것으로 생을 마감하고 계속되는 이 추격전에서 간신히 살아남은 녀석들은 심해의 어디론가 가서(어디로 가는지는 아무도 모른다) 번식을 한다. 그리고 이듬해 다시 어마어마한 숫자로 나타난다.

무엇이 이 작은 정어리들의 삶을 매년 거대하게 만들어낼까?

뭉치면 살고 흩어지면 죽는다! 정어리들에겐 이 본능이 각인되어 있다. 녀석들은 태어날 때부터 언제나 무리와 함께 살아간다. 무리 생활이라는 생존전략을 통해 지금까지 살아온 녀석들이기에 무리는 단순한 보호막이 아니다. 자신들을 살아 있게 하는 공기 같은 것이다. 그래서 무리에서 홀로 떨어지게 된 녀석들은 얼마 안 가 죽고 만다. 예를 들어 포식자가 없는 수조에 두는데도 녀석들의 본능은 혼자 떨어져 있다는, 그래서 곧 죽을 수도 있다는 압박감을 이겨내지 못한다. 정어리만이 아니다. 오랜 시간 무리 생활이라는 생존전략으로 살아온 생명체들은 다 비슷하다.

세상에는 수많은 종류의 곤충들이 있지만 벌과 개미를 제외하고는 몰려다니는 녀석들이 거의 없다. 나비와 딱정벌레들은 아무리 숫자가 많아도 정어리처럼 '질서 있게' 이동하지 않는다. 각자 자기들 마음대로 움직인다. 띠나방이라고 하는 녀석들도 마찬가지다.

그런데 나중에 띠나방이 될 유충들은 특이하게도 같이 몰려다니면서 성장한다. 뭉치면 힘이 되는 까닭이다. 녀석들은 마치 줄을 서듯 일렬로 몰려다니면서 만나는 잎들을 싹쓸이하듯 먹어 치운다. 녀석들에게 줄은 곧 생명이다. 대열에서 한 마리를 떼어놓으면 시름시름하다 죽고 만다. 우리로 치면 풀이 팍 죽어 식욕이 없어지고 신진대사가 떨어지는 바람에 죽는 것이다. 심리학에서 말하는 분리불안이다.(이런 심리학 용어가 있다는 건 우리에게도 이런 성향이 있다는 것이다)

재미있는 건 이렇게 혼자 떨어져 시름시름하는 띠나방 유충을 다시 무리에 넣어줄 때다. 마치 공부하라는 부모의 호통에 억지로 책상 앞에 풀 죽은 시금치처럼 앉아 있다가 친구들 많은 운동장에 나오게 된 아이 같다. 다 죽어가던 녀석이 이제야 살 것 같다는 듯 활발해진다.

아예 하나의 유기체처럼 살아가는 꿀벌이나 개미들은 말할 필요도 없다. 이 녀석들은 한두 마리는 물론이고 10마리 정도만 따로 떼어놔도 금방 죽는다. 연구에 의하면 25마리 정도가 되어야 큰 집단에서 떨어져도 살아갈 수 있다.

이뿐인가. 무리 지어 살던 개를 혼자 두면 바닥을 파헤치고 문을 다 긁어놓거나 소파를 다 헤쳐놓는다. 새장에 홀로 있게 된 앵무새는 참을 수 없을 지경이 되면 자기 깃털을 뽑기 시작한다. 참새나 박새의 사촌이라고 할 수 있는 굴뚝새나 곤줄박이 같은 새 역시 마찬가지다. 혼자 있음을 견디지 못하고 금방 죽어버린다. 환경이 바뀌어서라기보다는 혼자라는 압박감, 다시 말해 외로움을 이겨내지 못하는 것이다.

혹시 물고기들도 외로움을 느낄까? 우리는 육지에서 바다로 갈수록, 예를 들면 태평양 한가운데로 가면 수많은 물고기들이 가득한 '블루오션blue ocean'이 있을 거라고 생각한다. 그물을 던지면 무조건 한 가득 건져 올릴 수 있을 것으로 여긴다. 하지만 망망대해는 그저 막막한 바다일 때가 많다. 사막이 뜨거운 햇빛과 모래 외에는 아무것도 없듯 이런 곳도 마찬가지다. 밝게 비치는 햇살과 맑고 푸른 물 이외에는 아무것도 없다. 우리가 머릿속에 떠올리는 형형색색의 갖가지 물고기들은 해류가 지나가거나 섬이 있는 곳 근처에 있다. 심해 속에 가라앉은 영양분이 위로 올라와야 플랑크톤이 살 수 있고, 그래야 이 플랑크톤을 먹는 물고기도 살 수 있기 때문이다. 푸른 바닷물이 가득하다고 물고기까지 가득한 건 아니다.

어쩌다가 아무것도 없는 이런 넓은 바다에 혼자 떨어진 물고기는 무척 외로움을 탄다. 움직이는 뭔가가 있으면 시선을 떼지 못한다. 그럴 수 있으려니 하며 못 본 척 지나갈 수도 있을 텐데 그러질 못한다. 녀석이 지금 헤엄치고 있는 바다는 언제 어디서 무슨 일이 일어날지 모르는 역동적인 세상과는 한참 동떨어진, 마치 사막 한

가운데에 온 것처럼 조용하고 잠잠하다. 수면 위의 태양만 밝게 빛날 뿐 아무것도 없는, 아무리 둘러봐도 같은 색깔뿐인 공허한 세상이다. 아무리 헤엄쳐 가도 항상 같은 색, 같은 느낌, 같은 세상이다.(잠수 장비를 착용하고 아무도 없는 바닷속에 들어가 있으면 이런 느낌을 느낄 수 있다)

그런데 어느 순간 이 고요를 깨뜨리는 움직임이 포착되면 물고기의 눈은 여기에 못 박힌다. 눈은 이 세상에 출현할 때부터 뭔가 새로운 것, 움직이는 것을 포착하기 위한 것, 그것이 먹잇감이든 포식자든 주시하도록 진화해왔다. 그런데 아무것도 없던 곳에 뭔가 움직이니 온 신경이 확 쏠리지 않을 수 없다. 당연히 움직이는 것에서 헤어나질 못한다. 러시아 생리학자 보리스 페드로비치 세르게이예프가 "물고기들이 상당한 고독을 느끼는 증거"라고 하는 순간이다.[1]

미끼 없이 낚시만 던지는 바다낚시에 걸리는 물고기들은 사실이 외로움에 걸려드는 것이다. 이런 외로운 물고기를 잡는 법은 간단하다. 40미터 정도 깊이에 낚시를 던져놓고 심심할 때 한 번씩 이리저리 흔들어주다가 걸렸다 싶으면 당기면 된다. 여느 곳이라면 맛있는 걸 달아놔도 잘 안 무는 녀석들인데 외로움에 지친 녀석들은 덜컥 문다. 녀석들에게 외로움은 배고픔보다 더 견디기 어려운 것이다.

우리 몸은 혼자 살도록
되어 있지 않다

●

우리는 어떨까?

얼마 전까지만 해도 대부분의 사회는 누군가 중죄를 지으면 처형시키거나 공동체에서 쫓아냈다. 수렵채집으로 사는 전통 부족들은 지금도 이렇게 한다. 이유는 하나다. 추방은 죽음 다음의 형벌이기 때문이다. 고대 그리스나 로마에서는 죄를 지으면 일정 기간 동안 사회 추방령을 내렸다. 그리스는 독재 가능성이 있을 것 같은 지도자까지 도편추방제ostrakismos라는 이름으로 추방했다. 로마도 마찬가지였다. 저 유명한 카이사르도 젊은 시절 추방령을 받아 몇 년 동안 본국에 돌아오지 못하고 주변을 맴돌아야 했다. 나폴레옹이 워털루 전쟁에서 졌을 때 가야 했던 대서양의 작은 섬 세인트 헬레나는 감옥과 추방을 동시에 겸하는 곳이었다.

혼자서는 살기 힘든 춥고 위험한 곳일수록 추방의 효력은 컸다. 아이슬란드 사람들이나 에스키모들에게 추방은 천천히 죽는 사형이었다. 추방당한 사람들은 추위와 굶주림보다 외로움에 지쳐 죽어가야 했다.

우리나라는 어떠했을까? 조선시대 선비들에게 사형 이외의 가장 무서운 처벌은 귀양이었고, 귀양지는 대개 다른 사람들이 접근하기 힘든 오지였다. 왜 오지 귀양이 중한 처벌이었을까? 그곳은 가족이 없고, 다른 선비들과 교류를 할 수도 없는, 다시 말해 사람답게 살 수 없는 곳이었다. 아이러니하게도 오늘날 이 귀양지들은 모두 빼어난 경치를 자랑하는 관광지가 되어 있다. 북한의 삼수갑산, 충북 단양, 전남 흑산도, 완도, 진도, 제주도 등이 그곳이다.

문명이 발달하면서 오지가 사라지자 사회는 '새로운 오지'를 만들어냈다. 문명 시대의 오지는 어디일까? 일반 사람들과 만날 수 없게 하는 감옥이다. 소외와 왕따가 사회문제가 되는 건 바로 이런 추방을 공동체 내에서 겪는, 죽음과 같은 형벌이기 때문이다.

우리는 혼자 따로 떨어지는 걸 두려워한다. 혼자 떨어진다는 건 지극히 위험한, 아니 죽음과 같은 고통 그 자체다. 갓난아이는 엄마가 옆에 없다고 느낄 때 가장 크게 울고 어둠 속에 혼자 있다고 느낄 때는 거의 자지러진다. 우는 강도는 혼자 남겨지는 시간과 비례한다. 따뜻하고 포근한 엄마의 온기가 사라질수록 커지는 울음소리는 엄마의 품과 다시 만나려는 아이의 몸부림이다. 영화 〈나 홀로 집에〉가 영화가 될 수 있는 건 주인공으로 나오는 조그만 소년이 혼자라는 본능적인 공포를 물리치고 악당인 도둑을 혼내주기 때문이다.

반대로 우리는 함께할수록 건강해지고 강해진다. 1846년 11월 말, 미국에서도 험한 곳으로 유명한 서부의 시에라 네바다를 지나던 77명의 사람들이 있었다. 더 나은 삶을 위해 서부로 떠난 그들은 추위가 오기 전 험한 지형을 넘기 위해 지름길을 택했다. 하지만 때마침 몰려온 토네이도 급의 눈 폭풍이 거의 하루도 쉬지 않고 몰아치는 바람에 아무도 없는 험한 계곡에 고립되고 말았다. 노인과 여자, 어린아이들이 있었지만 제대로 된 월동장비도 없는 상황, 구조대가 나섰지만 그들마저 실종되는 바람에 아무런 손을 쓸 수 없었다. 결국 4개월 만인 이듬해 3월 23일에야 구조대가 현장에 도착할 수 있었는데, 놀랍게도 절반이 넘는 41명이 살아 있어 당시 기적으로 대서특필되었던 사건이다.

무엇이 생과 사를 갈랐을까? 많은 학자들이 시에라 네바다의 비극을 연구했다. 세세한 기록을 찾아 그들의 족보까지 연구하고 당시 사망한 시신을 발굴하기까지 했다. 그런데 다른 질문을 던진 사람이 있었다. 누가 살아남았을까? 인류학자 도널드 그레이슨은 이 사건을 생물학적인 관점에서 들여다보았다.

고립된 77명 중에는 노인과 아이들이 포함된 몇몇 가족들이 있었고 딸린 가족이 없는 20~40대 남성 15명도 있었다. 이 두 그룹 중 누가 더 많이 살아남았을까?

당연히 힘 있고 건장한 젊은 남성들이 더 많이 살아남았을 것 같다. 하지만 결과는 의외였다. 20~40대 남성 15명은 책임져야 할 가족이 없었고 건장했으며 황야에도 익숙한 사람들이었다. 모험가와 노다지꾼들도 있었다. 하지만 이들 중 단 3명만 살아남았다. 반대로 가족과 함께 있었던 사람들은 노약자였음에도 살아남은 이들이 많았다. 최고령자로 부상까지 입었던 65세의 조지 도너는 4개월이 넘도록 추위와 눈 폭풍을 버텼다. 아내의 극진한 간호 덕분이었다(덕분에 '도너 계곡'이라는 이름이 생겼다). 서로 믿고 의지하면서 시련을 이겨낸 것이다. [2]

우리 몸과 정신은 혼자 살도록 되어 있지 않다. 우리는 호모 사피엔스로 살기 시작한 이래 다 함께 힘을 합쳐 어떤 생명체보다 조직적인 집단을 이룬 덕분에 지금까지 이렇게 살아남을 수 있었다. 우리에게 다른 사람들과 함께 살아가는 공동체 생활은 선택사항이 아니라 무조건 그렇게 해야 하는 종 전체의 기본 생존전략이다. 우리 또한 무리에서 외따로 떨어져 혼자 살아갈 수 없는 존재인 것이다. 무리와 떨어지면 죽음만큼 강한 압박감을 느낀다. 발달 심리학자인 존 볼비는 "자신이 속한 무리에서 소외되는 건 아이가 보호자와 떨어진 것과 같다"고 할 정도다.

깊은 산속에서 야영을 하다 볼일이 있어 모닥불 주변을 벗어나 보면 금방 알 수 있는 게 있다. 캄캄한 곳에 혼자 있는데 이상한 소리가 나거나 저 앞에서 뭔가가 계속 이쪽으로 온다 싶으면 혼자 동떨어져 있는 게 뭘 의미하는지 알고 싶지 않아도 알게 된다. 이럴 때 돋는 소름은 빨리 다른 사람들 가까이로 가라는 신호이다. 혼자 떨어지게 될 때 느끼는 외롭다는 느낌 역시 빨리 무리로 돌아가 함께 있지 않으면 위험하다는 경고다. 이런 신호와 경고가 계속되는데도 생존에 필수적인 욕구를 충족시켜주지 않으면 어떻게 될까?

우리 몸은 곧장 이 위기 상황에 반응한다. 신체적인 위협을 당했을 때처럼 불안감이 온몸에 가득 차고 이런 상황이 지속되면 사회인지기능이 손상되기 시작한다. 단순한 손상이 아니다. 세상에 대한 경계심이 높아지면서 더 예민하게 반응하고, 뭘 해도 만족하지 못한다. 방어기제로 전환한 신체 생리 모드는 다른 사람의 시각을 인정하지 않으려고 하고, 그런 의도를 제대로 평가하려고 하지 않으며, 일이 안 되면 누군가를 탓하는 것으로 해결하고, 때로는 상대의 마음에 들려고 지나치게 애를 쓰는 행동으로 나타난다. 또 성급하게 판단하는 일이 늘어나고, 부정적으로 생각하며, 가혹한 평가를 내리고 처벌 위주로 행동한다. 해야 하는 일을 하려고 하기보다는 재미있는 일을 하려고 하니 일이 생각처럼 풀리지 않는다. [3] 이런 일이 계속될수록 삶은 늪을 향한다. 몸이 원하는 강력한 생리적 욕구를 충족시키지 못해 지각과 행동이 왜곡되고 자기조절능력이 떨어지면 일어나는 일이다.

자기조절능력의 상실은 사실 누구나 한번쯤 경험할 수도 있다. 열렬히 사랑했던 사람과 헤어질 때 특히 그렇다. 둘이 한 몸처럼 지내다 혼자가 되면 견디기 힘든 외로움이 찾아오는 까닭이다. 이렇게 마음이 무너지면 술이 술술 들어간다. 그리고 다음 날 아침 깨어났을 때 알게 되는 청천벽력 같은 사실이 있다. 어젯밤 술에 취해 헤어진 연인에게 전화를 한 것이다! 그런데 무슨 말을 했는지 아무런 기억이 나지 않는다! 아, 머릿속이 하얘지고 온몸에 한기寒氣가 흐르며 추워진다……. 머리를 쥐어뜯으며 다시는 그러지 않으리라 다짐하지만 술에 취하면 또 한다. 외로움에 자기조절능력을 '많이' 상실한 탓이다.(마찬가지로 평생 회사 생활만 해온 사람들이 회사와 헤어지게[퇴직하게] 되면 똑같은 행동을 한다. 술이 거나해지면 "안부가 궁금해서"라는 명목으로 예전의 부하들에게 전화한다. 물론 스스로 하는 게 아니라 외로운 몸이 시킨 것이지만)

어쨌든 이런 일이 많아지면 본인도 후회막급이지만, 주변의 시선도 싸늘해져 우호적이고 협조적인 분위기가 사라진다. 서로 살아가는 일이 피곤해진다. 자신도 그걸 알기에 아니다 싶어 기분전환을 시도하지만 이게 어디 하루아침에 되는 일이던가. 힘들다 보니 자기도 모르게 쾌락으로 고통을 잊어버리려고 한다. 폭음, 폭식, 마약 복용, 성적 일탈의 유혹에 넘어간다. 술집이나 클럽을 자주 찾아다니는 사람들은 취하거나 즐길 상대를 찾아다니는 것 같지만 사실은 다른 곳에서 찾지 못한 유대감을 찾으려고 사람 많은 곳을 기웃거리는 것이다. 다른 곳에서 찾지 못한 깊은 유대감을 이런 곳에서 찾을 수 있을까? 마음대로 안 되니 술에 취하고 감정에 취해 통제력을 잃어버린다. 인간의 특성이 사라지고 '동물적 본능'만 남게 되니 술이 깨면 뒤통수에 번갯불이 내리치는 후회막급한 일을 하게 된다. 해서는 안 될 일들을 저질러버리는 것이다.

이래저래 상처를 많이 받다 보니 냉담해지고, 좋은 인상을 주지 못하니 사람들이 피한다. 진짜 소외, 따돌림을 당해 혼자가 되는 것이다. 다들 나를 무시하는 것 같으니 화가 나고, 화가 나니 상대를 더 몰아붙인다. 그럴수록 상대는 더 멀어진다. 악순환의 시작이다.

이 순간, 위험이 찾아온다. 이럴수록 외로워지지 않으려는 본능은 더 강해져 자신에게 잘해주는 사람에게 푹 빠져들게 되고 잘 속는다. 관계를 원하는 마음은 굴뚝같고, 속임수를 간파하는 능력은 줄어들기 때문이다. 리더들이 아부 잘하는 사람을 가까이하고, 혼자 사는 노인들이 외판원들에게 잘 속아 넘어가는 이유가 여기에 있다.

만델라
"난 외로울 때 아주 나약해진다"
●

직장에서 무시당하는 것과 괴롭힘을 당하는 것, 둘 중 어느 쪽이 더 견디기 힘들까? 캐나다 브리티시컬럼비아 대학 연구팀에 따르면 외면당하고 무시당하는 게 괴롭힘을 당하는 것보다 생산성을 떨어뜨리고 건강에 더 해롭다. 있어도 없는 듯 여겨지고 사람들과 함께 있으면서도 마음은 멀리 추방당하는 고통이 더 큰 까닭이다.

심지어 사람은 자기와 '다른 종류'의 사람들 속에 섞여 있을 때도 혼자라는 두려움을 느낀다. 하버드대학교의 토머스 셸링 교수에 의하면 백인들은 흑인들이 자기 동네에 70퍼센트 이상 살기 시작하면 너나없이 그 동네를 떠나기 시작한다. 백인들끼리 같이 떠나자고 약속을 한 게 아니라 알아서 하나둘 떠나는데 전체적으로 보면 백인들의 이사 비율이 급격하게 높아진다. 조만간 흑인들 사이에 홀로 남을지도 모른다는 '위협'을 느끼는 순간 서둘러 떠나는 것이다. 심지어 연구를 위해 오지의 수렵채집 부족과 일 년 정도 같이 사는 인류학자들도 외로움을 느낀다. 진화의 법칙을 발견한 다윈이 지리학자로 비글호에 탔을 때 그의 두 번째 임무는 선장 로버트 피츠로이의 '말벗'이 되어주는 것이었다. 선장은 외롭기 때문이다.(피츠로이는 지식욕이 상당했기에 말이 통하는 사람을 원했다)

흑백분리운동에 저항하며 27년 동안이나 갇혀 살아야 했던 남아공의 만델라는 수감 생활이 끝난 후, 두 번째 결혼이 파경을 맞게 되자 몹시 괴로워했다. 아니, 생각 이상으로 외로워했다. 다행히 마셜과 세 번째 결혼을 하면서 그의 표정이 바뀌었다. 그는 이렇게 말했다.[4]

"마셜이 보여준 사랑과 지지 덕분에 나의 삶은 화려해졌다. 그녀는 나의 보스다. 난 외로울 때 아주 나약해진다."

탈출은 꿈도 꿀 수 없는, 섬 전체가 교도소인 곳에서 그 어떤 압력에도 굴하지 않고 27년이나 끈질기게 저항한 세계적인 투사가 외로움에는 저항하지 못했다. 만델라는 유별난 사람이 아니다. 아마 섬에 혼자만 있었다면 27년을 견딜 수 없었을 것이다.

말을 조련시키는 조련사들이 고집 세고 호전적인 말에게 곧잘 쓰는 비법이 있다. 하루 24시간 중 23시간을 혼자 있게 한다. 그런 다음 나머지 한 시간 동안 같이 있어주기만 하면 어느 순간 말이 확 변한다. 그렇게 거칠었던 말들이 고분고분해진다. 혼자 있음에 숨 막혀 하던 말들이 조련사의 존재를 반가워하기 때문이다. 본능을 이용해 자연스럽게 길들이는 것이다.

혼자 있게 하는 건 같은 인간에게도 매우 효과적인 처벌 방법이다. 교도소는 수감자들이 문제를 일으키면 독방으로 보내고(만델라도 많이 당했다), 조직에서는 보고 싶지 않은 사람을 먼 한직으로 보내버린다. '현대판 귀양'이다.

3

결국
혼자
가는 길

가난하게
살 것인가,
외롭게
살 것인가?

간신히 하나 해결하고 나면 기다렸다는 듯이 또 다른 문제가 생깁니다. 이제 좀 됐나 싶으면 생각지도 않은 일이 터집니다. 왜 나에게만 이런 일이 생길까, 왜 이리 지지리 복도 없는 걸까? 어떨 땐 하루에도 열두 번씩 이런 생각이 들어요. 더 힘든 건, 뭐 항상 그러긴 했지만 더 이상 물러날 곳이 없다는 겁니다. 그러니 어떻게든 이겨낼 수밖에요, 살려면. 꼭 전쟁하듯 싸우면서 살아왔고 지금도 그래요.

나이 사십을 넘어보니 저도 모르게 힘이 쭉 빠지는 날이 있어요. 내가 꼭 이렇게 살아야만 하나, 이런 생각이 불쑥불쑥 드는 겁니다. 주말이 되어 이제 좀 쉴까 하면 아내와 아이들은 어디라도 좀 가자고 난리입니다. 하긴 몇 년간 휴가는 꿈도 못 꿨죠. 근데 정말 저도 쉬고 싶거든요. 죽겠거든요. 근데 시간도 없고 (만날 사람도) 아무도 없어요. 사업한다고 중고등학교 친구들 만난 지 한참 되다 보니 이젠 만나도 서먹서먹할 것 같고, 그렇다고 주변에 친구가 있느냐 하면 그것도 아닙니다. 술 한잔 하고 싶은데 갈 곳이 없어요. 집에서 마시면 또 술이냐고 하고, 그렇다고 혼자 어디 식당 같은 데 술 마시러 가면 너무 어색하고, 아, 정말 이런 게 외로움인가 싶어요.

얼마 전 상공회의소 모임에서 만났던 산전수전 다 겪으신 사장님을 뵈러 간 적이 있습니다. 근처에 일이 있어 왔다는 핑계로 "괜찮으시면 저녁식사 대접하겠습니다" 했더니 반갑게 나오시더라고요. 밥 먹으면서 소주 한잔 하는데 아버지 같고 막내삼촌 같은 느낌이 들어서 정말 마음이 편했습니다. 한참 있다가 그냥 한 번, 슥 지나치듯 물어봤습니다.

"왜 하면 할수록 저 혼자라는 생각만 들까요? 꼭 이렇게 살아야 하냐는 생각이 요즘 부쩍 듭니다. 사장님도 그러셨어요?"

근데 이 사장님, 마치 제 말을 기다리기라도 하신 듯 카운터펀치를 날리시는 겁니다. 밥을 먹다 마시고 저를 지긋이 바라보시더니 조용히 또박또박 말씀하셨습니다. 지금도 그때 장면이 동영상 보는 것처럼 선명합니다.

"○ 사장, 자기 일을 하는 사람에게 가장 큰 적이 뭔 줄 압니까? 고독하고 외로운 거예요. 분명히 알아야 할 게 있어요. 나도 ○사장 같은 나이에 똑같이 그랬는데, 지나고 보니 나뿐만 아니라 다 그럽디다. 안 그런 척하는 거지. 근데 이거 싸워서 이겨야 하는 게 아니더라고. 싸워 이겨서 확 없애버리는 게 아니라 친해지고 익숙해져야 해요. 한칼에 확 베어버린다고 없어지는 게 아니거든. 그러니 외롭지 않으려고 발버둥치지 말고 그냥 외로워해요. 원래 이 자리, 외로운 겁니다. 외로운 자리이니 당연히 외로운 거예요. 다른 방법이 없어요. 외롭지 않게 살려면 이걸 포기하고 가난하게 살면 돼요."

그때 어떤 기분이었느냐 하면, 어렸을 때 친구하고 놀다가 잘못해서 커다란 김장독을 깰 때 바로 그런 느낌이었습니다. 커다란 김장독이 와장창 깨지면 나도 같이 산산조각이 나는 것 같잖아요. 엄마한테 혼날 생각을 하니 머릿속이 하얗게 되는, 바로 그런 기분이었어요. 제 마음속의 뭔가가 팍 깨지면서 무너지더라고요. 큰소리도 아니고 자박자박 말씀하시는데, 어떻게 그렇게 단박에 깨버리시는지, 정신이 하나도 없었어요. 완전히 박살이 난 느낌이었어요. 은근히 기대려고 갔다가 한방에 깨져버렸습니다.

이상한 건 그렇게 된통 깨졌는데 혼났다는 생각은 하나도 안들고 아 그렇구나, 저 분도 그랬구나, 하는 생각만 드는 겁니다. 나만 그런 게 아니구나 하는 묘한 안도감 같은 게 느껴지면서 저도 모르게 울컥 눈물까지 나오더라고요. 밥을 우겨넣으면서 감추느라 혼났습니다.

근데 아이고, 그 말씀들을 머릿속에 꼭꼭 새겼는데 외로운
거 하고는 친해지지가 않아요. 왜 이렇게 힘들까, 지금도 꼭 이
렇게까지 살아야 하는가, 하는 생각이 불쑥불쑥 들 때마다 심
란해집니다. 맥이 탁 풀립니다. 그 사장님 말씀을 명심 또 명심
하고 있건만 정말 쉽지 않네요.

한 독자가 《사장으로 산다는 것》을 읽고 보내온 메일이다. 산전
수전 다 겪은 선배 사장은 왜 어렵게 찾아온 후배 사장을 카운터펀
치 한방으로 팍 깨버렸을까? 깬 게 아니라 알려준 것인데 혼자만의
성을 쌓고 있던 후배 사장이 제대로 급소를 맞아 깨진 것이다.

외로움과 고독, 심리학은 이 둘을 다른 것으로 구분한다. 외로움
loneliness은 누군가와 같이 있고 싶은데 그렇지 못해 떨어져 있는 것
이고 단절되어 있는 상태다. 고독solitude은 혼자 있고 싶어서 있는
것이다. 외로움은 원치 않게 떨어져 있는 것이고, 고독은 원해서 떨
어져 있는 것이다. 외로움이 쓸쓸함이나 우울 같은 부정적인 감정
을 동반한다면 고독은 자유로움 같은 긍정적인 감정을 불러온다.
외로움이 무언가를 잃어버리는 내적인 공허라면 고독은 무언가를
얻어 충만해지는 것이다. 외로움이 시간이 지날수록 더 많은 고통
을 주는 것이라면 고독은 에너지를 생성해 원기를 회복시켜주는
것이다.

사장들이 겪는 외로움은 마치 젖을 떼는 아이들이 겪는 고통과
같다. 한 단계 성장하기 위해 본능의 영향력으로부터 벗어날 때 겪

어야 하는 아픔이다. 햇빛을 받으면 생기는 그림자처럼 뗄 수 없는, 고독으로 가는 길에 겪어야 하는 외로움이다. 사장도 인간이기에 무던히 애를 써야 벗어날 수 있는 것이다. 빛나는 햇빛만 받고 그림자를 가지지 않을 수는 없는 일, 고독하지 않으려는 순간 문제가 시작되고 싸워서 없애려고 할수록 더 커진다.

사장의 고독은 나누는 것도 아니고, 나눌 수 있는 것도 아니다. 사장이 해야 하는 고민을 나눌 수 없듯 고독도 마찬가지다. 돈으로 해결될까? 벤처기업으로 대박을 친 젊은 사장들이 흔히 빠지는 수렁이 있다. 돈으로 고독을 이기려 한다. 돈으로 관계를 사서 외로움이라는 고개를 넘으려 한다. 혼자 있음을 이기지 못해 룸살롱으로 '출근'한다.

뗴어낼 수 없다면 어떻게 해야 할까? 어쩔 수 없이 해야 하는 일을 감수하듯 받아들여야 한다. 친해져야 하고 친구가 되어야 한다. 외로워지는 게 아니라 고독을 선택해야 한다. 남들이 이미 간 길이 아닌 자신의 길을 가는 사장은 '선배 사장'이 말한 것처럼 둘 중에서 하나를 선택해야 한다. 꿈을 포기하고 그저 그렇게 살든가, 아니면 외로움을 통해 자기 길을 가든가.

'왕이
된다는 것'

아프리카 동북부에 위치한 수단과 에티오피아 국경 접경지대에
는 아누아크 족이 살고 있다. 유목과 이동목축농경으로 여기저기
흩어져 사는 7만여 명쯤 되는 크지도 작지도 않은 토착민들이다.
1990년대 이 나라의 왕이 사망하면서 많은 아들 중 아동고 아가다
Adongo Agada를 다음 왕으로 지명했다. 지명된 아들은 무조건 왕위를
이어받아야 하는 게 이 부족의 전통이었다. [1]

문제는 왕이 지명한 아들 아동고가 그곳에 살지 않고 있었다는
것이다. 수단과 에티오피아 양국이 서로 자국 영토를 넓히려 하는
과정에서 독립을 지향하는 아동고를 체포하려고 하자 캐나다로 망
명했다. 그는 망명한 후 혹시 모를 위험 때문에 가족까지 불러들였

다. 물론 캐나다에서의 삶은 녹록하지 않았다. 어느 나라나 국제적인 명망이 없는 망명객은 우대하지 않는다. 아동고 또한 많지 않은 수입으로 살아가고 있었다. 그런데 선왕이 타계하면서 자신을 왕으로 지명했던 것이다.

좋아할 일이 아니었다. 이제 막 정착한 캐나다에서 불편함을 감수하면서 비교적 안정된 삶을 살 것인가, 아니면 불안정하지만 왕으로 살 수 있는 고향으로 돌아갈 것인가? 국경선 분쟁이 완화되었다고 하지만 어떤 상황이 일어날지 몰랐고 더구나 가족까지 불러들여 간신히 살아갈 터전을 마련한 터였다. 부인은 고향으로 돌아가는 걸 적극적으로 반대했다.

그는 고민 끝에 아버지의 유언을 받아들이기로 했다. 잘사는 캐나다에 와서 살아보니 어렵게 사는 부족민들이 눈에 밟혔던 것이다. 다행히 수단과 에티오피아도 체포에 적극적이지 않아 즉위식을 치르고 제23대 왕에 오를 수 있었다. 하지만 왕도 왕 나름이다. 부족 규모 자체가 작으니 휘황찬란한 권력 같은 게 있을 리 없었다. 어떻게든 부족민들이 마음 편하게 먹고살 수 있는 방법이 있으리라고 믿었지만 믿음이 당장 뭘 해주는 건 아니었다. 새로운 왕은 이전 왕들이 그랬듯 수단 영토에 속하는 오타와 마을에 거주하며 굶주림에 허덕이는 부족민을 구할 수 있는 방법을 강구하고자 했다.

하지만 먼저 거쳐야 할 산들이 있었다. 즉위식을 마치자 부족 원로들이 왕으로서 지켜야 할 규칙들을 내밀었다. 여러 규칙이 있었다. 다른 건 그럴 수 있겠다 싶었는데 납득할 수 없는 세 가지 조건

이 있었다.

- 왕은 자신의 거처에서 혼자 지내야 한다. 부족민들과 함부로 말을 해서는 안 된다. 친구와도 농담을 할 수 없다. 식사도 혼자 해야 한다.
- 아플 때도 아프다는 것을 보이지 말아야 한다.
- 무엇보다 아내를 많이 얻어야 한다. 혈통이 끊기는 불행을 방지해야 한다.

이 부족은 왜 이런 전통을 가지게 되었을까? 분명 그럴 만한 이유가 있었을 텐데.

초원의 제왕인 사자는 태어난 지 2년쯤 지나면 무리를 떠난다. 남성 호르몬인 테스토스테론이 왕성하게 분비되면서 짝짓기를 할 시기라는 걸 무한한 충동으로 알려주지만 상대가 없기 때문이다. 충동에 못 이겨 무리 내의 사촌들에게 구애하는 녀석들은 무조건 추방이다. 근친혼을 방지하기 위한 사자들의 생존전략이다. 어쨌든 떠나야 하니 눈치 빠른 녀석들은 일찌감치 스스로 알아서 떠난다.

태어나면서부터 살아온 무리를 떠나는 건 사자에게도 두려운 일이다. 운이 좋아 형제끼리 함께 독립을 하는 경우도 있지만 대개는 혼자 살아가야 한다. 무리를 떠난다는 건 살아온 영역을 떠나는 것이기에 이제부터는 영역도, 무리도 없는 상태로 넓은 초원과 황무지를 떠돌아야 한다. 자기 영역을 가지고 싶은 마음이야 굴뚝같지만 혼자서는 언감생심이다. 초원에서 흔히 볼 수 있는 방랑 사자들이다.

덩치는 150킬로그램이나 되어 우람하지만 삶의 노하우는 서툴기 짝이 없기에 방랑은 힘들 수밖에 없다. 무리 내에 있을 때는 실력 좋은 어른들이 있어서 그럭저럭 먹고살 수 있었지만 독립하는 그 순간 150킬로그램의 덩치는 치명적인 약점이 된다. 덩치 때문에 빠르게 뛸 수도 없고 순발력 있게 움직일 수도 없다. 덩치만으로는 작은 토끼 한 마리 잡을 수 없다. 그래서일까? 독립한 지 1년쯤 되면 녀석들의 절반 이상이 사라진다.

자신의 영역과 무리 없이 여기저기 돌아다니며 먹고살아야 하는 방랑 사자들은 짧으면 3~4년, 길게는 4~5년 동안 혼자 이 시간을 견뎌내야 한다. 오다가다 만난 다른 수컷과 의형제를 맺기도 하지만 그래야 둘뿐이다. 다른 사자들이 차지하고 있는 영역의 경계를 넘나들며 살아야 하니 살아가는 일은 더할 나위 없이 팍팍하다. 자기 영역을 가진 사자들에게 된통 혼이 나는 건 다반사고 사냥을 하다가 심각한 부상을 입는 일은 일상이다. 그들은 생과 사의 경계를 위태롭게 오간다.

수많은 어려움을 이겨내며 이렇게 3~4년을 지내야 하는데, 겪고 나서 보면 보약 같은 시간이다. 자기도 모르는 사이에 단단한 몸을 갖게되고 싸우는 기술 또한 일취월장, 제왕의 후보자가 가져야 할 자격을 자연스럽게 갖추게 되는 까닭이다. 이렇게 힘을 축적한 방랑 사자는 그 동안 지켜보아온 한 무리의 보스에게 도전장을 던진다. 길면 일주일 이상 몇 킬로미터나 떨어진 곳에서 우렁찬 포효로 상대와 기 싸움을 해본 후 승산이 있다 싶으면 결투에 나선다. 이기면 그 무리의 보스가 되지만 지면 다시 초원을 떠돌아야 하니 최선을 다해야 한다.

초원의 제왕이 되려면 반드시 거쳐야 하는 이 과정은 어떤 사자에게도 예외일 수 없다. 어떤 시련에도 맞설 수 있는 힘을 자신의 삶에 장착해야 '라이언 킹Lion King'이 될 수 있다. 초원의 법칙이고 사자 왕국의 전통이다.(영화 〈라이언 킹〉에서도 주인공 심바는 삼촌과 하이에나들에게 쫓겨나지만 이런 과정을 거쳐 금의환향한다)

사자만이 아니다. 완전히 다른 대륙에도 비슷한 생존법칙을 가진 존재가 있다. 유라시아와 북미 대륙의 넓은 초원과 숲에서 최강자로 군림하고 있는 늑대들이다. 이 녀석들 역시 사자처럼 무리 동물이다. 무리를 형성해야 살 수 있고 무리에서 떨어지면 죽을 가능성이 높기에 오랜 옛날부터 무리를 지어 살아오고 있다.

그런데 과감하게 무리를 나와 나 홀로 거친 황야로 들어가는 늑대가 있다. 몸이 약해서 낙오되거나 왕따를 당하는 경우도 있지만 개성이 강한 나머지 자의 반 타의 반으로 떨어져 나온 '황야의 늑대'다. 늑대 사회는 사자와 달리 대장 부부만 새끼를 낳을 수 있다. 그렇지 않아도 살기 힘든데 각자 새끼를 낳아 자기 새끼만 위하다 보면 분란이 생길 가능성이 많기 때문일 것이다. 그래서 대장이 아닌 늑대는 자신의 새끼를 가질 수 없고, 자신이 원하는 방식대로 살

수 없다. 자신의 무리를 가지려면 무리를 떠나야 한다.

황야의 늑대는 오로지 하나의 가능성만을 믿고 사지나 다름없는 황야로 들어간다. 무리로 살아야 하는 환경에서 혼자 살아간다는 건 11명이 하는 축구를 혼자서 하는 것이나 다름없다. 권력 투쟁에서 진 보스 늑대들이 위계서열이 최하위로 떨어짐에도 불구하고 무리를 떠나지 않는 건 혼자서는 살기 힘든 환경이기 때문이다. 차라리 구차함을 견디는 게 낫지 무리를 떠나는 순간 죽음은 코앞으로 닥쳐온다.

오로지 자신의 왕국을 건설하려는 꿈을 위해 황야를 선택한 늑대들은 대부분 온 데 간 데 없이 사라진다. 워낙 살아가기 힘든 곳이기 때문이다. 하지만 가끔 이 극한상황을 이기고 살아남는 녀석들이 있다. 갖은 어려움을 헤치고 황야에서 살아가는 법을 익힌 것이다. 황야에서 생존력을 키운 녀석은 어느 순간 다른 늑대 무리의 보스로 변신한다. 사자들이 그렇듯 그 무리의 기존 보스와 싸워 권력을 획득하거나 자신처럼 황야를 선택한 녀석들을 모아 새로운 무리를 만들어내는 것이다.

이 순간 황야의 질서가 변하기 시작한다. 이 늑대 무리가 황야를 아우르는 최강의 집단으로 태어나 기존 질서를 바꾸는 것이다. 죽을 것 같은 고통과 시련을 다 겪은 신임 보스의 노련함이 조직의 경쟁력을 획기적으로 끌어올리기 때문이다. 혼자서도 잘살았는데 조직이라는 날개를 달았으니 펄펄 날아다니는 것이다.('황야의 늑대'라는 말은 독일 작가 헤르만 헤세가 자신의 외롭고 거친 삶을 자전적 소설

제목으로 삼아 유명해졌다. 농업문화를 가지고 있는 우리에게 늑대는 '나쁜 녀석'의 대명사이지만 초원 민족들에게 늑대는 우리에게 호랑이처럼 신성한 존재다)

사자는 아프리카 초원의 제왕이고 늑대는 유라시아와 북미 대륙 초원의 최강자다. 묘하게도 이 넓은 생태계의 꼭대기에 존재하는 최강자들이 이상하리만큼 같은 과정을 밟아 최강자에 올라서고 있다. 또 다른 넓은 생태계인 바다의 최강자인 범고래도 비슷하다.

'왕국'으로 가는 '황야'라는 길

•

맨몸으로 사업을 일으킨 사업가들은 이 얘기를 들을 때마다 눈이 빛난다. 아무리 피곤해도 태도가 흐트러지지 않는다. 감정이입이 되는 것이다. 왜 그들은 동물의 왕국 이야기에 감정이입이 될까?

사업이란 그 무엇도 아닌 나만의 작은 세상을 만드는 것이다. 내마음대로 할 수 있는 세상이 아니라 내가 꿈꾸었던 걸 내가 원하는 방식으로 작동하게 하는 나만의 작은 세상이다. 나만의 세상이기에 누군가를 따라 해서 만들 수 없다. 누군가 간 길을 가서는 이를 수 없다. 새로운 길을 만들면서 가야 한다. 그것도 혼자서!

나만의 길을 간다는 건 혼자가 된다는 것이다. 무리에서 밀려나는 소외도 아니고 대열에서 뒤처지는 것도 아니다. 나만의 작은 세상을 만들기 위해 용기 있게 황량한 초원과 벌판으로 나가 혼자가 되는 것이다. 그 누구의 길도 아닌 나만의 길을 가는 것이기에 아무도 없는 것이고 고독한 것이다. 그래서 자기만의 길을 가는 사람에게 '황야'는 반드시 거쳐야 할 통과의례이다.

세계적인 종교를 창시한 성인들에게는 공통점이 있다. 부처는 스물아홉 살에 왕자라는 자리와 가족을 떠나 6년 동안 방랑한 끝에 광야의 보리수나무 아래에서 깨달음을 얻었다. 예수는 낮에는 뜨겁고 밤에는 혹독하게 추운 광야에서 40일 동안 금식하며 기도했고 시험받았다. 성경에서 광야는 중요한 곳이다. 이집트에서 탈출한 히브리 족이 모세를 따라 40년 동안 헤맨 곳도 광야였고 예수에게 세례를 준 선지자 요한이 등장한 곳도, 또 그가 장차 예수가 올 것이라고 예언한 곳도 광야였다. 새로운 무언가를, 세상을 바꿀 무언가를 만들어내는 곳이 광야로 기록되어 있다.

마호메트는 40세가 되던 해부터 매년 한 달 정도 황량한 동굴로 들어가 기도를 한 끝에 계시를 받았다. 공자 또한 당시 평균 수명을 넘어선 55세라는 늦은 나이에 조국인 노나라를 떠나 14년 동안 천하를 떠돌았다. 유람이 아닌 유랑이었다. 대만의 공자 전문가 왕건문은 공자가 이렇게 생을 마감했기에 역사 속에서 영원한 성인의 이미지를 얻을 수 있었다고 한다. 춘추시대 제나라의 재상을 지낸 관중管仲은 관자管子라고까지 불리며 당대를 좌지우지한 인물이었지만 거기까지였다. 그 시대를 넘어서지 못했다. 반면 공자는 2500년

이 지난 지금까지 성인으로 추앙받고 있다. 천하를 떠도는 과정을 통해 세상을 구할 수 있는 도道를 얻은 덕분이다.

이들만이 아니다. 위대한 역사를 만들어낸 많은 인물들 또한 황야를 거쳐 위대함으로 나아갔다. 아홉 살 때 아버지를 잃고 초원 변두리에 버려지다시피 했던 칭기즈칸은 들쥐를 잡아먹으며 살아야 했다. 그림자 말고는 아무 친구도 없었다. 하지만 불굴의 의지로 초원 변두리에서 살아남는 법을 터득했고, 점점 세력을 확장할 수 있었다. 물론 세상이 쉽게 위대함을 허락할 리 없었다. 믿었던 옹칸이 배신을 하면서 모든 걸 잃었다. 그때 그는 다시 한 번 황야를 선택했다. 지금도 오지로 꼽히는 몽골 동북쪽으로 몸을 피한 다음 그곳에서 7년 동안이나 세상을 향한 힘을 벼렸다. 새로운 세상으로, 그리고 미래로 나아가기 위해 고독한 길을 선택했던 것이다. 그는 나중에 자신을 '푸른 늑대의 후예'라고 했는데, 그것은 초원 변두리에 살면서 자연스럽게 보게 된 늑대들의 생존력과 전략을 모델로 삼았기 때문이다.

황야는 벌판에만 있는 게 아니다. 어디에 있든 자기만의 길을 가다보니 거친 환경에 노출되면서 생존의 위협을 받는다면 그곳이 황야다. 또 다른 세계 정복자 알렉산더는 아버지가 암살된 후 자신도 그렇게 될 수 있었기에 노심초사하며 궁중 속의 황야를 감내해야 했다. 나폴레옹은 코르시카라는 작은 섬에서 태어난 탓에 사령관에 오르기 전까지 프랑스에서 그런 시간을 견뎌야 했다. 세계 4대 해전의 주인공인 이순신은 어떨까? 그는 오랜 시간 북방에서 한직을 떠돌았다. 만주와 가까운 그곳은 말 그대로 황야였다.

이들의 삶에서 황야는 고통스럽지만 피해야 할 곳이 아니라 거쳐야 할 과정이고 자신을 담금질하는 곳이다. 초원의 제왕 사자가 그러하듯 가져야 할 것이 무엇이고 버려야 할 것이 무엇인지 알 수 있게 해주는 곳이다. 내가 누구인지 무엇을 해야 하는지 알게 되는 곳이다. 어렵고 힘들지만 필수적인 과정을 거치면서 더 단단한 자신을 만드는 곳이다.

전 세계 신화와 전설에 등장하는 영웅들에게는 공통점이 있다. 신화학자 조셉 캠벨에 의하면 영웅들은 주로 깊은 숲 속이나 큰 나무 아래, 그리고 심연으로 상징되는 험한 곳에서 자신의 소명을 받는다. 안전하고 편안한 곳이 아니다. 이곳에서 자신의 정체성이라고 할 수 있는 소명을 깨달은 그들은 그 소명을 이루기 위해 길을 떠난다. 무리에서 떨어지지 않아야 한다는 뿌리 깊은 본능이 떠나지 못하도록 발목을 잡고, 떠나는 순간 모든 걸 잃을 수 있다는 우려가 발걸음을 막아서지만 그들은 모든 걸 떨치고 떠난다. 그렇게 혼자가 되어 머나먼 여정을 시작해 결국 누구도 상대하기 어려운 괴물을 처치한다. 왜 혼자 길을 떠날까?

자신의 소명을 운명으로 받아들였기 때문이다. 그러니까 영웅이다. 세상은 이런 영웅을 돕는다. 인간적인 매력과 의지, 비전에 이끌려 따르는 사람이 생기고, 요정과 신들까지 돕는다. 그들은 황야에서 살아가는 것 같은 시련의 과정을 통과하면서 자신의 역량을 증명하고 자신이 누구인지를 확인한다.

자신만의 뚜렷한 업적을 남긴 이들 또한 다르지 않다. 불멸의 거작 《신곡》을 쓴 단테는 원래 이탈리아의 도시국가 피렌체의 외교관이었다. 하지만 외국에 나가 있던 중 정변이 일어나는 바람에 추방을 당해 여러 나라를 전전해야 했다. 그는 고향으로 돌아가려고 무던히 애를 썼으나 갈 수가 없었다. 그러던 중 자신이 해야 할 더 큰 일이 있다는 걸 깨달았다. 수없이 분열된 이탈리아가 통일이 되려면 먼저 말(언어)이 통일되어야 함을 인식한 것이다. 말의 통일이야말로 정신의 통일로 가는 길이라는 걸 깨달은 그는 각기 달라져가는 말을 통합하기 위해 여생을 바쳤다. 그의 노력이 이탈리아 통일의 초석이 된 건 물론이다. 그래서일까? 《신곡》의 〈지옥편〉은 이렇게 시작한다.

우리 인생 여정의 한가운데에서, 나는 '어두운 숲 속'에서 헤매고 있는 나 자신을 발견하였다. 그곳은 반듯한 길이 숨겨져 있는 장소다.

단테는 황야와 같은 어두운 숲 속에서 자신이 가야만 하는 길을 발견했던 것이다.

'나는 생각한다, 고로 존재한다'고 했던 철학자 데카르트도 마찬가지다. 그는 스무 살 때 '세상이라는 큰 책'에서 더 많은 걸 배우기위해 중세철학에 갇혀 있던 '작은 책'인 대학을 떠났다. 그리고 4년동안 네덜란드와 지금의 독일에서 군대에 지원해 전투에 참전하는 등 각양각색의 사람들과 어울리며 다양한 세상 경험을 했다. "운명이 나에게 허락하는 모든 상황에서 나 자신을 시험했던" 시절이었다. 이런 경험을 통해 자신이 어떤 길을 가야 할지 알게 된 그는 서른두 살 때인 1628년 네덜란드에 자리를 잡고 본격적으로 자기 길을 가기 시작했다. 덕분에 현대 철학의 발판을 만드는 확실한 자기만의 영역을 구축할 수 있었다.

독일의 문호 괴테는 어떨까? 젊은 시절 10년 동안 관료 생활을 하던 그는 어느 날 갑자기 이탈리아로 떠났다. 그림을 그리고 싶어서였다. 하루에 12개나 되는 교회를 돌아보는 강행군 같은 2년간의 '방랑'을 통해 그가 깨달은 것은 이것이었다.

'아, 내가 해야 할 일은 글을 쓰는 것이구나.'

《젊은 베르테르의 슬픔》,《파우스트》는 이렇게 자신의 미션을 찾아 떠난 방랑에서 탄생한 것이다.

혼자
있을 수
있는 능력

　무려 열두 번의 실패를 거친 끝에 프랑스로 하여금 역사상 처음
으로 제대로 된 헌법을 가질 수 있게 한 샤를 드골은 우리가 생각
하는 것만큼 인기 있는 지도자가 아니었다. 열광적인 지지자들은
있었지만 인기는 많지 않았다. 자신이 생각한 정의를 위해 중간에
서 적당히 타협하는 걸 몰랐기에 독불장군처럼 행동했다. 아니, 사
실 독불장군이라고 해도 과언이 아니었다. 그는 자신이 사교적인
사람이 아니고 관계에 능하지 못하다는 걸 알았기에 누군가와 친
해지다 보면 그것이 약점이 될 수 있다는 것을 일찌감치 깨닫고 항
상 사람들과 일정 거리를 유지했다. 자신의 추종자들은 헌신적이라
고 할 정도로 잘 보살폈지만 친구는 하나도 없었다. 정기적으로 만

나는 몇몇 지인들이 있었지만 이들과는 우정보다는 토론이 목적이었다.

드골은 어렸을 때부터 군인이 되기를 열망했고 최선을 다했지만 바로 이런 외골수적인 성향 때문에 30대 후반에도 대위에 머물러 있었다. 그는 굴하지 않고 자신의 길을 고독하게 갔다. 육군사관학교에서 자신보다 계급이 높은 사람들이 참석한 가운데 강연을 하게 됐을 때 그는 쪽지 한 장 없이 영웅에 대한 이야기를 세 번에 걸쳐서 했다. 워낙 무거운 이야기를, 그것도 하급자가 하니 침묵은 더 무거워질 수밖에. 그는 아랑곳하지 않고 영웅이란 누구인가, 왜 영웅이 필요한가에 대해 말했다. 더 나아가 영웅은 상부의 어리석고 비겁한 명령에 복종하지 말아야 한다고 열변했다. 자신의 길을 어떻게 가야 할지 이미 마음속에 확립해놓고 있었던 것이다.

그는 자신의 비전과 성격을 삶의 철학으로 만들었다. 구태여 다정다감하게 행동하거나 마음에 없는 친절, 관대함을 보이려 하지 않았다. 그는 홀로 있음에 기꺼이 머물렀다. 대통령이었을 때도 퇴근하면 곧바로 자신의 거처로 들어가 나오지 않았다. 그는 이렇게 말했다.[2]

"나는 고독에 이끌렸다. 고독은 내 친구가 됐다. 그 외에 무엇이 항상 역사 속에서 살아가는 사람을 만족시켜줄 수 있겠는가?"

호好와 불호不好를 너무 명확하게 했기에 고생하고 비난을 많이 받았지만 그러했기에 남들이 이루지 못한 많은 것들을 이룰 수 있었다. 그는 자신에게 주어진 고독을 받아들이고 감수했다.

드골처럼 고독을 표 나게 선택한 건 아니었지만 다른 지도자들 또한 마찬가지였다. 항상 자기만의 시간을 통해 세상이 흘러가는 대로 흘러가거나 자기도 모르게 그런 흐름을 따라가지 않도록 조심했다. 세계 부자 순위 1~2위를 다투는 전설적인 투자가 워런 버핏은 세계 금융의 중심지 뉴욕이 아닌, 미국 중부의 한적한 네브래스카 주 오마하에서 조용히 산다. 그는 왜 '시골'에서 혼자 지내다시피 하고 있을까?

"투자에서 성공은 지능지수와는 관계가 없어요. 일단 평범한 지능만 있으면, 그때부터 필요한 건 사람들을 곤란에 빠뜨리는 충동을 억제하는 기질입니다."

그는 세상 사람들을 두 부류로 나눈다. 무리를 따라가는 사람과 자신을 따르는 사람. 무리를 따라가는 사람은 보물을 발견하지 못한다. 앞서간 사람들이 다 발견했기 때문이다. 무리와 어울려 끼리끼리 몰려다니면 당장은 심리적 편안함을 얻을 수 있을지 몰라도 오래가지는 못한다. 장군감은 소위 때 알아볼 수 있다는 말이 그렇듯이 우르르 몰려다니는가, 아니면 자기가 가야 할 길을 가는가 하는 것에서 지도자의 능력은 시작된다.

버핏과 부자 순위를 다투는 마이크로소프트의 빌 게이츠는 어떤가? 그 또한 일 년에 두 번씩 반드시 속세를 떠나 미국 서북부 몬태나 주 같은, 오로지 보이는 것이라고는 산밖에 없는 산골짜기로 향한다. 컴퓨터 왕국을 거느리고 있지만 그곳에 간 그는 컴퓨터의 '컴' 자도 생각하지 않는다.

문명인만의 일이 아니다. 태평양의 뉴기니 섬에 사는 다니 족은 어른이 되려는 소년들에게 특별한 의식을 요구한다. 사흘 동안 혼자 외딴집에서 지내는 것이다. 이 시간을 온전히 통과한 소년만이 전사로 인정받고 어른들과 함께 사냥에 참여할 수 있다. 다니 족만이 아니다. 수많은 수렵채집 부족들이 지켜오는 성인식에는 거의 반드시라고 할 수 있을 만큼 혼자 있음이나 담력 훈련을 견뎌내는 의식이 포함되어 있다. 혼자를 견딜 수 있어야 제대로 된 어른이 될 수 있다는 의미다.

전통 부족의 성인식에서부터 정치 지도자와 부자가 되는 과정이 혼자를 요구하고, 더 나아가 완전히 다시 태어나는 과정을 포함하거나 요구하는 이유가 뭘까? 우리가 살아가는 방식인 문화는 아무런 이유 없이 생겨난 게 아니다. 수많은 시행착오 끝에 발견한 다 같이 살아가는 생존방식이 문화다. 그런데 왜 다들 같은 원리를 가지고 있을까? 필요하기 때문일 것이다.

"당신은 해고야!"

공부를 잘하는 학생과 그렇지 않은 학생은 어떤 점에서 차이가 있을까?

대한민국 입시 전쟁의 본산인 서울 강남에서 고가의 입시 컨설팅을 하는 전문가에게서 세 가지 차이점을 듣고 감탄을 한 적이 있다. 그는 대체로 초등학교 5~6학년에서 중학교 1~2학년쯤 되면 아이의 특성이 드러난다고 했다. 아이들과 이야기를 나눠보면 알 수 있는 세 가지 특징은 이러했다.

첫 번째 특징은 공부와 책의 관계다. 공부를 못하는 아이는 "책을 본다"고 말한다. 공부를 잘하는 아이는 "책을 읽는다"고 한다.

두 번째 특징은 공부와 부모의 관계다. 공부를 못하는 아이는 "부모님이 책을 많이 사준다"고 하지만 잘하는 아이는 "부모와 같이 책을 읽는다"고 말한다.

마지막 특징은 공부와 시간표 사이에 있다. 잘하는 아이는 혼자 시간표를 작성할 줄 알고 그대로 실천한다. 못하는 아이는 시간표를 작성하지만 지키지 못한다. 시간표에 욕심을 가득 채워 넣기 때문에 작심삼일로 끝난다. 욕심은 많지만 자기 실력을 정확히 모르기 때문에 한 시간을 공부했을 때 자신이 얼마나 진도를 나갈 수 있는지 모른다. 당연히 이 정도 하면 괜찮겠지 하는 생각으로 시간표를 작성하지만, 막상 공부를 해보면 시간표를 따라갈 수가 없다. 결국 진도를 나가지 못한 채 마음만 앞서 뒷장만 이리저리 넘겨보다가 포기한다.

전국적인 지명도를 갖고 있는 내로라하는 고등학교 교장 선생님도 같은 말을 했다. 학생들의 진학지도를 하다 보니 묘한 현상이 있더라는 것이다. 손꼽히는 외국 명문대를 갈 만한 실력이라고 생각되어 추천하는데 굳이 국내 대학에 가겠다고 하는 학생들이 있는가 하면, 성적이 안 되는데도 굳이 외국 명문대를 가겠다고 우기는 학생들이 있다는 것이다. 한두 해도 아니고 계속 일어나는 현상이라 관심을 갖고 지켜보다 보니 두 학생군 사이에는 쉽게 알아보지 못했던 차이점이 있었다.

성적이 좋은데도 외국 명문대를 포기하고 국내에 머무는 학생들은 방학 때가 되면 항상 서울로 가 '특별 교육'을 받고 왔다. 성적이 안 되는데도 군이 외국 명문대를 가겠다고 우기는 학생들은 혼자서 끙끙대며 문제와 씨름했다. 성적이 좋음에도 불구하고 외국 명문대를 지레 포기한 학생들은 외국에 가면 '특별 교육'을 받을 수 없고 그러면 제대로 된 성적을 받을 수 없다는 것을 잘 알기에 일찌감치 포기했고, 성적이 안 되는데도 군이 가겠다고 한 학생들은 지금까지 이렇게 해왔으니 앞으로도 이렇게 하면 충분히 가능하다는 자신감이 있었다. 차이점은 혼자 공부할 수 있느냐 없느냐 하는 것이었다.

누군가의 가르침으로만 성적을 내게 되면 낯선 문제를 만났을 때 어떤 방법으로 해결해야 할지 모른다. 자신만의 경험에서 얻은 자신만의 해결법이 없기 때문이다. 그러면 그렇게 우겨서 외국 명문대에 간 학생들은 과연 잘 적응했을까? 대체로 잘 적응하고 있다는 게 교장 선생님의 말이었다.

한 신경과학자가 모양이 다른 두 개의 도형을 사람들에게 보여주면서 이 둘이 완전히 다른 건지, 아니면 다른 각도에서 본 것이라 다른 모양으로 나타난 건지를 물었다. 혼자 생각하고 판단한 사람은 언제나 답을 맞혔다. 하지만 다른 사람들이 있을 때, 특히 자신 있는 듯 목소리가 큰 사람들이 틀린 답을 말할 때 40퍼센트나 되는 사람들이 자신의 생각 대신 그들의 말을 따랐다. 왜 옳게 생각해놓고 틀리게 말한 걸까? [3]

그들의 뇌에 답이 있었다. 이 40퍼센트의 사람들은 이성적으로 생각하는 전두엽이 활발하게 움직이지 않았다. 대신 어느 편에 서야 좋을지를 고민하는 곳이 활발하게 움직였다. 공간 지각을 담당하는 이곳은 두정엽 중간고랑이라고 하는 곳이다. 그들은 집단에서 벗어나지 않기 위해 자신의 판단을 포기했다. 혼자가 되지 않으려고 자신이 두 눈으로 본 것을 믿지 않은 것이다. 혼자 있을 수 없는 사람들에게서 자주 나타나는 현상이다.

세계적인 부동산 사업가 도널드 트럼프가 미국의 리얼리티 쇼 '어프랜티스(수습생)'에서 했던 유명한 한 마디가 있다. 트럼프는 이 쇼에 참가하는 사람들에게 미션을 주면서 이 미션을 멋지게 해결하면 계열사 CEO 자리를 준다고 공언했다. 당연히 사람들이 구름처럼 몰렸다. 잘만 하면 단박에 CEO가 될 수 있다는데 왜 하지 않겠는가. 미션은 팀들끼리 경쟁하는 방식으로 이루어졌고 여기서 진 팀은 매주 한 명씩 해고를 당했다. 참가자는 괴롭지만 보는 사람은 즐거운 시간이었다.

어느 날 어려운 미션을 받은 팀이 머리를 맞대고 아이디어를 짜냈다. 여러 다양한 의견이 나오자 팀장을 맡은 사람이 다수결로 결정하자는 제안을 했다. 의견 간에 차이가 많아 결정이 어렵게 되자 나름대로 해결방안을 제시한 것이다. 모두들 오케이한 덕분에 투표를 통해 팀원들이 가장 좋다는 안을 선택했다. 그런데 이 과정을 본 트럼프가 팀 리더에게 한 마디를 던졌다.

"당신은 해고야!You're fired"

갑작스런 말에 다들 놀랄 수밖에. 그는 왜 원만하게 결정을 이끌어낸 팀장을 갑자기 해고했을까?

사업을 통해 세계적인 거부가 된 트럼프가 그 말을 했던 이유는 간단했다. 맡은 역할을 제대로 수행하지 못했기 때문이다. 결정은 리더에게 지워진 멍에인 동시에 고유 권한인데 리더가 해야 할 일을 다수결이라는 이름으로 팀원들에게 떠넘겼다는 것이다. 판단과 결정은 누구도 대신할 수 없는 것이고, 해서도 안 되는 것인데 특별한 이유 없이 다수결을 택한 것은 책임 회피이며, 혼자 감당해야 할 일을 하지 못했다는 게 그의 말이었다. 그는 이렇게 선을 그었다.

"다수결은 만병통치약이 아니다."

자기 길을 간다는 건 멋지지만 외롭고 고독한 일이다. 빛과 그림자 같은 두 얼굴의 삶을 사는 것이고 이 두 세계의 경계를 아슬아슬하게 걸어가는 것이다. '혼자 있을 수 있는 능력'이 있어야 갈 수 있는 길이다.

리더는 태생적으로 선택권을 조직으로부터 위임받은 존재다. 이 선택 앞에 리더는 홀로 선다. 다른 건 위임해도 결정을 위임하는 리더는 리더가 될 수 없고 오래가지도 못한다. 그래서 리더는 중요한 결정일수록, 그리고 하기 힘든 결정일수록 홀로 선다. 밤새 홀로 엎치락뒤치락한다. 누구도 대신 해줄 수 없고 해서도 안 되는 자리, 그는 너무 높아 외로운 한 점 섬이 된다. 조직의 꼭대기는 햇빛을 가장 먼저 받는 자리이기도 하지만 차고 센 바람을 가장 먼저 맞는 자리이기도 하다. 홀로 있을 수 있는 능력이 절대적으로 필요한 자리다. 그래서일까? 한 중소기업 사장은 책상 앞에 글귀 하나를 붙여놓고 있었다.(반갑게도《사장으로 산다는 것》에 나오는 내용이었다)

> 리더는 자신과 싸운다. 이 세상 모든 것과 싸우고 자신과 싸운다. 맨 먼저 자신과 싸우고, 세상과 싸우며 맨 마지막에 다시 자신과 싸운다.

그렇다. 혼자가 된 사장은 결국 자신과 싸운다. 사장이 맨 먼저 해야 하는 일은 자기 자신을 다루는 일이다. 고독할 줄 아는 것이다. 고독할 줄 안다는 건 뭘까?

부처를 따르던 비구들 사이에 화장실 물통을 비우는 문제로 다툼이 벌어졌다. 분위기가 소란스러워지자 부처께서 이제는 유명해진 한 말씀을 하셨다.

"소리에 놀라지 않는 사자같이, 그물에 걸리지 않는 바람같이, 물과 진흙이 묻지 않는 연꽃같이 무소의 뿔처럼 혼자서 가라."

부처는 왜 혼자서 가라고 했을까? 왜 소리에 놀라지 않는 사자같이, 그물에 걸리지 않는 바람같이, 물과 진흙이 묻지 않는 연꽃같이 그리고 무소의 뿔처럼 혼자서 가라고 했을까? 무소의 뿔은 우뚝 자란다. 우뚝 자라서 호랑이도 무서워할 정도의 위력을 지니게 된다. 이런 무소의 뿔처럼 자신이 해야 할 일을 묵묵히, 그리고 담담하게 하면 되는 것이지 남과 비교해서 하지 말라는 것이다. 누가 더 한다고 나도 더 하고, 누가 덜 한다고 나도 덜 하는 게 아니라 자기가 해야 할 일을 하면 된다는 것이다. 불교 최초의 경전《수타니파타》에 나온다.

강한 사람은
혼자 있을 때 강하다

●

16세기 '해가 지지 않는 나라'로 불렸던 스페인을 세계 최강의 나라로 만들었던 펠리페 2세(1527~1598)는 스페인과 지금의 프랑스 서부인 부르고뉴, 네덜란드, 남부 이탈리아(나폴리, 시칠리아)와 신대륙의 넓은 식민지를 다스렸던 대국의 왕이었다. 이 큰 나라를 만들기 위해 전쟁터를 동분서주했던 선친 카를 5세는 아들에게 치세의 비결을 남겨주었다.

"아무도 믿지 말라. 모든 사람들에게 귀를 열어놓되 결정은 혼자 하라."

그는 이 말을 철저하게 믿었고 지켰다. 너무나 철저하게 했기에 주변에 유능한 부하도 두지 못했다. 고독을 누리기는커녕 고독 속에 갇혀버렸다. 신성로마제국의 합스부르크 가문을 열었던 부친은 유럽의 전장을 종횡무진하는 동안 가까워진 부하들과 막역한 사이를 유지하며 활기찬 삶을 살았지만, 전쟁터가 아닌 궁전에 칩거한 그는 거대한 영토를 다스리기 위해 자신에게 올라오는 산더미 같은 서류들을 검토하느라 진을 빼야 했다. 여기저기서 들어오는 엄청난 미술품을 감상하는 것만이 유일한 취미였다. 덕분에 엘 에스코리알El Escorial 궁전을 미술품으로 가득 채울 수 있었지만 그것들이 고독 속에 갇혀버린 그를 해방시켜주지는 못했다(아이러니하게도 고독으로 가득 찼던 이 궁전은 그가 모은 많은 미술품 덕분에 요즘 세계적인 관광 명소가 되어 스페인에 상당한 부를 선물하고 있다).

그는 일에 너무 매진한 탓에 외골수가 되었고 독실한 가톨릭의 왕으로 존경받고자 하는 마음이 지나쳐 평생 고통을 받았다. 신교도들을 무자비하게 박해하고 여기저기에서 전쟁을 치르느라 신대륙에서 가져온 부를 여기에 쏟아야 했다. 당시 스페인의 최전성기는 국내의 탄탄한 기반산업에서 나온 게 아니라 신대륙에서 무자비하게 착취해오는 자원에서 나오고 있었다. 전성기를 계속 누리려면 신대륙에서 가져온 자원을 이용해 뒤떨어진 기반산업을 육성해야 했지만 언제나 그렇듯 기회는 바람처럼 지나가는 법, 자원을 다른 곳에 너무 쓴 데다 영국을 정벌하러 간 무적함대마저 대패하는 바람에 세계 최강국은 급격하게 무너지기 시작했다. 왕국을 살리는 기반이 아니라 무너지는 기반을 마련하고 만 셈이었다.

강한 사람은 혼자 있을 때 강한 법이다. 가야 할 길을 혼자 가는 것에 익숙해져야 하고 단단해져야 한다. 단단한 마음이란 무엇인가? 이 일 저 일에 둘러싸이면서 자신도 모르게 빠져드는 수렁 같은 고독 속에 갇히지 않도록 하는 것이고, 자신도 모르게 차가워지기 쉬운 마음을 경계하는 것이다. 마음의 냉담을 정신의 냉정함으로 바꾸는 것이고, 두려운 마음을 집중으로, 감정을 이성으로 전환해 지금 가는 길이 엉뚱한 곳으로 빠지지 않게 하는 것이다. 영화 속 악당은 대체로 감정에 휘말려 죽는다. 주인공은 냉정한 덕분에 살아남는다. 하지만 주인공이 죽는 영화도 있다.

작은 은자隱者는 수풀 속에 숨고, 중간 은자는 저잣거리에 숨으며, 큰 은자는 조정에 숨는다는 말이 있다.小隱隱于林, 中隱隱于市, 大隱隱于朝 산 속 같은 곳에서 혼자 사는 건 이런저런 사람들이 오가는 시장 같은 곳에 사는 것보다 쉽고, 시장 속에서 그럭저럭 자기 세계를 갖고 사는 건 온갖 암투와 보이지 않는 화살이 난무하는 궁중에서 사는 것보다 쉽다. 사람들 속에서 사람들에 휩쓸리지 않고 자신만의 길을 가는 게 그만큼 어렵다는 말이다.

사장이라는 자리와 역할이 힘든 것도 마찬가지다. 온갖 힘이 난무하는 곳에서 평온한 마음, 청정한 정신을 유지하며 은자처럼 살아야 하니 힘들 수밖에 없다. 그래서 현명한 왕들은 자신을 낮추었다. 왕이 자신을 말할 때 쓰는 '과인寡人'이라는 단어는 스스로 덕이 적은 사람이라며 자신을 낮추고자 하는 말이었다.('과寡'는 의지할 곳이 없다는 말에서 온 단어다)

"세상 사람들과 어울릴 때는 세상의 의견을 좇아 살기 십상이고,

혼자 살면 자기 생각에 빠져 살기 쉽다. 진정으로 위대한 사람은 많은 사람들과 어울려 살면서도 혼자만의 독립성을 완벽하고 즐겁게 유지하는 사람이다."

미국의 사상가 랄프 왈도 에머슨의 말이다. 어떻게 해야 어울려 살면서도 혼자만의 독립성을 유지할 수 있을까?

산전수전 다 겪은 사장들에게도 정답은 없었다. 그들 또한 인간인지라 특별한 능력을 가진 것도 아니었고, 혼자 있으면 안 된다는 우리 안의 본능을 청소하듯 없앨 수 있는 것도 아니기 때문이다. 그래서 그런지 그들은 다들 "익숙해져야 한다"고 했고 "이기려고 하기보다는 잘 다루려고 했다"고 말했다. 그렇게 자기 안의 오래된 본능을 처리하는 자기만의 방법들을 만들어놓고 있었다. 그런데 묘하게도 그 비결들에는 공통점이 있었다. 하나같이 오랜 시간 공을 들여 자기만의 시간, 자기만의 장소, 자기만의 사람을 만들어두고 있었다.(6장에서 다룬다) 자기만의 길을 가는 데 꼭 필요한 것이라는 뜻일 것이다.

자신을 '황야의 늑대'로 표현했던 헤르만 헤세는 《나무들》이라는 산문집에서 이렇게 말하고 있다.

'나는 나무가 크고 작은 숲에 종족을 이루고 사는 것을 숭배한다. 나무들이 홀로 서 있을 때 더더욱 숭배한다. 그들은 마치 고독한 사람들 같다. 시련 때문에 세상을 등진 사람들이 아니라 위대하기에 고독한 사람들 말이다.'

그렇다. 위대하기에 고독한 것이다. 위대해지는 길을 가고 있으니 힘든 것이다. 아름드리 나무는 작은 바람에도 흔들리고 센 바람에는 더 격렬하게 휘둘린다. 하지만 그걸 이겨내고 있기에 풍채 좋은 기세로 살아 있는 것이다. 별이 그런 것처럼 외롭기에 빛나 보일지도 모른다.

4

후회는
왜 어떻게
만들어지는가

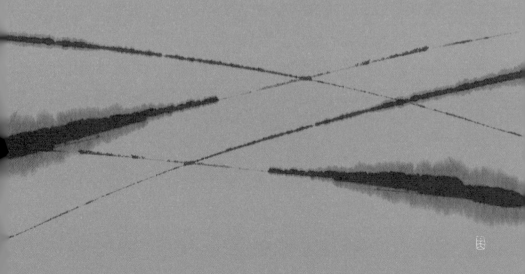

본능의
두 얼굴

대통령을 그림자처럼 따라다니는 경호원들이 가져야 할 가장 중요한 수칙이 있다. 뭘까? 눈 깜짝할 사이에 총을 꺼내 백발백중시키는 솜씨일까?

아니다. 그들이 가져야 할 첫 번째 수칙은 언제 어디서든 대통령 대신 죽을 수 있어야 한다는 것이다. 수류탄이 날아오면 자기 몸으로 그걸 덮어야 하고 총알이 날아오면 몸을 던져 대신 맞아야 한다. 훈련도 여기에 중점을 둔다.

하지만 아무리 훈련을 해도 쉽게 할 수 없는 게 있다. 밝은 표정을 볼 수 없다. 몸속의 생존본능과는 완전히 반대되는, 생명체라면 누구나 갖게 되는 제1원칙, 다시 말해 내가 살기 위한 것이 아니라 죽는 것을 연습하는데 내 안의 생존본능이 어떻게 즐거워할 수 있겠는가? 훈련을 열심히 할 수는 있어도 즐거울 수는 없기에 그 마음이 표정에 나타나는 것이다.

불 속으로 들어가는 일을 하는 소방관들도 그렇다. 누군가를 살리기 위해 자신의 목숨을 잃을 수 있는 불길 속으로 뛰어드는 일은 결코 즐거울 수 없다. 모든 나라에서 이들이 존경받는 건 이런 본능을 이겨내고 불 속으로 들어가기 때문이다.

도대체 본능이 무엇이기에 대통령 경호원들 같은 전문적으로 훈련 받는 사람들도 어쩌지 못한 채 표정으로 드러내고, 이겨내면 존경까지 받는 걸까?

우리가 흔히 쓰는 '본능적'이라는 말에는 몇 가지 뜻이 혼재되어 있다. 직감적이라는 뜻도 있고, 이성과는 거리가 있는 동물적 감각과 같은 뜻으로 쓰기도 한다. 또 '원래 그런 것'이라는 의미로도 쓴다. 세 가지 모두 별로 좋아 보이지도 않을뿐더러 중요한 것 같지도 않다. 분명 호감을 주는 단어는 아니다. 하지만 본능은 생각보다 훨씬 중요한 역할을 맡고 있다.

우리 모두 갖고 있는 본능의 정확한 의미는 우리의 선조들이 물려준 생물학적 유산이다. 수많은 세월, 수많은 세대가 살아오면서 꼭 필요한 생존의 지혜라고 여기게 된 것들을 유전자에 넣어 후손들에게 전해주게 된, 살아가는 힘이고 능력이다.

예를 들어 뭔가 얼굴로 날아온다 싶으면 우리는 우리도 모르게 눈을 감는다. 그래야 눈을 보호할 수 있기 때문이다. 만약 이런 일이 일어날 때마다 일일이 판단하고 반응한다면 살아가는 일이 무척 피곤해질 것이다. 시간과 에너지를 엄청나게 소모할 수밖에 없다. 이런 낭비를 줄일 수 있도록 'A라는 상황을 만나면 ⇨ B라는 행동'을 '무조건' 하도록 아예 프로그래밍한 것이다. 컴퓨터 자판의 단축키와 비슷한, 중요한 생명보호장치다. 우리가 별 노력을 하지 않아도 숨을 쉴 수 있고, 긴장을 하게 되면 우리도 모르게 큰 숨을 들이쉬게 되는 게 이 덕분이다. 눈에 보이지 않는 중요한 일을 하고 있다.

그런데 왜 우리는 이런 중요한 본능을 나쁜 것, 안 좋은 것으로 여기고 있을까? 왜 극복해야 할 것으로 생각할까?

좋은 본능도 있지만 그렇지 않은 본능도 있기 때문이다. 좋은 본능은 알게 모르게(대부분 모르게) 우리를 잘 살아가도록 하지만 단것을 보면 '저절로' 손이 가게 하고, 끼리끼리 몰려다녀야 안심이 되는 본능은 우리의 건강을 나쁘게 하거나 삶을 엉뚱한 곳으로 이끌고 가버린다. 좋은 본능은 우리도 모르는 사이에 작동하니 별문제가 되지 않지만 나쁜 본능은 수시로 문제를 일으키다 보니 '본능 = 좋지 않은 것'이라는 등식이 우리 머릿 속에 깊이 각인되어 있는 것이다.

우리는 왜 이런 좋지 않은 본능을 갖고 있을까? 인간은 본래 악한 존재라는 선악설이 맞는 걸까?

좋지 않은 본능이란 예전에는 필요했지만 시효가 지나 쓸모없게 된 능력이다. 쓸모없게 되었는데도 사라지기는커녕 굳건하게 영향력을 발휘하여 우리를 애먹이는 일등 공신이다. 꼭 필요한 능력을 유전자에 새겨 넣어 자동 작동하는 본능으로 만드는 것도 힘들지만, 이걸 지우는 건 더 힘들기 때문에 이 무익한 능력들이 사라지지 않고 있는 것이다.

무엇보다 문제가 되는 건 본능의 자동 작동 기능이다. 쓸모가 없어졌으면 잠자코 있는 게 상책인데, 본능은 오래전부터 해오던 대로 비슷한 상황을 만나면 여전히 자동 작동하면서 맹활약을 펼친다. 마치 뜨거운 걸 감지하면 무조건 물을 내뿜는 건물 내 소방 밸브처럼 말이다.(소방 밸브는 실제로 불이 난 것과 일부러 라이터를 대고 있는 걸 구분하지 못한다) 당연히 실수와 위험을 자초하는 원천이 되지만 단박에 없앨 수 없기에 골칫거리가 된다.

예를 들어 우리 인류가 인류로서 첫 발을 내디딘, 초원에서 지내던 시절에는 난데없이 앞에 나타나는 것들에 어떻게 반응하는가가 생사를 갈랐다. 보자마자 도망을 갈 것인가, 아니면 맞붙어 싸울 것인가, 그것도 아니면 무시해도 되는가를 빠르게 판단해야 살 수 있었다. 바람에 흔들리는 수풀 사이로 사자의 꼬리 같은 걸 보았다면 아무 생각하지 말고 일단 도망부터 치는 게 좋은 방법이었다. 신중하게 확인하고 또 확인해 그 꼬리의 주인이 진짜 사자라는 걸 밝히는 게 무슨 의미가 있겠는가? 아무 의미가 없었다. 아니, 그건 죽음으로 가는 가장 확실한 지름길이었다. 그냥 나뭇가지가 흔들리는 것을 잘못 본 것이었다고 해도 일단 도망부터 치는 게 잘 살아남는 방법이었다.

문명사회에 사는 우리는 이제 이런 능력이 필요 없다. 하지만 이 본능은 지금도 우리 안에서 굳세게, 그것도 맹목적으로 자기 역할을 다하고 있다. 낯선 상황, 낯선 사람을 만나는 순간 제대로 알아보지도 않고 '첫 눈에 보이는 것'만으로 모든 걸 판단해버리는 '첫 인상'이라는 본능으로 말이다. 이 첫인상 때문에 얼마나 많은 일이 일어나고 있는가. 하지만 이 본능은 수그러들 줄 모른다. 물론 우리는, 더 정확하게 말하면 우리의 이성은 절대 그렇지 않다고 생각하지만 잠시 후 알게 되듯 이건 사실이 아니다. 그렇게 믿고 싶을 뿐이고 믿고 싶어 하는 걸 믿고 있을 뿐이다.

우리 안의 본능은 두 얼굴을 가지고 있다. 좋은 일을 조용히 소리 소문 없이 해내기도 하지만, 나쁜 일 또한 조용히 순식간에 해낸다. 좋은 일이 생명 유지에 중요하다면 나쁜 일은 완전히 반대다. 아차 하는 순간 돌이킬 수 없는 실수를 저질러 후회하게 만든다. 한두 번도 아니고 비슷한 상황을 만날 때마다 계속 그렇게 행동하는 진원지가 된다. 혼자 가야 할 길을 가지 못하게 발목을 걸어 넘어뜨리는 일 역시 이 본능의 소행이다. 그저 오래된 본능일 뿐인데 왜 이걸 이겨내기 힘들까?

그럴 수밖에 없는 '구조적인' 이유가 있다. 그것도 뇌에 있다. 뇌가 문제라는 말이다.

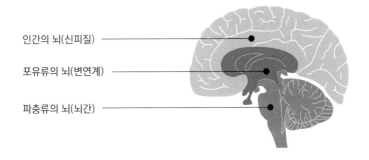

인간의 뇌(신피질) ━━━

포유류의 뇌(변연계) ━━━

파충류의 뇌(뇌간) ━━━

후회는
구조적이다

●

〈그림〉에서 보는 것처럼 우리의 뇌는 3층으로 되어 있다. 1층에 있는 뇌는 시기적으로 가장 먼저 개발되었다. 거북이나 악어 같은 파충류들이 세상에 갖고 나왔다고 해서 '파충류의 뇌'(뇌간)라고 한다. 그 위에는 파충류 다음으로 나타난 옛날 포유류들이 개발, 장착한 '감정 뇌'(변연계: 구피질이라고 한다)가 얹혀 있고(이 두 뇌가 하는 것들이 본능의 대부분을 이룬다) 우리 인류가 집중 개발한 '이성의 뇌'(대뇌피질: 신피질이라고 한다)는 그 위, 그러니까 3층에 자리 잡고 있다. 우리가 어떤 일을 인식한다는 건 이 세 뇌를 거치는 것이다.

예를 들어 어떤 사람이 아는 사람을 통해 "잘만 하면 100억 원짜리 프로젝트를 딸 수 있다"는 정보를 전해왔다. 우리 귀는 이 정보를 즉시 뇌로 보내고 뇌는 1-2-3층으로 이뤄진 단계를 통해 이 정보를 처리한다.

정보는 먼저 1층을 거친다. 1층에 있는 뇌간은 호흡과 소화, 반사적인 움직임을 주로 담당하는데 이 정보가 괜찮은 것인지 아닌지를 '직감적으로' 처리한다. 이유는 모르지만 뭔가 이상하다는 느낌이 들 때 이 느낌을 만들어내는 곳이고, 어둠 속에서 낯선 사람이 나타났을 때 도망을 가야 할지, 아니면 싸워야 할지 같은 걸 결정하는 곳이다. 여느 때와 다름없이 사무실에 들어섰는데 왠지 심장이 불규칙하게 뛰는 건 오래되고 노련한 뇌간이 뭔가 이상하다는 느낌에 심장에서 피를 더 많이, 더 빨리 생산하라고 지시를 내렸기 때문이다. 그래야 돌발적인 상황에 순발력 있게 대처할 수 있다.

거의 동시에 2층으로 전달된 정보는 편도체와 해마를 지난다. 첫 번째 관문인 편도체는 이 제안이 좋은 건지 안 좋은 건지를 가려낸다.(2차 정보처리) 이 100억 원짜리 프로젝트 제의가 호의적인 것인지 아니면 어떤 속임수가 있는 건 아닌지 순간적으로 판단한다. 정보를 준 사람이 사기꾼 같다는 생각이 들면 온몸에 경계경보를 내린다. '속지 않으려면 정신을 똑바로 차려야겠군'이라는 생각을 하게 한다. 말을 섞기 싫은 사람이 저 앞에서 걸어올 때 못 본 척하는 게 좋겠다 싶은 생각을 하는 곳도 여기다. 그렇게 하는 게 좋겠다고 생각되는 순간 눈길을 내리까는 동시에 고개를 숙이며 빠르게 쓱 지나치도록 하게 한다. 영화 〈인사이드 아웃〉에 나오는 버럭이, 까칠이, 소심이가 사는 곳이 바로 이곳이다.

2층 감정 중추의 두 번째 관문인 해마는 이 달콤한 제안이 기억할 만한 것인지 아닌지 판별한다.(3차 정보처리) 기억해두는 게 좋겠다 싶으면 따로 추려내 측두엽이라는 기억 창고에 보관한다. 기억을 해두어야 나중에 무슨 일이 있을 때 참고할 수 있다. 이 해마가 망가지면 기억 창고에 새로운 기억을 넣을 수 없어 더 이상 기억이 증가하지 않는다.

정보는 이 세 관문을 거치고 나서야 '드디어' 3층에 있는, 생각하는 중추 대뇌피질로 간다.(4차 정보처리) 대뇌피질은 2층과 다른 기준으로 정보를 처리한다. '왜 다른 사람도 아닌 나에게 이 좋은 제안을 했을까? 표면적인 이유 말고 다른 이유가 있는 건 아닐까?' 이런 생각을 하는 곳이다. 전후 사정을 '따져보고' 신중하게 판단하는, 우리가 바라 마지않는 이성적인 행동이 시작되는 곳이다.

간단하게 정리하자면, 1층의 뇌간은 뒷일이야 어떻게 되든 일단 발등에 떨어진 불, 그러니까 지금 이 상황에서 생존에 이로운 것에만 몰두한다.(일단 살고보자) 반면 2층의 감정 중추는 이것이 내게 좋은가, 나쁜가를 따진다.(저 사람은 나빠. 아니야, 저 사람은 좋은 사람이야) 1층 뇌보다 한 번 더 따지는 것이다. 숫자나 언어를 처리하는 능력은 없지만 좀 더 유연하게 행동하도록 만들고 다른 사람들과 같이 살아가는 것을 중시하는 곳이다.(여기서 '좋은 사람'이란 같이 살아가기에 좋은 사람을 뜻한다) 우리가 말하는 감정의 본산이 이

곳인데 그리스 신화에 나오는 트로이 왕자는 이 2층 뇌가 3층 뇌보다 강한 나머지 나라보다 사랑을 우선했다가 비극의 주인공이 되고 말았다.

2층의 감정 중추가 호好, 불호不好를 기준으로 판단한다면, 3층의 이성 중추는 옳은가, 그른가를 따진다. 호감이 아니라 이유, 그러니까 '왜?'라고 묻고, 이모저모 따져 합리적으로 생각한다. 리더라는 자리에 있다면 '마음에 드는 사람'이나 '지내기 좋은 사람'(2층 성향)이 아니라 '일하기 좋은 사람'이나 '옳은 사람'(성과를 내는 사람: 3층 성향)을 가까이 하는 것이다. 넓게 보고 멀리 보며 깊게 생각하는 것이다. 특히 이마 쪽에 있는 전전두엽 피질은 합리적으로 생각하고 계획하고 반성을 하는 곳인데 안타깝게도 성숙이 더디다. 청소년들이 자주 버럭 화를 내고 까칠하게 구는 이유가 여기에 있다. 이 뇌가 덜 성숙한 상태라 1층과 2층의 힘이 훨씬 세다.

3층 뇌는 우리가 살아가는 데 중요한 역할을 한다. 1·2층의 정보처리 과정은 입에 쓴 게 들어오면 당장 뱉어버리라고 한다. 쓴 것은 대체로 독毒일 가능성이 많기 때문이다. 하지만 3층이 설득한다. 쓰긴 하지만 몸에는 좋다고 말이다. 처음에는 쓴 걸 먹지 않으려고 발버둥 치던 아이들이 커서 쓴 약을 잘 먹는 건 이 과정을 통해 입에 쓴 약이 유익하다는 걸 학습했기 때문이다. 우리가 바라는 작동 방식이다. 1·2층은 3층이 하자는 대로 해야 하는 것이다. 가장 똑똑하고 사리분별이 명확하니 당연한 일 아닌가.

하지만 이건 우리 생각일 뿐 실제는 다르다. 1·2층 뇌는 3층 뇌의 말을 곧이곧대로 듣지 않는다. 가장 나중에 생긴 인간의 뇌는 먼저 생긴 두 뇌를 완전히 대체하지도 못했고, 그렇다고 컨트롤을 확실하게 하고 있는 것도 아니다. 도시를 개발할 때 예전에 있었던 구시가지를 다 없애버리지 않고 옆에 신시가지를 개발하듯 그렇게 했기 때문에 옛 시스템들 또한 여전히, 그리고 강력하게, 그것도 독립적으로 작동한다.(재미있는 건 '인간의 뇌'는 3층 뇌인데, 우리가 흔히 '인간적'이라고 하는 희로애락애오욕喜怒哀樂愛惡慾 같은 행동은 주로 2층 감정 중추에 속한 것들이라는 점이다. 만약 3층의 인간적인 뇌가 하자는 대로 이성적으로만 행동하는 사람은 '비인간적'인 사람으로 찍힌다)

우리 뇌는 이렇듯 세 뇌가 협의해서 이끌고 가는 일종의 집단지도체제다. 물론 이것도 시간이 있을 때 그럴 뿐이다. 급박한 상황에서는 정보를 3층까지 보낼 시간이 없다. 1·2층이 곧바로 결정을 내려 행동하게 한다. 길을 걷고 있는데 위에서 우지끈 소리가 난다면, 어떻게 해야 할까? 소리가 난 곳을 바라보면서 '아, 피해야겠다'고 판단한 후 피해야 할까? 생각하면 늦다. 일단 피해놓고 생각하는 게 좋다. 감정은 정확성은 떨어지지만 빠르게 반응하고 이성은 느리지만 정확하게 반응한다.

물론 이런 구조가 좋은 결과만 만들어내는 건 아니다. 후회할 일들 또한 무수히 만들어낸다. 서문에서 언급했듯이 많이 배우고 똑똑한 젊은 선장이 부임했는데 선장보다 훨씬 오랫동안 배를 타온 나이 많고 경험 많은 선원들이 긴급한 일이 생길 때마다 자기네들 마음대로 결정, 행동하고 나서 선장에게 통보하는 구조 때문이다.

감정 중추에서의 결정은 100만 분의 1초 이하의 짧은 시간, 그러니까 즉각적으로 내려진다. 그리고 그로부터 4분의 1초가 지난 후에야 정보를 접한 3층의 대뇌피질이 생각을 한다. 예를 들어 어둠 속에서 나를 부르는 소리가 강도인 것 같아 섬뜩한 느낌에 앞뒤 안 가리고 도망을 쳤는데 집에 와서 보니 분명 주머니에 넣었던 휴대폰이 없다. 빨리 뛰어오다 떨어뜨린 걸까? 사실은 뒤에 오던 사람이 내가 휴대폰을 떨어뜨린 걸 보고 불렀는데, 생각이 아닌 반응부터 했던 것이다. 하지만 이성은 나중에 사후 통보를 받았는데도 자신이 판단, 결정했다고 생각한다. '분명 그 사람이 위협적으로 불렀어' 이렇게 말이다. 쇼핑을 가서도 다른 사람들이 하나같이 어떤 물건을 사는 걸 보고 샀으면서도 그 물건이 좋아서 샀다고 생각한다. 합리화하는 것이다. 우리 인간이 아직은 불완전한 존재라는 증거다. 평소에 1, 2층을 잘 설득하고 리드해야 결정적인 순간 올바르고 정확하게 행동할 수 있다.

유혹이 시작되는 곳
"우리 회식이나 할까?"

●

처음 리더 자리에 올라 외로움을 느끼게 되는 이들이 혼자가 되는 상황에 익숙하지 못해 흔히 겪게 되는 후회도 이 구조에서 생겨난다. 우리는 혼자가 아니라 무리 지어 사는 것에 익숙하기 때문에 혼자가 되는 순간 우리 안의 본능(1·2층)은 즉시 빨간 불을 켜고 타개에 나선다. 혼자가 되었다는 건 위험한 상황에 처했다는 것 아닌가. 추방을 당하거나 이탈을 해서 혼자가 된 게 아니라 리더라는 정점에 서다 보니 혼자 있게 되는 것인데 오랫동안 사람들과 같이 살도록 프로그래밍된 본능, 특히 2층의 감정 중추는 이걸 감안하지 않는다. 이유 여하를 불문하고 혼자 있게 되면 이 상황을 무조건 위기로 인식하고 어떻게든 다른 사람들과 같이 있어야 한다고 온몸에 총동원령을 내린다. 혼자 있음을 벗어날 방법을 강구하라고 한다.(3층 이성 중추가 간여할 틈이 없다)

위기 신호를 받은 우리 몸은 가장 쉬운 해결책부터 동원한다. 이성이 빠진 행동은 뒷일이야 어떻게 되든 빠르고 단순한 지름길이 있다면 언제든 그 길을 선택한다. 아니, 환영한다. 예를 들어 신임 리더는 부서원들을 모을 수 있는 권한을 이용해 회식 같은 '더불어 함께하는 시간'을 만든다. 소통과 단합이라는 명목을 내세울 수 있는 데다, 다들 자신을 추켜세워주고 즐겁게 해주니 이보다 좋은 일이 없다.

노련한 사장은 자신이 번개를 쳤음에도 알아서 빠져줄 줄 안다. 중력처럼 부지불식간에 사정없이 끌어당기는 마음의 유혹을 뿌리치고 나오는 힘이 있다. 빠져주고 나서 마치 망망대해 푸른 바닷속에 혼자 있는 물고기처럼 한없이 고독에 겨워하면서도 때가 되면 그렇게 한다. 하지만 초보 리더들은 다르다. 끝까지 완전하게 본능이 이끄는 대로 몸을 맡긴 채 살아 있음을 만끽하고자 한다. 시간이 갈수록 흥이 오르니 2차에 3차까지 '고go'를 외친다. 혼자가 되지 않으려는 본능을 즐겁게 따라간다. 그러는 동안 중요한 것들을 잃어버리고 있음을 까맣게 모른다. 권위가 달아나고 존경을 멀리 떠나보내고 있다는 생각을 못한다. 이런 일도 한두 번이지 시도 때도 없이 모두를 불러 모아 혼자 즐거워하는 상사를 누가 좋아하겠는가?

상사는 상사대로 도통 알 수 없는 오리무중에 빠져든다. 다 같이 흥겹게 한마음 한뜻이 되자고 해놓고, 왜 부하들이 자기를 피하고 멀리하는지 알다가도 모르는 것이다. 상사와 부하들 사이는 조용히, 그러나 서로를 향한 불만 속에 멀어진다. 상사와 멀어진 부하들은 자기네들끼리 공감대를 형성하기 위해 상사를 '안주' 삼아 성토 대회를 열지만 상사는 그럴 수도 없다. 진짜 혼자가 된다.

후회를 불러오는 또 다른 무리 본능도 가만 있지 않는다. 조직을 이끌어가는 자리에 오른 사람은 일을 잘하고 남다른 성과를 낸 덕분에 그 자리에 오른 것이다. 당연히 더 나은 성과를 보여야 한다는 압박에 민감하다. 그러다 보니 조금만 상황이 나빠져도 남들은 다 잘하는 것 같은데 나만 이렇게 힘든 것 같고, 남들은 하는 일마다 잘되는 것 같은데 나만 아닌 것 같다는 불안에 쉽게 빠져든다. 원래 이런 비교 본능은 무리에서 뒤처지지 않기 위해 만들어진 것이고, 더 나은 존재가 되기 위해 생겨난 것인데 성과에 목마르다 보니 나만 혼자 뒤처지는 게 아닌가 하는 초조함으로 나타난다.

생존에 너무나도 충실하기에 맹목적인 1·2층 뇌는 이런 상황이 오면 어김없이 활동을 시작한다. 반드시 동떨어지지 말아야 할 이

번 집단은 회사 내의 같은 직급이나 같은 산업군에 속한, 같은 비즈니스를 하는 회사 밖의 경쟁사들이다. 뒤처져서는 안 되는 집단이라 특단의 대책이 필요하다.

나중 일은 나중에 생각하자고, 지금은 어떻게 되든 뒤처지지 않는 게 중요하다고, 무리수를 두더라도 시간이 지나면 다 괜찮아질 거라고 다독이면서 타개에 나선다. 실적이 좀 떨어진다 싶으면 부하들을 마구 다그치고 채찍질해도 괜찮다고 자위한다. "도대체 그걸 머리라고 달고 다니냐?" 같은 심한 말을 누가 하고 싶겠는가? 이렇게라도 하지 않으면 다들 굼뜨기 짝이 없기에 어쩔 수 없이 하는 것이다. "연말 고과 때 보자"고 위협하는 것도 그렇게 해야 말을 듣기 때문이다. 또 지금 이 순간을 모면하는 게 중요하니 수치를 슬쩍 바꿔도 별일 없을 것이라고 스스로 자위한다. 부하들에게는 공포 상황을 조성하고, 스스로는 합리화하는 일이 많아진다.

그런데 예상치 못한 일이 벌어진다. 나 혼자 잘살려고 그런 게 아니라 다 같이 살려고 이 고생을 하는 건데 다들 슬슬 피한다. 저쪽에서 걸어오다가도 에둘러 간다. 눈을 마주치지 않으려 한다. 한두 명이 아니라 다들 그렇게 한다. '총대' 멘 자신만 동그마니 혼자 남는다. "저 자식들 뭐야?" 점점 괘씸한 생각이 가득해지지만 그렇다고 상황이 좋아지는 것도 아니다. 혼자 술을 마시는 날이 늘어가고 어느 날부터인가는 술 한잔 걸치고 회사에 들어와 사장실에서 혼자 밤을 샌다. 일을 하는 게 아니다. 아무 하는 일 없이 그냥 한숨 쉬고 자신을 탓하면서 밤을 샌다. 수렁 같은 한숨 속으로 빠져들어간다. 다들 다른 방식으로 나타나지만 시작되는 곳은 같다. 혼자 있음을 어떻게 하지 못하고 마음 둘 곳을 찾지 못해 겪는 일종의 자아 방황이다.

그들이 인간 본성 탐구자가 되는 이유

●

왜 공부하는 게 힘들까? 그럴 만한 '충분한' 이유가 있다.

우리가 딱딱한 의자에 앉아 중요한 뭔가를 하기 시작한 건 인류 역사 600만 년 중 아무리 길게 잡아도 6천 년이 안 된다. 1천 분의 1도 안 되는 짧은 시간이다. 본격적인 생명체가 활동을 시작한 6억 년으로 보면 그야말로 찰나의 순간일 뿐이다. 당연히 유전자에 새겨질 시간 같은 건 없었다. 우리의 유전자에는 의자에 앉아 일하는 본능 같은 건 털끝만큼도 없다.

피곤하면 잠이 드는 것처럼, 멋진 이성을 보면 나도 모르게 다시 한 번 쳐다보는 것처럼, 몇 시간씩 의자에 앉아 미적분 방정식을 풀면 기분이 상쾌해지고 영어 단어 1만 개를 달달 외우는 게 아이스크림 먹는 것처럼 달콤하다면 얼마나 좋을까? 아쉽게도 우리 본능에는 공부의 'ㄱ'자도 들어 있지 않다. 하나부터 열까지 오로지 의지로(쉽게 말해 '억지로') 해내야 하니 힘들 수밖에 없는 것이다.

사실 우리 안의 본능은 도움은커녕 어서 빨리 의자에서 일어나는 게 정신 건강에 좋다고 부채질하고, 이런 재미없는 걸 하면서 아까운 젊음을 탕진하지 말라고, 세상에는 재미있는 '딴 짓'이 얼마나 많은데 궁상맞게 이렇게 앉아 있느냐고 끊임없이 유혹한다. 몸을 근질근질하게 해서 '에라 모르겠다' 하면서 벌떡 일어나게 만든다.

공부란 이런 모든 걸 이겨야 하는 것이니 보통 일이 아니다. 공부가 재미있는 건 마치 쓴 약을 먹는 것처럼 그것이 나에게 이롭다는 걸 알기에 그런 것이지(뇌 구조로 하자면, 3층 뇌가 잘 설득하고 이끌어서 그런 것이지) 끙끙대며 머리를 싸매야 하는 그 자체가 쉽고 편해서 하는 건 아니다. 하지만 이걸 이겨내야 더 잘살 수 있기에 우리는 머리를 싸맨다.(마치 조직을 이끄는 CEO가 그런 것처럼!)

더 안타까운 건 우리가 원하는 성공과 부, 그리고 명예와 권력이 모두 우리도 모르게 우리를 지배하고 있는 이 마음의 중력 너머에 있다는 것이다. 좀 더 눕고 싶고, 좀 더 놀고 싶고, 좀 더 즐기고 싶은 마음을 넘어서야(그러니까 완고하고 완력 센 1·2층 뇌를 잘 리드해야) 더 나은 삶으로 나아갈 수 있다. 한 분야의 정상에 오른 사람이 다른 분야에서도 정상에 오르기 쉬운 건 이런 과정을 이겨낸 힘이 있기 때문이다. 마음의 중력을 이겨내기 위해서 얼마나, 어떻게 노력을 해야 하는지 아는 것이다.

왜 선진국일수록 교육과 건강 관련 분야가 갈수록 거대한 산업으로 성장할까? 이 산업의 본질은 다름 아닌 본능과의 싸움이다. 공부하기 싫어하는 마음과 운동하기 싫어하는 마음, 어떻게 하든지 조금이라도 편하게 살고 싶고 놀고 싶은 우리 안의 이 오래된 성향을 어떻게든 이겨내려는 노력을 후진국보다 훨씬 많이 하는 것이다(앞서가는 사람도 마찬가지다. 마음이 약하다는 건 본능에 진다는 것이다). 요즘 폭풍 성장 중인 비만과의 싸움이 그렇듯이 본능에 기반한 산업은 그것이 본능을 이기는 것이든, 따르는 것이든 쇠퇴할 줄 모른다. 원초적 본능인 남녀 간의 짝짓기 비즈니스나 생명을 존속시키는 의료 같은 분야가 사양산업이 될까? 영원히 성장산업으로 남을 것이다. 시장 규모가 크다는 건 그만큼 본능을 이겨내기 힘들다는 증거이기도 하다. 왜 성형수술과 패션산업이 번성할까? 외모를 보고 그 사람을 판단하는 본능 속에 살고 있기 때문이다. 다 같이 잘사는 사회를 지향하는 종교가 절제, 사랑, 자비를 강조하는 것도 다른 게 아니다. 우리 안의 오래된, 부정적 본능을 이겨야 다 같이 잘사는 공동체를 이룰 수 있기 때문이다.(욕망을 절제하라고 하는 게 아니라 욕망을 충족시켜준다고 하는 종교는 대개 사이비 종교다)

내가 가진 것을 흔쾌하게 내주는 기부나 헌신, 그리고 희생, 당장 행동하고 싶지만 참는 인내, 어려운 상황을 꿋꿋이 헤쳐나가는 용기……. 우리가 이런 행동에 찬사를 보내고 이렇게 행동하는 사람을 아름답다고 여기는 건 그것이 우리 안의 맹목적인 생존본능을 이겨내는 진화된 행동이기 때문이다. 수많은 시간 동안 켜켜이 우리 안에 쌓여온 어마어마한 시간의 무게를 이겨내는 일이고, 우리도 모르게 작용하는 마음의 중력을 넘어서는 일이기 때문이다. 반대로 유치한 행동이나 추태는 동물적 본능에서 벗어나지 못하는 것이기에 눈총과 비난을 받아 마땅하다고 생각한다. 어느 문화권에서나 '짐승만도 못하다'는 말은 가장 심한 욕이다.

수많은 리더들이 한숨을 달고 다니고 골치를 썩여야 하는 이유도 기원을 따라 올라가보면 우리 안에 뿌리 깊게 자리 잡은 생물학적 유산에 다다른다. 조직을 이끄는 일이란 내 안의 오래된 이 유산들을 이겨내는 것이고, 조직을 이루고 있는 많은 인간들이 가진 오래된 유산들을 잘 설득해 더 좋은 미래로 인도하는 것이기 때문이다. 뒷일이야 어떻게 되든 발등에 떨어진 불만 끄면 된다는 1층 본능과 '좋은 게 좋다'는 감정에 기반한 2층의 오래된 성향을 설득하고 학습시키는 3층의 대뇌피질처럼, 쓰면 무조건 뱉어버리려고 하는 걸 쓰니까 좋은 약이라고 설득하는 것처럼, 그렇게 먼 곳을 보지 못하고 눈앞의 일에 매몰되기 쉬운 조직을 이끌어가야 하기 때문이다. 후회를 만들어내는 이 원초적이고 구조적인 힘을 오로지 의지로 이겨내야 하니 힘들지 않을 수 없는 것이다.

혹시 리더십에 도움을 주는 그런 좋은 본능은 없을까? 안타깝지만 수많은 연구들이 전하는 바에 따르면 슬픈 뉴스밖에 없다. 우리 유전자에 공부의 'ㄱ' 자도 없듯, 리더십의 'ㄹ' 자도 없기 때문이다. 공감이나 협력 성향, 그리고 웃음처럼 공동체적 본능은 꽤 있지만(우리는 혼자 있을 때 웃지 않는다. 웃으면 실없는 사람이 된다) 리더십에 합치되는 본능은 없다. 오로지 의지로 헤쳐나가야 한다는 말이다. 엎어지고 깨지면서도 다시 일어나 걸어야 한다는 뜻이다.

리더가 된다는 건 어쩌면 파도가 몰아치는 바다에 들어가는 것과 같다. 본능이라는 파도가 몰아치는 바다(조직)에 들어선 리더는 한 순간도 멈출 수 없는 여정을 시작해야 한다. 멈추는 순간 가라앉을 수밖에 없기에 끊임없이 헤엄을 쳐야 한다. 거센 바람이 불고 눈보라 치는 겨울이 닥치기라도 하면 안간힘을 쓰고 발버둥을 쳐야 한다. 무엇보다 리더는 세 가지 파도(본능)를 조심해야 하고 이겨내야 할 뿐만 아니라 이걸 살아가는 힘으로 전환시켜야 한다.

먼저, 우리는 함께 살아가기 위하여 공동체와 조직을 만들었지만, 이걸 이끌어갈 때는 혼자가 되는 아이러니가 생겨난다. 당연히 혼자 있지 않으려는 본능이 알게 모르게 꿈틀거리고 시도 때도 없이 밀려온다. 소리 없이, 그러나 쓰나미처럼 엄청난 힘으로 밀려와 숨을 막히게 하거나 어디론가 흘러가게 한다. 이 마음의 중력을 견뎌낼 수 있느냐 없느냐가 중요하다.

리더라는 자리에 서면 다른 사람들에게 보일 수도 없고, 다른 사람들에게는 보이지 않는 시간이 많아진다. 홀로 자신(의 본능)과 싸워야 하는 시간이다. 사장도 인간이기에 여느 누구와 같은 본능을 갖고 있지만 이걸 이겨내는 남다른 힘이 있어야 한다. (⇨1부에서 다루고 있는 '외롭더라도 혼자 가야 한다'가 그것이다)

헤쳐가야 할 두 번째 파도는 조직의 본능이다. 인간으로 이루어진 조직은 오래된 생물학적 유산이 얽히고설켜 있는 본능의 집합체라고도 할 수 있다. 때문에 집단적 본능이 언제 어떻게 나타날지 모른다. 언제 튀어나올지는 알 수 없지만 반드시 튀어나온다는 사실만은 확실하다. 어떤 형태로든 수시로, 또는 끊임없이 불쑥불쑥 튀어나와 머리를 뜨끈하게 만들고 속을 태운다.

리더에게 조직이란 뭘까? 가시투성이처럼 수도 없이 찔러대고, 뜨거운 감자처럼 어찌할 수 없는 골칫거리일 수도 있지만, 때로는 둘도 없는 동반자일 수 있는 존재다. 앞으로 살펴보겠지만 조직이 없는 리더는 존재할 수 없다. 일정한 거리를 둘 수는 있어도 조직과 떨어져서는 안 된다. 도망을 치거나 숨어서도 안 된다.

리더가 된다는 건 언제 어떻게 변할지 모르고 날이면 날마다 속을 썩이는 조직과 언제나 함께 가야 하는 멍에를 걸머지는 일이다. 이 멍에를 명예로 만들려면 무수한 단련을 거쳐야 한다. 혼자 있어야 할 때는 철저하게 혼자가 되어야 하지만, 같이 있어야 할 때는 또 언제나 같이 있어야 한다. 이걸 깜빡하는 순간 후회막급이 시작된다. (⇨2부에서 '괴롭더라도 같이 가야 한다'로 다룰 것이다)

마지막으로, 리더는 세상의 본능이라고 할 수 있는(보통은 본질이라고 표현하는) 불확실성과 싸워 성과를 만들어내야 한다. 언제 어떻게 될지 모르는 세상 속으로 들어가 가능성을 찾아내어 그것을 비전과 목표라는 이름으로 조직에 제시해야 한다. 제시만 하면 되는 게 아니라 설득해야 하고, 어떻게 거기까지 가야 할지 적절한 방법을 만들어 거기에 맞는 조직을 구성해야 한다. 이런 과정을 통해 눈에 보이는 성과를 보여주어야 세상과 조직은 리더로 인정하고 따르기 시작한다. 하나같이 삐끗하는 순간 천 길 낭떠러지로 떨어지는 일이다. 두렵지 않을까? 왜 두렵지 않겠는가? 하지만 이겨내야 한다. 이겨내야 리더로서 살아갈 수 있기 때문이다. (⇨3부에서 다루는 '어렵더라도 불확실성과 싸워야한다'이 그것이다)

우리 안에 깊이 뿌리 내리고 있는 본성들과의 싸움은 한두 번의 승리로 말끔하게 끝낼 수 있는 단기전이 아니다. 자신과 수없이 싸워야 하고, 똑같은 말을 수백 번 반복해야 하며, 날마다 언제 어떻게 될지 모르는 세상으로 나아가는 일이다. 이 일은 또 대단히 이율배반적인 일이기도 하다. 같이 가야 하기에 혼자가 되고, 혼자이면서도 같이 가야 한다. 자신은 세상의 불확실성과 싸워야 하지만 구성원에게는 확실하고 확신에 찬 모습을 보여야 한다. 사장이라는 자리가 한숨과 고민으로 가득 찰 수밖에 없는 건 그 자리에 앉는 순간 시작되는 이 뿌리 깊은 것들과의 끊임없는 싸움이 자리를 떠나는 순간까지 이어지기 때문이다. 리더십이라는 게 결국 자신과의 싸움일 수밖에 없는 것도 가장 먼저 내 안의 이러한 본능과 싸워야 하기 때문이다.

그래서일까? 탁월한 리더들은 하나같이 인간 본성에 대한 전문가들이다. 인간의 본성이 바로 문제이자 답이기 때문이다. 본성 때문에 골머리를 앓고 더러 넘어지기도 하지만 해답 또한 여기에 있는 까닭이다. 포드 자동차 CEO를 지낸 앨런 멀럴리는 어떻게 좋은 성과를 이뤄냈느냐는 말에 이렇게 대답했다.

"나는 인간 본성에 대한 탐구자이다."

어느 CEO가 그렇지 않겠는가? 인간 본성에 대한 탐구는 탁월함으로 가는 지름길이다.

5
———————

혼자
밥 먹을 수
있는가?

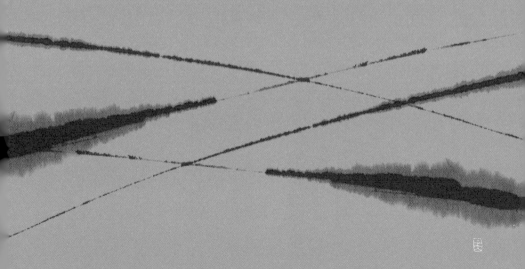

그들은
혼자
먹는다

대기업 인사 담당자들이 눈여겨보는 두 유형의 사람이 있다. 먼저 탁월한 능력을 발휘하는 사람이다. 미래의 인재를 발굴하고 키워야 하니 당연한 일이다. 다른 한 유형은 혼자일 때가 많은 사람이다. 이런 유형은 사람들과 어울리지 못한 채 혼자 놀고, 혼자 일하고, 혼자 밥을 먹는다. 세상은 갈수록 협력과 협업을 강조하는 방향으로 향하는데 다른 사람들과 어울리지 못하고 협력하지 못하면 어떻게 될까? 나중에 리더가 되더라도 독불장군이 될 가능성이 높기 때문에 눈여겨볼 수밖에 없다.

오래전 나온《혼자 밥 먹지 마라》라는 책도 비슷한 내용을 담고 있다. 세상일의 모든 것이 인간관계에서 시작되고 끝날 만큼 중요하니 사람 만나는 걸 두려워해서는 성공할 수 없다, 필요한 도움을 주고 도움을 받아야 한다, 무엇보다 말하는 능력이 중요하니 말하는 능력을 길러서 혼자 밥 먹는 일은 어떻게든 피하라는 내용이다. 맞는 말이다. 인사 담당자들의 생각과 딱 맞아떨어지는 얘기다.

그런데 능력 있는 사장들 중에는 혼자 밥을 먹는 사람이 꽤 있다. 혼자 밥을 먹는다는 건 조직과 융합을 못하고 있다는 명백한 증거인데 왜 이들은 혼자 밥을 먹을까? 다들 잘나가는 회사의 사장들이어서 언제든 누구와도 밥을 먹을 수 있을 것 같은데 이유가 뭘까?

프로야구 역사에서 한 획을 그었다는 평가를 받는 김성근 감독이나 김인식 감독은 선수들과 술은 물론 밥도 거의 먹지 않는다. 선수들과 밥을 먹기 싫어서가 아니다. 감독이니 어떤 선수와도 밥을 먹을 수 있지만 누군가와 같이 먹는 밥에는 탄수화물 같은 영양분만 들어 있는 게 아니다. 관계라는 사회적 성분이, 그것도 폭발적으로 많이 들어 있다. 그래서 같이 밥을 먹는다는 건 대단히 민감한 문제가 될 수 있다. '인간 두 명'이 먹는 것이라기보다는 '감독과 선수'가 먹는 것이기 때문이다. 알다시피 감독에게는 선수 선발권이 있고, 선수에게 그것은 운동선수의 존재 이유가 되는 경기의 출전 여부를 결정하는 막강한 권한이다. 감독과 선수가 전혀 다른 목적으로 밥을 먹었다 하더라도 감독과 밥을 먹은 선수가 그리 좋은 성적을 보이지 못하는데도 계속 경기에 나간다면 어떨까? 다른 선수들의 입장에서는 밥을 먹으며 어떤 얘기가 오갔는지 생각하지 않을 수 없고, 자신의 출장 기회가 별 이유 없이 줄어든 것에 대해 불만을 가질 수밖에 없다. 김성근 감독의 말대로라면 감독과 선수의 만남은 "질투를 유발한다". 질투는 어느 공동체를 막론하고 불행의 씨앗이 된다.

사장의 관심과 사장의 시간은 어쩌면 회사 내에서 가장 희귀한 자원일지도 모른다. 희귀한 자원이 소수의 특별한 누군가에게만 쓰일 때 그 조직은 제대로 굴러갈 수 없다. 회사의 가장 귀중한 자원은 공적인 용도로, 그리고 모두를 위해서 사용될 때 가치가 높아진다. 공정성의 바탕이 되는 이 원칙이 깨질 때 조직은 흔들리기 시작한다. 사장이 혼자 밥 먹기 싫어서, 직원들과 소통을 한다는 이유로, 또 식사 시간에 즐거움을 더하기 위해 누군가를 앞에 앉히는 순간 우려할 만한 일이 일어날 수 있다. 혼자여야 할 때 혼자이지 못하고, 거리를 유지해야 하는데 유지하지 못할 때 조직에는 어김없이 소문이 돈다. 구성원에게 어떻게 보여지느냐가 중요한 리더에게 이런 소문 역시 비극의 씨앗이 될 수 있다.

우리 인간은 다른 동물에 비해 상상력이 뛰어나다. 알고 싶은 게 있는데 어떤 한 부분이 비어 있으면 우리는 그걸 상상으로 채운다. 우리 인간의 특징인 추론 능력이다. 예를 들어 지금 내 앞에 있는 사람이 누군가와 통화를 하고 있는데 앞에 있는 사람의 말만 들을 수 있고 전화기 속말이 들리지 않을 때 우리는 우리도 모르게 그 소리를 들으려고 한다. 들리는 말만으로는 두 사람이 나누는 대화를 이해할 수 없기 때문에 빈 곳을 채우려는 것이다. 중요한 이야기인 것 같은데 나를 빼놓고 하고 있다 싶으면 궁금함에 귀가 쫑긋해지고, 궁금증은 더해가는데 추론이 안 되면 짜증이 나기 시작한다.

　이런 우리의 추론능력은 조직 생활에서도 여지없이 작동, 자칫 잘못하면 언제든 점화를 기다리고 있는 인화물질로 변한다. 우리는 부당한 대우를 받고 있다고 생각되면 그 이유를 인과관계를 통해 추론한다. 아, 내가 기회가 있을 때마다 잘하지 못해서 그렇구나, 라고 생각되면 부당한 대우를 받을 수밖에 없음을 인정한다. 하지만 아무리 생각해도 왜 좋은 기회가 나에게만 주어지지 않는지 그 이유를 수긍할 수 없을 때, 우리는 그걸 알고 싶어 하고 '빈 곳'을 채우려는 갈증을 심하게 느낀다.

　이럴 때 그럴 듯한 이유가 나타나 설득력 있게 여겨지면 추론은 '혹시'라는 의심으로 발전한다. 의심이 여기저기서 '인정'을 받으면 눈덩이처럼 커져 곳곳을 굴러다니기 시작하고 이 과정에서 그럴 듯한 팩트fact가 더해지면서, '그래서 그랬구나'라는 맞장구가 늘어간다. 이렇게 '확신'으로 변신한 '혹시'는 결국 음모론이라는 정해진 최종 목적지를 향해 달려간다. 소문에는 절대적인 법칙이 있다. 소문의 주인공만 모르거나 가장 늦게 안다. 해명과 진실은 가장 나중에 온다. 그 사이 소문은 조직 곳곳의 마음을 장악한다.

　잘나가는 사장들이 혼자 밥 먹는 까닭은 간단하다. 분명한 이유가 없는 이상, 그러니까 혼자 밥 먹기 싫고, 혼자 밥 먹는 걸 주위에서 이상하게 본다는 이유로 누군가와 함께하는 자리를 만드는 순간 의도치 않은 일들이 생긴다. 그래서 조용히 혼자 먹는다. 조용히 혼자를 견뎌낸다.

한 조직의 리더가 그 조직의 누군가와 함께 먹는 밥 한 끼는 그
냥 밥 한 끼가 아니다. 정치에 능한 사람에게는 기회이고 그렇지 못
한 사람에게는 부럽기만 한 자리이며, 대체로 많은 사람들을 소외
시키는 자리이다. 질투와 시기심이 아니더라도 소문과 불공정함이
시작되는 곳일 수도 있다.

회사 규모가 큰데도 불구하고 일반인들이 사장 이름을 거의 모
르는 회사가 있고, 규모가 훨씬 작은데 사람들이 사장 이름을 잘 알
고 있는 회사가 있다. PR의 차이일까, 아니면 다른 이유가 있을까?

규모가 제법 큰데도 사람들이 사장 이름을 모르는 회사는 대개
소비자들과 접촉이 많지 않거나 제조업인 경우가 많다. 반면에 규
모가 작은데도 사장 이름이 많이 알려진 회사는 서비스 업종이거
나 인적 자산을 기반으로 하는 회사가 대부분이다. 먼저 거론한 회
사는 대체로 시스템적으로 움직이고 후자인 회사는 사람 개개인의
능력을 기반으로 작동된다. 그래서 시스템으로 움직이는 앞쪽 회사
에 비해 뒤쪽 회사는 상대적으로 사장 개인의 능력이 회사 실적에
상당한 영향을 끼친다. 이 두 사장들 중 누가 혼자 밥 먹는 비율이
높을까?

의외로 대중들에게 이름이 더 많이 알려진 뒤쪽 회사의 사장이
혼자 밥 먹는 일이 더 많다. 사람에 치이지 않기 위해서다. 사람 사
이에서 길을 잃지 않고 방향을 잃지 않아야 회사를 올바른 방향으
로 끌고 갈 수 있기 때문이다. 상품 생산이 전부인 회사는 모든 게
잘 짜여 있고 대체로 큰 변동이 없다. 이런 회사의 사장들이 신경

써야 할 일은 크게 두 가지다. 순조롭게 조직이 잘 작동되도록 하는 것과 만일의 경우 위기 상황이 발생하면 잘 대처하는 것이다. 반면에 사람을 기반으로 하는 회사는 언제 어디서 무슨 일이 일어날지 모르기 때문에 한 순간도 마음을 놓을 수가 없다. 24시간 대기 상태다. 이런 회사의 사람 사이는 예민하고 미묘해지기 쉽다. 조직 연결 상태가 이러니 혼자 밥 먹기 싫어하는 본능에 이끌려 눈에 보이는 대로, 또는 먹는 즐거움을 위해 사장이 누군가와 밥을 먹는 순간 문제가 발생한다. 몇 번 겪다 보면 조용히 혼자 밥을 먹을 수밖에 없다.

그런데 혼자 밥 먹는 건 생각보다 훨씬 중요하다. 앞에서 말한 마음의 중력을 이기는 능력이고, 리더를 리더답게 하는 것이기 때문이다.

앞에서 교보생명을 설립한 선친 얘기를 했던 신창재 회장은 서울대 의대 교수를 지내다 1996년 11월 교보생명 이사회 부회장으로 취임하면서 경영의 길을 걷기 시작했다. 그는 자신이 이어받은 가업을 "입던 옷을 물려받은 것"에 비유하며 "아직 더 입을 만"한 옷을 제대로 입기 위해 "소매 길이 같은 걸 고쳐야 했다"고 말한 적이 있다. 물론 단순한 수선이 아니었다. 시대 흐름에 맞는 옷으로 고치려 하다 보니 전부 다 고쳐야 했다. 관료주의적인 대기업병을 없애는, 조직의 근본 틀을 바꾸는 일이었다. 어떻게 했을까?

"사원들과 대화 기회를 많이 만들었어요. 운동회나 등산도 하고, (그런 자리에서) 맥주도 날라주고, 기타도 치고, 춤도 추고. 그리고 묻는 거죠. 뭐가 문제입니까, 뭘 개선해야 합니까? 그렇게 풀어 주면 사원들이 다 얘기해줘요. 그걸 듣고 하나씩 바꿔가니까, '얘기 하면 되는구나' 하면서 점점 호응을 하더라고요. 이런 식으로 4,000명 사원 중 1,000명의 선도그룹을 끌고 나가는 거예요. 그럼 대세가 되고, 나머지는 쭉 따라오죠."

"(이런 식으로) 내가 (직원들의 의견을) 수렴해서 현업 부서에 던지고, 부서에서 오케이하면 사원들이 신나는 거죠. 나는 현장에 밝지도 않을뿐더러, 내가 잘할 수 있는 일도 아니에요. 내가 중간에 끼면 좋을 게 없어요. 내가 무식하기 때문에……. 처음에 분위기만 띄워주고, 나는 싹 빠져야죠."

그는 여기까지만 말했다. 실제로 CEO들과 인터뷰를 하면 그들은 항상 여기까지만 말한다. 하지만 사실 인터뷰는 여기서부터가 중요하다. 왜냐하면 여기까지는 누구나 알고, 알아도 되는 공적인 부분이지만, 이후부터는 자신과의 싸움이 시작되는 대목이기 때문이다. 이 시간 이후를 어떻게 보내는가, 제대로 견뎠는가가 리더로서 살아갈 날을 결정한다. 즐거운 분위기를 만들어주고 빠져 혼자가 된 신 회장은 여전히 즐거웠을까?

수만 명의 임직원을 이끄는 대기업 회장이지만 그는 아마 혼자였을 것이다. 자신의 아버지 얘기를 하면서 "요새 나하고 똑같아요"라고 말한 건 이 때문이었을 것이다. 자신의 아버지가 그랬던 것처럼 젊은 직원들과 웃고 떠들고 즐거워하다가 슬쩍 빠져 집에 와서는 술 마시고 괴로워하고, 이 사람 만나서 이런 이야기를 해야 하고, 저 사람 만나서 저런 이야기를 하다 보니 말을 많이 해서 목이 부은 탓에 가족이 말 거는 거 싫어하고, 그러다 보니 당연히 집안일에 무심하고, 무심하다는 아내의 말에 자신도 모르게 욱해서 큰소리를 치는, 아버지가 했던 일을 똑같이 되풀이하고 있을지도 모른다. 아버지를 절절이 이해한다고 하는 말에는 자신도 그만큼 지치고 힘들고 외롭다는 마음이 들어 있을 것이다.

'다 같이 함께'는 우리를 살아 있게 한 오래된 본능인데 그 즐거움을 만들어주기만 하고 자신은 즐기지 못하니 힘든 것이다. 술 한 잔 놓고 우리 안의 오래된 본능과 싸워야 하니 힘들 수밖에 없는 것이다. 늦은 밤 홀로 허한 가슴에 붓는 독주는 그래서 이 고된 싸움을 하는 자신을 위한 격려주이자 허허로움을 채워주는 진통제이다. 왕관을 쓰는 자, 그 무게를 견디라고 한 건 이런 걸 두고 한 말일 것이다.

왕들도 혼자 먹었다!

●

수단과 에티오피아 접경지대 아누아크 족의 왕은 왜 혼자 지내고 혼자 식사해야 한다는 오래된 전통을 지켜야 할까?

1800~1900년대 아프리카 대륙에 있었던 나라들에 대한 방대한 이야기를 담은 《아프리카 역사Geschichte Afrikas》를 쓴 독일의 언어학자 디트리히 베스터만은 이 책에서 지금은 사라져버린 아프리카

왕들에 대한 귀중한 사실들을 전하고 있다. 그중엔 왕들의 식사에 대한 이야기가 있는데 이곳의 왕들은 내게 혼자 식사를 했다. 예를 들어 우간다에서는 왕이 식사하는 모습을 누구도 보지 말아야 했다. 아내 중 한 사람이 식사를 건네주는 역할을 맡았지만 그녀 역시 왕이 식사하는 동안에는 등을 돌리고 있어야 했다. 사람들은 왕이 식사하는 것을 "사자는 혼자서 먹는다"고 표현했다.(만약 음식이 구미에 맞지 않거나 제때에 바쳐지지 않으면 사형감이었다. 등을 돌리고 있던 아내가 기침을 해도 마찬가지였다)

이 우간다의 오래된 적국이자 부근에 위치한 키타라 왕 역시 혼자 식사를 했는데, 여기서는 요리사가 고기를 포크에 찍어 입에 넣어주었다.(잘못해 포크가 이에 닿으면 역시 사형감이었다) [1]

원시 전통 부족이라 그럴까? 소위 문명권이라 하는 유럽은 어떨까? 식사 규모는 달랐지만 여기서도 왕과 같은 식탁을 쓰는 사람은 없었다. 중세 유럽의 중심 국가인 프랑스의 루이 9세에 대한 기록에는 왕의 동생인 백작이 고기 시중을 들었고, 다른 백작이 고기를 썰었다는 내용이 있지만 같이 앉았다는 기록은 없다. 여러 귀족들이 왕의 식탁을 호위했고 수많은 기사가(많게는 3,000명의 기사가) 배열했지만 누구도 왕의 식탁에 같이 앉을 수는 없었다. 15세기 말 샤를 7세의 식사 장면을 기록한 한 책은 당시의 식사장면을 이렇게 묘사하고 있다. [2]

'그는 식탁에 혼자 앉아 있었다. 시중드는 사람들은 모두 침묵을 지켰고 그가 말할 때는 모두 무릎을 꿇었다.'

근대로 오면서 유럽의 왕들은 자신의 식사를 아예 권위를 높이는 장치로 사용하는 묘수를 발견했다. 푸짐함을 넘어 규모가 있고 더러는 장엄할 정도의 식사를 고위 귀족들이 보는 앞에서 한 것이다. 그 자체로 공식행사였던 규모 있는 식사 절차는 복잡했고 왕은 이 과정을 통해 권위를 확인하고 전달했다. 군주와 군주의 권위를 위협하던 귀족들에게 이 의식은 "자, 이것이 당신들과 나와의 간격"이라는 의미를 전달하는 것이었다. 당신들과 나 사이에는 이런 차이가 있으니 더 이상 범접하지 말라는 뜻이었다.

이를 위해 왕의 식탁을 제단처럼 만들어(단의 높이는 사람들 키보다 높은 3~4미터쯤 됐다) 마치 의식을 치르는 것처럼 식사를 했다. 본래 신전에서 제사를 지내는 것 같은 공공의식은 집단과 구성원의 상호관계를 정의하고 마음을 하나로 모으는 것에서 시작된 공동체를 위한 장치인데, 이런 의식을 왕의 식사에 적용해 왕권 강화에 활용한 것이다. 14세기 후반, 절대왕정이 절정을 구가하고 있을 때 프랑스 궁정에는 요리사와 하인들만 700~800명이나 되었을 정도이고, 잉글랜드의 리처드 2세의 궁정 또한 식사를 준비하는 사람이 300명이나 되었을 정도였다.

유명한《비잔티움 연대기》의 저자로《교황 연대기》를 쓴 존 줄리어스 노리치는 교황도 거의 혼자 밥을 먹는다고 전하고 있다. 모든 사람이 무릎 꿇고 절을 하는 존재이지만 단상 위에 홀로 서듯이, 만찬 같은 의례적인 일이 없을 때는 혼자 밥을 먹는다는 것이다. 신성한 교황이 혼자 밥을 먹는다는 건 이곳 역시 식탁을 누군가와 함부로 같이해서는 안 된다는 것을 경험했기 때문일 것이다. 철저한 성리학 국가를 지향했던 조선의 왕들도 마찬가지였다. 건국 초기에는 왕의 친척 중 말벗이 될 만한 사람이 밥을 같이 먹었지만 시간이 흐르면서 혼자 먹었다. 누군가와 같이 밥을 먹는 순간 반드시 어떤 문제가 끼어들게 마련이었기 때문이다.

세계 어느 시대와 지역을 막론하고 왕의 밥상과 식탁은 단순히 끼니를 때우는 자리가 아니라 나라를 이끌어가기 위한 공식적인 행위가 이루어지는 장소였다. 그러니 왕과 함께 식사를 하게 되는 사람이 다른 사람들에게 어떻게 보일까? 당연히 '특별한 사람'이 될 수밖에 없다. 이 중요한 자리에 어떻게 아무나 앉힐 수가 있겠는가?

새로운 젊은 왕을 모신 아누아크 족은 왜 '왕은 혼자 지내야 하고 혼자 식사를 해야 한다'는 전통을 새로운 왕에게 내밀었을까? 누군가와 밥 먹는 걸 통해 공정함이 훼손되지 않아야 왕의 권위가 서고, 권위가 있어야 부족민들이 그의 지시를 따를 것이기 때문이다. 할 수 있다고 아무하고나 대화하고 농담을 나누게 되면 권위가 훼손되듯이 밥 먹는 것도 마찬가지인 까닭이다. 당연히 아프지도 말아야 한다. 자신보다 부족민의 이익을 우선해야 하기 때문이다.

리더의 고독은 나누는 게 아니다. 아니, 나눌 수 없다. 나눌 수 없는 고독을 나누려는 순간, 그러니까 고독하지 않으려는 순간, 문제가 시작된다! 고독을 뜻하는 영어 단어 solitude는 sole에서 시작된 단어다. sole은 태양을 의미한다. 하늘의 태양이 둘일 수 없듯 홀로 있어야 하는 것이다.

앞에서 말한《혼자 밥 먹지 마라》의 저자인 키이스 페라지는 궁벽한 시골의 가난한 집에서 태어났지만 어릴 적부터 말재주가 있었고 머리도 좋아 예일대와 하버드대 경영대학원을 나왔다. 또 세계적인 컨설팅 회사인 딜로이트에서 한때 승승장구했다. 그는 어릴 적부터 사람 만나는 일을 즐거워했고 재주가 있었으며 딜로이트에서 그랬듯 자기 사업을 할 때도 사람 만나는 일을 했고 성공했다. 그가 혼자 밥 먹지 말라고 했던 건 그만한 이유가 있었다. 혼자 밥을 먹으면 안 되는 일을 했기 때문이다. 그런 그도 요가와 명상을 하며 재충전을 했고 필수적으로 이런 시간을 마련하라고 권장했다. 일 자체가 혼자 밥 먹을 수 없는 분야였기에 혼자 있는 시간을 마련했던 것이다.

혼자 밥을 먹지 못하는 리더들은 특징이 있다. 상대가(대체로 직원들이) 원하지도 않은 걸 잘해주면서 상대가(직원들이) 자신의 기대대로 하기를 바란다. 조금이라도 기대에 어긋나는 행동을 하면 상대가 자신을 속인 것처럼 화를 낸다. 기대가 계속 무너지면 배신이라도 당한 것처럼 부르르 떤다. 성과로 조직을 이끌고 나가는 게 아니라 조직과의 관계에 의존하기 때문이다. 내가 이만큼 해주었으니 당신들도 나에게 이렇게 해주어야 한다고 기대한다. 일을 통해 성과를 만들어내고, 그러려면 혼자 있을 수 있는 능력이 있어야 하는데 그럴 능력이 없다.

　이런 '소식 인산' 유형은 다 함께 같이 있음으로써 자신의 존재
감을 확인하려고 한다. 자유 시간이 생기면 뭘 해야 할지 모른다. 특
별한 일이 없는데도 퇴근하려고 하지 않고, 가능하면 이 사람 저 사
람 엮어 한잔할 구실을 만든다. 주말에도 구실을 만들어 출근한다.
관계 밀도가 과잉인 사람이다. 자기 밀도가 없고 관계 밀도로 삶을
채우는 이런 사람은 집단을 떠날 수 없다. 혼자 동떨어져 있는 것보
다는 차라리 무리 속의 구차함을 선택한다. 구박받고 눈칫밥을 먹
어도 무리 속에 있으려고 한다. 도대체 이래도 되는 건가 싶을 정도
로 뒷담화와 루머들이 횡행한다고 싫어하면서도 떠나지 못한다.[3]

　당연히 '나' 안에 있는 '자신'을 모른다. 몸속에 어떤 마음이 있
는지 모른다. 자신이 정말 하고 싶은 게 무엇인지 모른다. 남들이
바라고 원하고 추구하는 것을 같이 좇는다. 남들이 가고 있는 곳으
로 달린다. 앞서기 위해 더 빨리 달린다. 내가 원하는 게 아니라 사
람들이 원하는 것, 희망이 아니라 욕망을 따라 달린다. 당연히 만
족이 있을 리 없다. 쇼펜하우어가 말했듯이 참된 욕구가 없으면 진
정한 만족도 없는 법, 진정한 만족을 하지 못하니 쾌락에 탐닉할
수밖에 없고 권태에 젖어들 수밖에 없다. 그러다 어느 날 무리와
동떨어지는 순간이 오거나, 나는 왜 사는가 하는 물음에 부닥치면
존재감을 잃어버린다. 조직과 집단에 의존해왔던 삶의 의지를 상
실해버린다.

세계 도처의 왕들이 하나같이 혼자 밥을 먹은 건 수많은 시행착오를 겪은 다음 정착된 문화일 것이다. 겪어보니 혼자 밥을 먹을 수밖에 없게 되는 것이다. 리더가 조직과 같이 있어야 하는 건 조직을 이끌고 가기 위해서이지, 리더가 무리 속에 있기 위해서가 아니다. 몰려다니기 위해서는 더더욱 아니다. 리더는 항상 조직과 같이 있어야 하고, 조직을 이끌어가야 하지만, 조직과 섞여서는 안 된다. 논어가 말하는 화이부동和而不同이다. 같이 있기는 하되, 같아지지는 않아야 하는 것이다. 리더는 함께 몰려다녀야 위안이 되고 안심이 되는 무리 본능을 이길 수 있어야 한다. 자신만의 시간을 통해 자신만의 길을 갈 수 있어야 한다.

앞에서 말했듯이 세계 최고의 부자 1~2위에 오르내리는 워렌 버핏은 세계 금융의 중심지 뉴욕이 아닌, 미국 중부의 한적한 네브래스카 주 오마하에 살고 있다. 그는 출근할 때 햄버거와 콜라를 사 들고 들어가 몇 시간씩 혼자 사무실에 처박혀 있는 것으로 유명하다. 고독하지 않을까? 고독할 것이다. 그가 고독을 선택한 것은 대중과 세상에 휩쓸리지 않고 자기만의 판단을 할 수 있는 자기만의 길을 가기 위해서다. 세계 금융의 중심지 월스트리트에 있다고 투자를 잘하는 건 아니다.

물론 혼자 밥을 먹는 건 결코 쉬운 일이 아니다. 지금도 수렵채집 생활을 하는 부족들은 사냥을 해오면 전체가 같이 나눠 먹는다.(한 식구처럼 한솥밥을 먹을수록 공동체가 공고해지는 까닭이다. 식구食口는 같이 밥을 먹는 사람이라는 뜻이다) 그들뿐인가? 어느 문화권에서나 '밥 한번 먹자'는 서로에게 건네는 가장 흔한 인사이고, 같이 밥을 먹는다는 건 낯선 사람들을 친숙하게 해주는 최고의 방법이다. 공동체 속에서 사는 우리 호모 사피엔스들에게 누군가와 같이 밥을 먹는 건 달리 생각할 수조차 없는 당연한 일인 것이다.

내로라하는 인맥의 달인 대여섯 명을 인터뷰하면서 금방 친해질 수 있는 비결을 물은 적이 있다. 그들은 공통적으로 세 가지를 꼽았다. 첫째는 밥을 먹는 것이고, 다른 두 가지는 같이 잠자는 것과 같이 목욕하는 것이었다. 서로 안면이 없는 이들이 경험으로 터득한 것인데 어떻게 이렇게 똑같을 수 있을까, 놀랐는데 생각해보니 그럴 만한 이유가 있었다. 세 가지 모두 서로를 믿어야 가능한 것들이고 믿을 수 있는 친한 사람들끼리 하는 것이라 이런 걸 하면 할수록 우리 본능이 진짜 친한 것으로 여기는 까닭이다. 이렇듯 같이 밥을 먹는 건 '우리'를 만들어주고 강화시키는 가장 오래된 공동체 형성 방식이자 너무나 인간적인 본능인데 이걸 할 수 없으니 우리 안의 본능이 가만히 있겠는가?

요즘 일상어가 되어가고 있는 '혼밥(혼자 먹는 밥)'은 이 본능이 얼마나 힘이 센지 여실히 보여준다. 지극히 개인주의화되어가는 요즘 젊은 세대들이 오죽하면 혼밥을 피하기 위해 SNS(소셜네트워킹 서비스)로 연락해서 한강변 같은 곳에 모여 각자 준비해온 음식을 같이 먹는 일시적 공동체를 형성하겠는가. 혼자라는 자유는 좋지만 혼자 밥 먹는 건 싫은 것이다. 혼자 밥 먹는 게 결코 쉬운 일이 아니라는 의미다. 자기만의 공간을 가지되 주방이나 거실 같은 공간을 함께 쓰는 주거 공동체도 마찬가지다.

물론 본능의 힘이 강할수록 그 구속에서 벗어나면 훨씬 큰 자유로움을 만끽할 수 있다. 혼자 있을 때 방정한 행동이 다 같이 있을 때 품위로 나타나듯 혼자 밥을 먹을 수 있는 사람은 어떤 밥도 먹을 수 있고, 어떤 자리에서도 먹을 수 있다. 꼭 누구와 함께 밥을 먹어야 하는 구속에서 벗어나 어느 누구와도 밥을 먹을 수 있고 의미 있는 자리로 만들 수 있다.

한 장수 CEO는 외부에서 일을 마치고 돌아왔을 때 식사시간이 지났다 싶으면 조용히 혼자 먹거나 자신처럼 식사를 못한 건물 경비원들과 같이 먹는다. 혼자 먹기 애매하고 싫어서 그런 게 아니다. 보이지 않는 음지에서 수고하고 있는 이들을 격려하는 것과 함께 자신이 이끄는 조직을 가장 가까운 곳에서 지켜보고 있는 사람들의 얘기를 들을 수 있기 때문이다. 조직 안에 있는 까닭에 자신들이 보지 못하는 것을 보고 있는 사람들의 다른 관점을 접할 수 있는 기회를 만드는 것이다. 본능을 어쩌지 못해 같이 먹는 게 아니라 의미로 먹는 식사다. 더구나 경비원과 정중하게 식사하는 걸 본 직원들은 경비원을 함부로 대하지 못한다. 언제 또 사장과 식사를 할지 모르기 때문이다. 같은 직원이 아니라고 하찮게 보는 문화도 사라진다.

6
———————

내일을
사는 힘,
나만의 그곳

지치고
힘들 때
어디를 가는가

　경상도 김천에서 9남매의 막내로 태어난 그의 꿈은 '부자'였다. 어릴 때부터 그의 머릿속은 오로지 돈을 벌어야겠다는 생각으로 가득 차 있었다. 1985년, 한참 위의 형이 어렵게 자리 잡은 서울 중부시장 건어물 가게에서 일을 시작했지만 6개월 만에 도망을 치고 말았다. 새벽 3시에 일어나 온종일 이리 뛰고 저리 뛰어야 하는 일을 견딜 수 없었다. 너무 힘들어 형을 등지고 뛰쳐나오긴 했는데 막상 나오니 막막했다. 손 벌리지 않고 혼자서 벌어먹고 살아야 했다. 뭔가를 할 수 있다는 걸 보여주고 싶어 있는 돈 없는 돈 다 끌어모아 하청공장을 시작했는데 다 날렸다. 그 빚을 갚느라 꼬박 3년 동안 막노동판에서 살다시피 해야 했다. 물론 빚에서 벗어났다고 딱히 빛나는 생활이 기다리고 있는 것도 아니었다. 학력도, 경력도, 돈도 없는 터라 마땅히 할 수 있는 일이 없었다. 리어카에 야채나 건어물을 싣고 돌아다니는 장사를 시작한 건 어쩔 수 없는 선택이었다.

어느 날, 아니 어느 날이 아니었다. 정확하게 1995년 6월 13일, 백화점 관련 일을 하던 친구가 서울 잠실에 있는 롯데백화점에서 특판 이벤트가 열리는데 자리 하나 얻어줄 테니 해보겠느냐고 물었다. 행사에 꼭 필요한 게 야채 특판인데 하겠다는 사람이 없다는 것이었다. 고생은 누구보다 많이 하지만 마진이 별로인 데다 시간이 지나면 야채가 썩어버려서 남는 게 없는데 누가 하겠는가?

백화점? 리어카 끌고 골목 돌아다니는 것보다는 낫지 않겠는가? 솔깃했다. 수중에 있던 전 재산 60만 원을 탈탈 털었다. 백화점이라지만 손바닥만 한 매대, 하지만 리어카보다는 나았다. 기회란 변장을 하고 온다던가. 그날 이후 그에겐 숨 쉴 틈도, 한 숨 더 자는 여유도 없었다. 다시는 리어카를 끌고 돌아다니고 싶지 않았다. 그는 좌판 같은 매대에서 하루 매출 70만 원을 만들어냈다. 너무 좋아 입이 귀에 걸렸다. 그렇게 좋으냐고 하는 사람들에게 그는 말했다.

"아침에 눈 뜨면 출근할 곳이 있어 얼마나 좋은지 모르겠습니다."

두 달 동안 미친 듯이 이리 뛰고 저리 뛰는 걸 눈여겨본 백화점은 행사가 끝나자 건어물 매대가 비어 있는데 해볼 생각이 있느냐고 했다. 왜 안 하겠는가. 번듯한 점포가 아니라 좌판 같은 곳이었지만 찬밥 더운밥 가릴 처지가 아니었다. 건어물 매대는 야채 특판

보다 나았고, 리어카보다는 훨씬 나았다.

백화점으로 출근하면서 살아가는 재미가 붙었다. 하루 종일 리어카를 끌고 다닐 때는 그렇게 모이지 않던 돈이 조금씩 불어나는 게 아닌가. 그러던 어느 날 궁금한 생각이 들었다. 명절이 다가오면 선물세트들이 날개 돋친 듯 팔린다. 그런데 왜 멸치는 한 되 두되로 팔거나 무게로 달아서 팔고 있을까? 상인들은 멸치를 수북하게 쌓아놓고 있다가 손님들이 달라는 대로 팔았다. 주부들에게 가장 중요한 반찬이 멸치이고 고추장에 찍어 먹는 술안주부터 국이나 조림은 물론 도시락까지 용도가 많은데 왜 이렇게 팔까? 주부들에게 필요한 것이니 선물세트를 해보면 어떨까? 주변 사람들에게 얘기해보니 다들 손사래를 쳤다. 그게 되겠느냐는 것이다. 왜 안 될까? 마침 추석이 다가오고 있어 상품上品 멸치를 잘 포장해 선물 3종 세트를 만들었다. 볶음용과 조림용, 그리고 국물용 멸치 세트였다. 다들 안 된다 하니 해보고 안 되면 안 했던 셈 칠 생각이었다.

이틀이 지났을 때 그의 가게는 단 5분도 쉴 틈이 없었다. "내가 해놓고도 기가 막힐 정도로 믿을 수 없는 일"이 날마다 벌어졌다. 하루 매출 2천만 원을 거뜬하게 넘긴 3종 세트는 추석 전 10일 동안 나 홀로 1억 원을 넘는 대박을 터뜨렸다.

더 놀란 건 백화점이었다. 백화점 입장에서야 장사 잘되는 곳을 밀어주는 게 남는 장사 아닌가. 당장 점포를 내주며 필요한 게 있으면 언제든지 말하라고 했다. 그게 시작이었다. 상승세를 탄 장사는 외환위기를 만나 더 높이 날았다. 날벼락을 맞은 직장인들이 도시락을 싸서 출근하는 상황이 벌어지면서 이번에는 밑반찬 수요가 폭발했다. 멸치에 날개가 달린 듯싶었다. 오전 7시에 출근한 직원들은 새벽 1시까지 허리 펼 새도 없이 일을 했지만 물건이 모자란 날이 태반이었다. 수중의 돈은 갈수록 수북하게 늘어났다.

내가 진짜 부자가 된 걸까? 그는 자신이 부자인지 아닌지 확인해보고 싶었다. 어릴 때부터 수도 없이 꿈에 그리던 걸 해보고 싶었다. 현찰 1억 원을 1만 원짜리로 찾아 침대에 좌악 깔아놓고 잠을 잤다. 현찰 1억 원 위에서 자는 잠, 그토록 바라던 꿈 위에서 그는 어떤 꿈을 꾸었을까? 천국을 거닐었을까, 아니면 날아다녔을까?

단 한 숨도 잘 수 없었다. 너무 좋아서, 아니 가슴이 벅차올라 잠을 잘 수가 없었다. 내가 지금 돈더미 위에서 자고 있는 거지? 이게 정말 꿈이 아닌 거지? 이거 내 돈 맞지? 몇 번이고 잠자리를 들춰보고 또 들춰보느라 잠을 이룰 수가 없었다.

리어카를 끌고 장사를 하던 시절, 그는 서울 혜화동과 동대문 사이 높은 고지대에 있던 창신동 철거 예정 아파트에서 지낸 적이 있었다. 마땅히 잘 곳이 없어 조카 한 명과 비어 있는 아파트에 몰래 들어가 도둑잠을 자곤 했다. 그런데 어느 날 누군가의 신고를 받은 경찰이 한밤중에 들이닥쳐 빨리 나가라고 호통을 쳤다. 그는 허름한 이불을 뒤집어쓰고 울었다. 나이는 먹을 대로 먹은 놈이 이 넓은 세상 어디에 잘 곳 하나 없어 이런 곳에 들어왔다가 한밤중에 쫓겨난단 말인가. 너무나 서러워 이불 속에서 울었다. 혼자 몸이면 어떻게 해보겠는데 어린 조카는 또 어떻게 할 건가? 그는 입술을 깨물었다. 그렇게 아파트에서 쫓겨났다.

내 인생에도 볕이 들 날이 있을까? 그는 1만 원권 지폐 1억 원이 가득 깔린 침대에서 자는 날을 꿈꿨다. 그런데 그날이 진짜 온 것이다. 그날 그는 알았다. 돈은 분명 좋은 것이고 없으면 안 되는 것이지만, 행복을 가져다주는 건 아니라는 것을. 그는 또 알았다. 하루하루 출근할 곳이 있고 열심히 일하는 시간이 바로 행복이라는 것을.

그 행복을 위해 달린 지 몇 년 만에 한 개의 점포가 몇 개로 늘어나고 내친 김에 멸치 가공회사까지 차릴 수 있었다. 직원만 200명 가까이 되는 '어마어마한 회사'가 된 것이다. 남들은 꾸준한 성장이라고 했지만 그에게는 이를 악무는 달리기였다. 자신만이 아니라 점원들에게도 마찬가지였다.

손바닥만 한 점포 시절부터 그는 악으로 깡으로 버텼다. 자신만이 아니라 점원들에게도 이를 악물도록 했다. 말로만 하지 않았다. 그는 점원들이 잘못하면 일과가 끝난 후 창고에 집합을 시킨 다음 '활극'을 펼쳤다. 마치 옛날 군대 내무반처럼, 아니 전쟁터의 소대장처럼 얼차려는 물론 갖가지 실력행사까지 동원했다. 점원으로 일하는 친구도 열외일 수 없었다. 예전의 자신처럼 어떻게 되겠지 하는 안이한 마음으로 살다가 조카와 함께 한밤중에 철거 아파트에서 쫓겨나는 수모를 당하지 말라고 강요하고 압박했다. 두 번 세 번 해도 말을 듣지 않으면 "왜 나처럼 서러운 인생을 살려고 하느냐"고 악을 썼다. 최선을 다해 살라고 '빠따'를 휘둘렀다. '오늘이 마지막'이 아니라 '지금이 마지막'이라는 생각으로 살았다. 점심시간 10

분, 화장실 가는 횟수는 하루 2~3번으로 '규정'했다. 덕분에 그가 이끄는 점포 한 곳이 백화점 생선 코너 전체 매출을 누를 때도 있었다. 덩달아 직원들 또한 부자가 되었다. 중간에 도저히 참지 못하고 묘연히 사라진 한 명을 제외하고.

장사가 아니라 사업이 된 지금, 이제 그런 '창고 집합'은 있을 수가 없다. 변한 건 이뿐만이 아니다. 전투적으로 일하게 했고 악으로 깡으로 내달리게 했지만 이심전심 마음이 통하고 진심을 알아주는 가족 같은 분위기가 있었는데 어느 순간 사라졌다. 다 같이 모여 술한잔 할 수 없고 흔히 건네던 친한 말투도 눈치가 보여 쉽지 않게 됐다. 책임져야 할 식구들이 한둘이 아니다 보니 뭐 하나 결정하는 것도 마음에 걸린다. 사업이 커져갈수록 뿌듯한 가슴 한켠에 이상한 불안감이 스멀스멀 커짐을 느낀다. 갈수록 높은 낭떠러지를 올라가는 기분이 든다. 삐끗하는 순간 모든 것이 끝인 낭떠러지를.

예전에는 뛰면서 고민해도 충분했는데 이제는 혼자 끙끙거려야 하는 시간이 점점 많아졌다. 혼자 곱씹어야 하고 혼자 결정해야 하는 순간이 많아졌다. 누군가와 커뮤니케이션을 하고 싶은데 마땅한 사람이 없다. 그렇다고 아랫사람들에게 속내를 털어놓기도 뭐 하다. 아내는 아이들의 엄마 역할에만 충실하려고 할 뿐, 사업가의 아내라는 역할은 포기한 모양이다. 아이들 얘기를 할 땐 곧잘 응대하면서도 사업 얘기만 나오면 표정이 달라지고 은근 슬쩍 일어나버린다. 친구? 아등바등 살아왔으니 이 넓은 서울에 마음 터놓을 친구들이 있을 리 없다. 그럭저럭 아는 친구는 있지만 말 그대로 그럭저럭 만나는 사이일 뿐 막역한 친구는 하나도 없다. 아니 사귈 시간이 없었다. 오뉴월인데도 찬바람 같은 게 가슴을 확 치고 들어오면 텅텅 빈 마음이 터져버릴 것만 같다. 예전에는 돈 없고 배고파 허기져 힘들었는데 이제는 문득문득 훅 치고 들어오는 허허로움 때문에 미칠 것 같다.

언제인가부터 집에 들어가기 전 들르는 곳이 생겼다. 마음이 좀 심란하다 싶으면 집 근처 작은 바에서 한두 시간 혼자 마신다. 자신이 누구인지 아무도 모르니 편하고, 사장이라고 책임질 일 안 해도 되고, 일 못한다고 누굴 혼내지 않아도 되고, 눈치 안 봐도 된다. 하기 싫은 거 안 해도 되고, 하고 싶은 거 해도 된다. 뭔가 결정을 해야 할 때나 신제품에 대해 생각해야 할 때 그곳으로 향한다. 이대로 집에 가면 잠이 안 올 듯할 때 간다. 마음이 편안해지니 이게 사람들이 말하는 그 힐링인가 싶다. 그렇게 마음 편히 있다 보면 아이디어가 불현듯 생각날 때도 있다.

그러는 사이 마음속에 어떤 불안감이 도사리고 있다는 걸 알게 됐다. 좋은 상품 만들고 홍보만 잘하면 될 줄 알았는데 그게 아닌 것 같다. 회사가 커지니 이모저모 신경 써야 할 일이 한두 가지가 아니다. 경쟁도 치열해졌다. 마음이 무겁다. 나 혼자서는 안 될 것 같다는 생각이 갈수록 커져간다. 나의 한계인가 싶을 땐 찬 기운인지 소름인지 모를 게 온몸에 짜르르 흐른다. 이게 자괴감이라는 건가. 그래 모든 걸 다 잘할 수는 없지. 스스로 위로하지만 생각은 어느새 또 원점으로 가 있곤 한다. 능력 있는 사람(전문경영인)을 모셔

와야 할 것 같은데 누굴 어떻게 모셔온단 말인가? 모셔 와도 서로 적응이 쉽지 않을 텐데, 그건 또 어떻게 할 것인가?

또 다른 고민은 술에 대한 것이다. 지금은 젊은 기운이 남아 술로 풀지만 나이 들면 이마저도 못할 것이니 그때는 어떻게 할 것인가? 뭔가 방법을 마련해야 하는데 어디서 어떻게 찾아야 할까? 이런 생각 저런 생각을 하다 보면 이 바에 와 있곤 한다.

그들은 가는 곳이 있다!

누군가 세상을 떠났다는 소식을 들을 때면 언제나 많은 생각을 하게 된다. 몇 년 전 오며 가며 알게 된 한 사장의 부음을 들었다. 전국 각지의 특산물을 유통시키는 사업을 하던 그는 인연을 소중히 할 줄 알았다. 가을이면 자신이 직접 현지에 내려가 손수 고른 것이라며 붉을 대로 붉어진 사과 한 상자씩 보내주고는 했다. 그리 친한 것도 아니고 일 년에 한두 번씩 연락을 주고받는 사이라 서로 건네는 인사는 항상 같았다. "요즘 어떠냐"고 묻는 말에 그는 언제나 같은 말을 했다.

"이렇게 죽어라 뛰면 뭐 좀 되지 않겠어요?"

그는 실제로 죽어라고 뛰어다녔다. 언젠가 우연히 고속도로 휴게소에서 만났을 땐 인사말이 바뀌었다.

"이젠 좀 살 만합니다."

그의 얼굴엔 전에 없던 웃음이 배어 있었다. 반가웠다. 몇 년째 되풀이하던 "소주 한잔 하자"는 말을 또 덧붙이며 "이번엔 진짭니다"라고 했었다. 그런데 리베이트를 요구한 납품업체 임원에게 대가를 주었다가 일이 안 좋은 방향으로 불거지면서 불면증에 시달려야 했고 수면제를 과다 복용한 탓에 그만 세상을 떠나고 만 것이다.

늦은 밤에야 도착한 장례식장은 조용했다. 개인적으로 아는 사이였으니 낯익은 얼굴이 있을 리 없었다. 조문을 한 다음 국밥 몇 숟갈 뜨고 갈 생각으로 식탁에 앉아 있는데 옆 식탁에 둘러앉은 이들이 나누는 이야기가 두서없이 들려왔다. 생전에 서로 알고 지낸 듯한 사장들의 이야기였다.

"휴, 남의 일이 아니야."

"그러게 말입니다. 나도 요즘 잠이 안 와요."

"내일 당장 병원에 가봐야겠어."

줄줄이 이어지는 한숨 섞인 말들은 '나는 괜찮다고 할 수 있는가'라는 불안한 마음의 다른 표현들이었다. 불현듯 작고한 사장에게 물었던 말이 생각났다.

"힘들고 지칠 땐 어떻게 해요? 아니, 뭘 해요?"

그는 씩 웃더니 도리어 나에게 되물었다.

"할 게 있어요? 후, 갈 데가 없어요. 그럴 시간이 있으면 고마운 거죠. (앞에 있는 잔을 쭉 들이커더니) 오로지 술로 합니다. 술밖에 없어요."

그는 고민을 하다 보면 자기도 모르게 발걸음이 '바'로 향한다던 앞의 사장과 같은 말을 하고 있었다. 발등의 불은 언제나 정신없이, 그것도 기다렸다는 듯이 떨어졌고 동분서주 뛰어다니며 해결해야 했다. 숨차게 이리저리 뛰다 힘들면 주말 하루 내내 잠에 빠져들었고, 터질 듯한 스트레스는 술로 삭혔다. 좋은 차 타고 좋은 곳에서 술 마시고 좋은 옷 입고 다니는 건 사실이었지만 그것뿐이었다. 열심히 살고 있었지만 그것뿐이었다. 남들에게 무시당하지 않기 위해 좋은 차를 타고 좋은 옷을 입었고, 발등에 떨어진 불을 끄기 위해 열심히 살았다. 그러다가 갔다. 너무도 허망하게 갔다.

그를 보내고 난 후, 가끔 만나게 되는 산전수전 다 겪은 CEO들에게 틈틈이 같은 질문을 던졌다. "힘들고 지칠 때 뭘 하십니까?", "어디로 갑니까?" 그들은 작고한 사장과 다른 반응을 보였다.

흥미로웠던 건 질문을 받은 그들의 입가에 슬쩍 미소가 스치곤 했다는 것이다. '아, 그거?'라고 하는 듯한, 그러면서 한편으로는 '나도 꽤 힘들었지'라고 하는 듯한 미소였다.

미국에 생존 학교survival school라는 게 있다. 공군 조종사들이 작전을 벌이다 적진에 홀로 떨어지는 경우를 대비해 생존 방법을 배우는 것처럼, 만의 하나 조난을 당했을 때 어떻게 해야 살아남을 수 있는지를 가르치는 학교다. 나침반 없이 방향을 찾는 법, 불을 지피는 법, 추위를 견디는 법 같은 단순한 기술에서부터 혼자 동떨어졌을 때 필수적으로 알아야 할 것들을 배운다. 영화 〈마션〉에서 화성에 혼자 남은 맷 데이먼이 했던 것처럼 하는 것이다.

이 학교의 프로그램늘에서 눈에 띄는 게 있다. '자기만의 비밀장소에서 지내기'라는 프로그램이다. 숲 속에 자기만의 비밀장소를 만든 후 매일 거기에서 혼자 몇 시간을 보내도록 하는 것이다. 아이들에게도 똑같이 시킨다. 나중에는 혼자 그곳에서 밤을 새우게 한다. 낭만적일 것 같지만 막상 해보면 쉬운 일이 아니다.

주말이 아닌 평일, 사람이 없는 깊은 산 속을 등산해보면 알게 되는 게 있다. 아무도 없는 적막함이 얼마나 머리칼을 쭈뼛 세우게 하는지 단번에 알게 된다. 어디선가 부스럭 소리가 나면 소름이 쫙 끼치면서 반사적으로 소리 나는 쪽으로 고개가 돌아간다. 신경이 곤두선다. 어른이 이럴 정도니 항상 사람들로 북적대는 불야성 같은 도시에서 자란 아이들에게 캄캄한 숲 속에서 혼자 하룻밤을 보내는 건 경악하고도 남을 일이다.

하지만 두려움에 떠는 시간을 건너고 나면 '그곳'은 묘한 안식처가 된다. 너무나 무서운데 막상 해보고 나면 별일이 아니란 걸 알게 된다. 별일 없을 뿐만 아니라 뿌옇게 밝아오는 아침이 얼마나 감개무량한지 온 가슴으로 느낄 수 있다. 숲을 두려워하지 않게 되고 무엇보다 혼자 있는 걸 무서워하지 않게 된다. 면역성이 생기면 나중에 길을 잃거나 고립되어 혼자 있어도 조급하거나 초조해하지 않을 수 있다(그래서 사업가들도 많이 지원한다). 온몸의 세포가 초긴장 모드가 되는 어둠 속에서 혼자 있을 수 있다는 건 어디서도 혼자 있을 수 있다는 것이다. 자신감이 부쩍 생긴다.

사실 이 프로그램은 원래 북미 인디언들 사이에 내려오던 전통이었고, 주로 성인식을 치러야 하는 청소년들이 거쳐야 했던 의식이었다. 인디언들은 어른이 될 청소년들에게 숲 속이나 들판으로 나가 자기만의 자리를 정한 다음, 그곳에서 몇 날 며칠을 보내게 했다. 혼자가 되는 것을 두려워하는 본능을 이겨내면서 장차 자신이 무엇을 해서 어떤 사람이 될지를 생각하게 했다. 자신만의 비전을 세우는 장소였던 것이다. 예를 들어 미시시피 강 유역에 살았던 체로키 족은 누구나 숲 속에 자기만의 비밀장소를 정해두었다. 어렸을 때부터 자기만의 비밀장소를 만들어두고 고민이 생기거나 힘든 일이 생기면 그곳으로 찾아가곤 했다. 가서 자신이 세운 비전과 지금의 자신을 비교해보곤 했다.

이 부족에 내려오는 전설에 의하면 사람에게는 두 마음이 있다. 하나는 우리가 살아가는 데 필요한 육체의 마음이고 다른 하나는 영혼의 마음이다. 육체의 마음은 우리를 현실에서 살아가게 해주지만 자칫 잘못하면 욕심 많은 사람이 될 수 있다. 욕심은 자신은 물론 주변 사람들을 망치는 법, 그들은 자신의 욕심이 어느 정도인지 알기 위해 나만의 장소를 찾아 영혼의 마음을 회복하곤 했다.

육체적인 고통은 육체가 느끼고 영혼의 고통은 영혼의 마음이 느낀다. 힘들 때 이곳에 오면 자신이 지금 육체적인 고통을 겪고 있는 것인지, 아니면 영혼의 고통을 느끼고 있는 것인지 알 수 있었다. 육체적인 고통을 겪고 있다면 무엇이 고통을 만들어내는지 찬찬히 살펴볼 수 있다. 요즘 식으로 하자면 감정과 이성을 분리해서 생각하는 곳이자 자신을 정화시키는 곳이다. 체로키 족은 죽으면 살아생전 자신의 마음을 키울 수 있게 하고 힘이 들 때마다 새로운 힘을 주었던 이 '나만의 장소'에 묻혔다.

인디언에게만 있는 문화가 아니다. 1,600년 전 가도 가도 모래뿐인 이집트 사막에 세워진 수도원이 있었다. 왜 하필이면 사막에 수도원을 만들었을까? 사막은 가슴을 정화하면서 신을 만날 수 있는 아주 좋은 장소였기 때문이다. 이 성 마카리우스 수도원에서는 말로 하는 기도보다 신의 말씀을 들을 수 있는 수행을 더욱 중요시했다. 그 수행이란 바로 침묵이었다. 침묵은 판단을 흐리게 하는 외피를 걷어내고 사물을 있는 그대로 바라보게 해줄 뿐만 아니라 신을 만날 수 있게 해주었던 까닭이다.

"입을 다물고 가슴이 말하게 하라. 그런 후에는 가슴을 닫고 신께서 말씀하게 하라."[1]

황야의 고독에서 말했듯 기독교에서 '사막'은 중요한 장소다. 기독교 초기 교부敎父들이 여기서 나왔기 때문이다. 사막이라는 단어는 히브리어로 '미드바르midbar'인데 어원이 흥미롭다. 내가 하고 싶은 말을 하고 뭔가를 달라고 말하는 곳이 아니라 '말씀을 듣는다'는 뜻이다. 윤종모 대한성공회 주교는 명상을 통한 치유법을 담은《치유 명상》이라는 책에서 우리에게도 이런 사막이 필요하다면서 "사막으로 가라"고 한다. 물론 윤주교가 말하는 사막은 사하라 사막 같은 곳이 아니다. 인디언들이 숲 속에 '나만의 장소'를 만들어두듯 나홀로 있는 시간과 장소가 '나만의 사막'이다. 예를 들어 윤 주교는 하루 10~30분씩 매일 근처 공원을 사막으로 삼아 명상을 한다. 내 안에 있는, 내 안을 흐르는 내면의 소리를 들을 수 있도록 스스로 고독을 위한 환경을 만드는 것이다. 불교에서도 묵언은 수행이다.

부족이나 종교에서만 강조되는 것일까? 앞서가는 사람들 또한 모두 '나만의 장소'를 가지고 있다. 영국의 처칠 수상은 힘들고 지치면 자신만의 공간인 화실의 이젤 앞에 앉아 시가를 피우고 샴페인을 마시면서 낙타털로 만든 붓으로 그림을 그렸다. 프랑스의 드골 대통령은 퇴근하면 웬만한 일이 아닌 한 연락하지 말라며 '나만의 고독' 속으로 들어갔다. 미국의 아이젠하워 대통령은 틈날 때마다 자작나무가 있는 곳이나 시냇물이 흐르는 곳을 찾아갔고, 미국 국무장관으로 유명했던 키신저는 차고 위에 방음까지 되는 사무실을 만들어 자기만의 공간으로 삼았다. 이곳에 있을 때는 그의 아내도 출입금지였다.

프랑스의 사상가 몽테뉴는 '관계 밀도의 제로(0)화'를 위해 저택 한켠에 있던 '치타델레zitadelle'라고 이름 붙인 작은 건물을 절대적인 자신만의 공간, 자신의 질문에만 몰두할 수 있는 곳으로 만들었다. 독립된 별채를 뜻하는 이 공간에서 탄생한 것이 바로《수상록》으로 유명한 '에세les essais'다. (우리가 흔히 쓰는 '에세이essay'라는 단어가 여기서 시작되었다)[2] 그는 이곳에서 연구에 몰두하다 힘들면 또 다른 자기만의 공간으로 이동했다. 산책이었다.

"꼭 산책할 장소가 있어야 한다. 앉아 있으면 사유는 잠들어버린다. 다리가 흔들어놓지 않으면 정신은 움직이지 않는다."

1987년 블랙먼데이 1주일 전 대폭락을 경고하면서 '닥터 둠Dr. Doom'으로 유명해진 마크 파버는 자신의 이름을 딴 마크 파버 자산운용사를 홍콩에서 운영하고 투자정보지 〈글룸 붐 앤 둠Gloom, Boom&Doom〉도 발행한다. 이 일을 하기 위해 하루 500여 통이나 되는 메일을 읽고 날마다 책상 위에 쌓이는 산더미 같은 리포트와 자료들을 훑는다. 그는 어떻게 이 산더미 같은 읽을거리 속에서 통찰을 해낼 수 있을까?

그는 한 달에 한 번씩 1주일 동안 태국 북부에 있는 치앙마이로 날아간다. 제법 큰 도시이지만 홍콩과 달리 너무나 조용한 그곳에서 완전히 다른 한 주를 보낸다. 수많은 숫자 속에서 빛나는 통찰을 찾아낸다. 3

야후 CEO를 지낸 캐럴 바츠는 지치고 힘이 들 때마다 정원으로 갔다.

"나는 혼자 시간을 보내고 정원을 가꾸면서 에너지를 재충전한다. 내성적인 사람들은 혼자 시간을 보내면서 생기를 되찾는다."

무엇보다 혼자 있는 시간은 밖으로만 뻗어 있는 생각들을 거둬들여 자신을 살피는 수단이고 조직의 상황과 의미를 제대로 알기 위한 거리 두기다. 내가 무엇을 원하고 있는지, 나를 이해하는 시간이고 지친 나를 배려하는 시간이며 희망이 아닌 욕망을 분리해 정화하는 시간이다. 그래서 파스칼은 일찌감치 이렇게 말했다.

"우리의 불행은 거의 모두 자신의 방에 남아 있을 수 없는 데서 온다."

내일, 또 세상으로 나아갈 힘이 필요할 때

●

산전수전 다 겪은 사장들 또한 다르지 않다. 힘들 때마다 가는 낚시터가 있고 일찌감치 캠핑에 빠진 이들도 있다. 어떤 사장은 집 가까운 곳에 월세 30만 원짜리 원룸을 얻어 주말마다 그곳으로 간다. 몇 평 안 되는 작은 공간에서 그가 가장 심혈을 기울이는 건 로봇 조립하기다. 아내는 다 큰 어른이 애들처럼 무슨 장난감이냐고 하지만 그에게는 단순한 장난감이 아니다. 아내가 들으면 놀랄 정도로 가격도 비싸다(당연히 아내에게 가격은 절대 비밀이다). 휴일 날 여기 오면 시간 가는 줄 모른다. 좋아하는 걸 하니 기분이 좋아지고 하루 종일 낑낑거리고 앉아 있어도 스트레스가 풀린다.

"이게 의외로 정밀한 조립입니다. 이걸 하다 보면 제가 어떤 상태에 있는지 알게 돼요. 불안해하고 있거나 흥분해 있으면 금방 느낍니다. 생각대로 조립이 안 되거든요. 하나씩 찬찬히 조립을 하다 보면 마음이 차분해지고 진정됩니다."

혹시 인디언들이 했다는 '나만의 장소'라는 의식을 알고 자신들의 삶에 적용한 걸까? 그들은 하나같이 그런 게 있느냐고 되물었다. 당연히 생존학교 프로그램이란 것도 몰랐다. 그럼에도 '나만의 장소'에서 '나만의 시간'을 가질 수 있었던 건 내일 또 세상 속으로 달려갈 새로운 힘을 만들기 위해 방황하며 몸부림쳤던 결과였다. 지치고 힘이 들 때마다 충전할 곳이 필요하다는 걸 절감하면서 이것저것 해보다가 찾은 것이었다.

한 유명 요리사는 일주일에 한 번 하루 종일 커다란 멀티플렉스 영화관 속을 '산책'한다. 옛날 대학생 때 3류 영화관에 가서 하루 종일 '비가 오는 영화(오래되어 스크린에 비가 오는 것처럼 선이 나타나는 영화)'를 보던 버릇을 요즘 세상에 맞게 개발한 것이다. 하루 종일 멀티플렉스 안을 배회하며 이런저런 영화를 섭렵하는 그 즐거운 일을 일주일 내내 기다린다. 아무도 알아보는 이 없으니 마음껏 울 수 있고 웃을 수 있다. 자신이 직접 요리하지 않고 남들이 해준 요리를 실컷 먹을 수 있으니 편하다. 해외 출장이 잦은 한 사장은 비행기 타는 시간을 '나만의 장소'로 정했다. 비행기에서야말로 그 누구도 건드릴 사람이 없지 않은가.

'나만의 그곳'은 안식처를 넘어 없던 힘을 만들어내는 곳일 수도 있다. 방송 대본을 마감해야 하는데 생각이 막혀 대본이 써지지 않을 때 작가들은 앞이 캄캄해진다. 그럴 때마다 수영장으로 달려가는 작가가 있다. 수영을 하면서 기분 전환을 하는 걸까? 아니다. 그는 수영장 물속으로 들어가 숨을 참고 견딘다. 2~3분쯤 있으면 숨이 막혀온다. 하지만 나가지 않는다. 나가지 않고 버틴다. 곧 죽을 것 같은 고통이 엄습하지만 그래도 참는다. 참고 참아서 견딜 수 없을 때 자신에게 묻는다. 4

'여기서 괴로워하며 죽을 것인가, 아니면 좋은 생각을 만들어낼 것인가?'

자신을 생사의 기로에 밀어 넣는 것이다. 몸속에서 난리가 나는 건 당연한 일, 온몸에 적색경보가 울리며 비상사태에 돌입한다. 살고 싶다는 본능이 몸속의 모든 세포를 일으켜 세운다. 빨리 대책을 마련하라고 다그친다. 그때 번쩍 아이디어가 떠오른다. 수영장 물속은 그에게 나만의 장소이자 없는 날개를 만들어내는 벼랑 끝이다.

왜 '나만의 장소'가 중요한가? 바쁘게 달리다 보면 세상 물결에 휩쓸려 자기도 모르는 어디론가 내달리기도 한다. 내가 이 사업을 왜 시작했는지, 지금 뭘 해야 하는지를 잊어버린 채 오로지 달리는 것에만 몰두하는 것이다. 사업 초창기에 필요한 '돌격대장' 식 경영을 버리지 못한 채 혼자 달리고 있을 수도 있다. 이렇게 달리다 자신을 잃어버릴 수 있다. 때로는 자신도 모르게 엉뚱한 곳으로 달리다가 지치고, 가다 보니 아닌가 싶어 또 다른 곳으로 달리다 힘들어 쓰러질 수 있다.

원하는 일을 해야 재미가 있고 즐거운데 해야만 하는 일만을 하니 살아갈 힘들이 바닥을 드러낸다. 짜증이 늘어나고 감정조절하기가 힘들어진다. 말을 해야 할 때가 있고 하지 말아야 할 때가 있는데 자신도 모르게 후회할 일을 저질러버리고 만다. 내가 왜 그랬을까, 가슴을 치며 참는 게 오히려 화를 불러오기도 한다. 그럴수록 결정적인 순간 또 뭔가를 하고 만다. '번 아웃burnout'이라는 자아고갈 증상의 초기 현상이다. 성마른 듯한 초기가 지나고 원시적 본능이 고개를 불쑥불쑥 내미는 이런 증상이 나타난다면 상황은 심각해진다. 자기도 모르게 순간적인 쾌락을 추구하는 일이 잦아지기 때문이다.

한 사장은 5년 가까이 공을 들여 '나만의 장소-나만의 사람'을 농시에 개발했다. 초등학교 동창 중에 농사를 짓는 친구가 있어 조금씩 조금씩 정을 붙이며 다가가 막역한 사이를 만든 것이다. 그들에게 막역함이란 힘이 없거나 술 한잔 하고 싶을 때 훌쩍 찾아가 막걸리 한 사발 나누는 것이다. 당연히(?) 사장이 찾아가는 날이 훨씬 많다.

"막걸리 몇 병 사들고 가 휘영청 뜬 달을 보며 이런저런 얘기를 합니다. 그 친구나 저나 하는 일이 다르고, 아는 사람이 다르니 무슨 얘길 해도 새나갈 염려가 없어요. 마음껏 말할 수 있고 마음껏 취할 수 있으니 얼마나 좋습니까? 그렇게 하룻밤 자고 오면 머리도 몸도 개운해져요."

사장은 슈퍼맨이 아니다. 다른 별에서 온 특별한 존재가 아니다. 나만의 장소는 편해지는 곳이라기보다는 새로운 자신감을 만들어 내는 곳이다. 나에게서 시작하는 시간이자 장소이다. 자신을 되찾고 차분한 마음을 통해 다시 세상으로 나아가는 힘을 만드는 곳이다. 애벌레가 고치 속으로 들어가 아름다운 나비가 되어 나오는 것 같은 거듭남을 위한 곳이다.

누구보다 열심히 살았던 사장을 저세상으로 보내는 곳에서 들었던 다른 사장들의 말들은 뭘 의미한 것이었을까?

'나는 지금 어디에 있는가?', '잘 가고 있는가?' 하는 생각에서 나오는 한숨은 작고한 사장처럼 되지 말아야겠다는 위기의식이자

'나만의 장소'가 필요하다는, 그들의 삶이 보내는 신호였다. 이 신호는 세상을 떠난 사장에게도 왔을 것이다. 한두 번이 아니라 여러 번 왔을 것이다. 하지만 바빠서, 시간이 없어서 못 본 척했을 것이다. 이번에도 괜찮겠지 했을 것이다. 그러다 허망하게 세상을 떠나고 말았다.

성공한 그들은 누가 가르쳐주지도 않았는데 어떻게 '나만의 그곳'을 마련했을까? 한두 번 해서 터득한 게 아니었다. 이것도 해보고 저것도 해보는 과정에서 '나만의 아지트'가 자신을 추스를 수 있고 다독일 수 있고 되돌아볼 수 있는 곳이라는 걸 알았던 것이다. 그렇게 그들은 지치고 힘들 때마다 가는 곳을 마련해두고 있었다. 자신을 추스르는 그곳이 있었다. 그 덕분에 힘든 여정을 잘 이끌어 올 수 있었고 잘 이끌어가고 있었다.

그런데 시인에게도 이런 곳이 필요하나 보다.

> 누구나 바닷가 하나씩은 자기만의 바닷가가 있는 게 좋다
> (…)
> 언제나 찾아갈 수 있는
> 자기만의 바닷가가 있는 게 좋다
> (…)
> 누구나 자기만의 바닷가가 하나씩 있으면 좋다
> 자기만의 바닷가로 달려가 쓰러지는 게 좋다
> – 정호승, 〈바닷가에 대하여〉

Part 2

괴롭더라도
같이
가야 한다

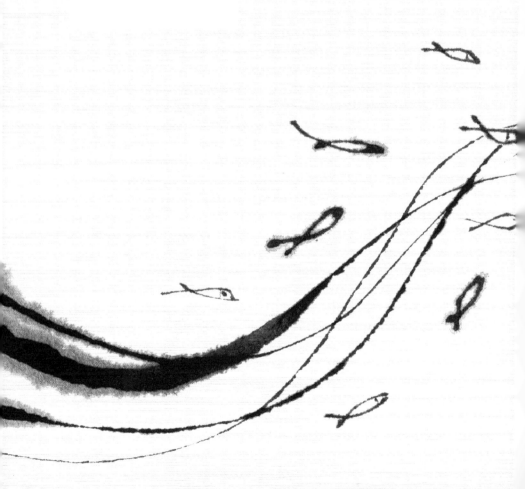

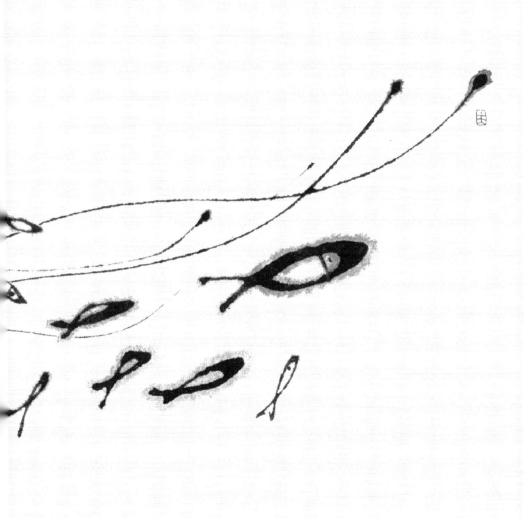

7

져주는 힘

혼자
속 터지는
이야기

가을바람이 불기 시작하면 회사에도 찬 기운이 감돈다. 연말 평가와 다음 해 연봉 산정을 위한 밀고 당기기가 시작되는 시즌, 평가를 받는 입장에서는 칼자루를 쥔 사람에게 무슨 고민이 있으랴 싶지만 막상 칼자루를 쥔 사람은 그들대로 또 괴롭다. 고과 점수를 무작정 잘 줄 수는 없는 노릇인데 그로 인해 누군가에게 상처를 줄 수도 있기 때문이다. 특히 규모가 크지 않은 중소기업 사장들은 이때만 되면 머리가 아프고 속이 쓰리기 시작한다. 속을 뒤집어놓는 밉상들이 꼭 있다.

"등을 떠밀다시피 해서 억지로 시킨 일인데 마치 자기가 주도적으로 한 것처럼 이야기하면서 이걸 했으니 내년 연봉을 대폭 올려

쥐야 하는 거 아니냐 하는 겁니다. 다른 직원들에게 얼마나 무용담을 늘어놓는지 말도 못해요. 정말 한 대 쥐어박고 싶은 생각이 굴뚝같습니다."

"애써서 말하는 것이니 좀 해보는 척이나 하라"고 할 때는 "안되는 걸 왜 억지로 하라고 하는지 모르겠다"며 오만 가지 인상을 쓰고 볼멘소리를 하던 기억은 머릿속에서 깨끗이 지워진 걸까? 하다가 안 된 일은 죄다 사장이 시켜서 했을 뿐이고 하라고 해서 어쩔 수 없이 한 것이다. 반대로 잘된 건 다 자기가 잘해서 그런 것이다. 어찌 그렇게 똑 부러지는 기준을 갖고 있는지 한숨이 나올 지경이다.

"자기 말이 안 통한다 싶으면 두 눈 똑바로 뜨고, 왜 열심히 했는데 자기는 누구만큼 연봉을 안 올려주느냐고 또박또박 따집니다. 참자 참자 하지만 슬슬 부아가 치밀어 오르지 않을 수 없어요. '군기'를 한번 잡자니 회사 분위기가 죽을 것 같고, 가만 놔두자니 갈수록 가관입니다. 도대체 양심이란 게 있는가 싶어요."

이런 직원들은 하나같이 똑같다. "뭘 좀 해볼 사람?" 하는 일에는 절대 손들지 않고 꿀 먹은 벙어리처럼 가만히 있다가도 "밥 먹으러 가자"고 하면 바람처럼 앞장을 선다. 이뿐인가? "오늘 같은 날은 이런 걸 먹어야 합니다" 하면서 비싼 집으로 죄다 끌고 가서 비싼 메뉴까지 시키는 데는 일등이다. 갈수록 앓는 이가 되고 눈엣가시가 되어가는 이런 직원들, 어떻게 해야 할까?

직원들이 '질문 대왕'이라고 부르는, 김 사장이라는 분이 있다. "나는 잘 모른다"는 말을 입에 달고 다니면서 알아도 모르는 척 물어보고, 몰라도 모르는 척 물어보는, 아무튼 모든 걸 직원들에게 묻고 다니는 까닭이다. 이상한 건 직원들하고 재미있게 얘기를 나누고 사장실로 가서는 혼자 오랫동안 창밖을 보는 시간이 많다는 것이다. 직원들이 고개를 갸웃하는 특이한 습관이다. 독특한 습관은 또 있다. 회식 때 한창 물이 오를라치면 갑자기 집에 가겠다고 일어나는 바람에 왁자지껄하게 오른 흥을 확 깨는 사장님으로 직원들에게 '찍혀' 있다.

"우리 사장님은 왜 저러실까요?"

새로 들어온 직원들이 물을 때마다 오래된 직원들이 하는 말이 있다.

"아마 생각이 많기 때문일 거야."

그래서 그러려니 한다. 정말 그럴까? 사장에게 직접 물어봤더니 웬걸 뜻밖의 대답을 했다.

"일이 어떻게 되어가는지 보고를 하라고 하면 저야 편하죠. 보고 받는 거야 누워서 떡 먹기 아닙니까? 하지만 제가 월급쟁이 생활할 때 보니 보고하는 시간은 엄숙해질 수밖에 없더라고요. 더구나 제가 알고 싶거나 알아야 할 것들을 죄다 거르고 보고하려고 하니 다시 하나하나 물어야 합니다. 그러다 보면 잘잘못을 따질 수밖에 없는데 분위기는 분위기대로 어색해지고 몇 번 계속하면 저만 모르는 경직된 분위기가 만들어질 겁니다. 그래서 아예 제가 여기저기다니면서 이것도 물어보고 저것도 물어보는 겁니다. 모르는 척, 아는 척 물어보면 다들 좋아해요. 신이 나서 가르쳐주기도 하는데, 간혹 제가 깜박 놓치고 있는 걸 알 때는 속으로 안도의 한숨을 쉽니다. 이걸 모르고 있었으면 어쩔 뻔했을까 하는 거죠. 그래서 힘들어도 물어보고 다니는 겁니다. 저라고 그게 재미있겠어요? 보고를 받으면 몸은 편하겠죠. 하지만 이렇게 하는 게 마음 편해요."

그랬다. 사장이 '나는 모른다'를 입에 달고 다니면 속을 알 리 없는 조직은 사장이 모른다고 하는 걸 채워주려고 나선다. '사장님도 모르시는 걸 내가 한 수 가르쳐줬다!'고 생각하고 '사장님도 잘 못하는 일을 내가 해결했다!'고 여긴다. 직원들 입장에서는 자랑거리가 하나 늘어나는 셈이다. 전에 없던 능력이 자신에게 생겨난 것 같고, '한 수' 보여드렸으니 눈도장 하나는 확실하게 찍었다는 생각이 들기도 한다. 사장이 "와, 이런 걸 할 줄 알아? 전혀 몰랐네?" 하면서 어깨까지 두드려주는데 기분 좋아지지 않을 사람이 어디 있겠는가. 직원들이 우쭐해지도록 하는 것, 바로 김 사장이 원하는 바다. 그게 직원들 스스로 일을 하게 만드는 힘이라고 생각한다.

"사람 마음 다 똑같은 거 아닐까요? 인정받아 우쭐하고 싶은 마음은 누구한테나 있는데, 다시 칭찬받고 싶고 우쭐할 수 있으려면 뭔가 해야 할 거 아닙니까? 이번에는 뭘로 눈도장을 찍지? 이런 생각을 하게끔 하려는 겁니다."

물론 좋은 일만 있는 건 아니다. 보고 싶지 않은 '풍경'들도 보게 된다. 도대체 일은 언제나 할까 싶은 굼뜬 직원들을 보면 그냥 한번 확 뒤집고 싶은 생각이 목의 울대를 타고 올라온다. 건성건성 일하고 건들건들 말하는 직원을 보면, 잘해주니까 이제 나를 물로 여기는가 싶어 큰 숨을 절로 들이쉬게 된다. 그럴 땐 뒤로 돌아 혼자 스물까지 센다. 속에서 올라오는, 아니 용솟음치는 뜨거운 걸 일단 누그러뜨리는 그만의 방법이다. 그래도 안 되겠다 싶으면 조용히 '도발자'를 5초 정도 응시한다. 쏘아보는 게 아니라 아무 표정 없이, 아무런 말 없이 조용히 숨만 쉬면서 눈길을 고정시키는, 감정을 뺀 5초간 응시다.(그는 '무심無心 5초'라고 했다) 속으로 다섯을 센다. 상대가 머쓱해하면, 조용히 뒤돌아 갈 길을 간다.

역시 호인은 다른 걸까.

"감정을 실으면 직원들이 다 알아요. 그 직원한테만 감정 표현을 했는데 다른 직원들까지 움츠러들어버려요. 그래서 아무런 감정 없이, 마치 명상하듯이 그렇게 봅니다. 5, 4, 3, 2, 1, 이렇게 속으로 세면서 말입니다. 겉으론 평온해 보이지만 사실 마음속엔 파도가 몰아치죠. 편할 수 있겠습니까? 어떻게든 태풍을 만들지 않으려고 그러는 겁니다."

직원들하고 재미있게 얘기하고 와서는 왜 창밖을 바라볼까?

"별것도 아닌 말에 직원들이 막 웃을 때가 있어요. 웃어주면 저야 좋죠. 얼마나 즐겁습니까? 처음엔 제가 진짜 재미있는 말을 한 줄 알았어요. 근데 그게 아니더라고요. 제가 사장이니까 웃어주는 겁니다. 이런 일이 많아지면 같이 웃으면서도 마음이 불안해져요. 생각해보세요. 별것도 아닌 말에 배꼽을 잡고 웃는 직원들에게 제가 어떤 결정을 내리기 위해 이거 어떠냐고 묻는다면 그들은 어떻게 대답할까요, 솔직하게 답변해줄까요? 아마 뭘 물어도 감탄사를 터뜨리며 박수칠 게 뻔합니다. 그러니 다시 생각해야죠. 어떻게 직원들에게 다가가야 하고 어떻게 질문해야 하는지 생각해보는 겁니다. 저는 그런 웃음이 조심해야 한다는 신호로 느껴집니다."

오랫동안 회사를 경영해온 노하우라는 게 이런 건가. 그러면 회식 자리에서 이제 막 오르는 흥을 팍 깨버리고 일어나는 건 또 왜 그럴까?

"한 잔 두 잔 걸치다 보면 분위기도 좋고 기분도 좋아집니다. 저도 모르게 '그래, 이럴 때 한마디 해야지' 하는 생각이 들면서 평소하고 싶었던 말을 하게 되는데, 하다 보면 '지적'이나 '훈시'를 하고 있을 때가 있어요. 이런 걸 두 개 이상 말하고 있다면 술에 취한 겁니다. 제 스스로 그렇게 진단해요. 그러면 5분 안에 일어섭니다. 아니, 그렇게 하자고 속으로 다짐하고 또 다짐합니다."

그렇게 자리에서 일어선 후 집에서 모자란 술을 보태거나 집 앞 술집에서 혼자 마신다. 앞에서 언급했던 사장들처럼 말이다.(묘하게 다들 비슷하다) 요즘 젊은 사람들이 말하는 '꼰대' 소리를 듣지 않아야 조직을 무리 없이 이끌고 갈 수 있다는 생각에서다.

사실 누구나 리더가 되면 자기도 모르게 몸에 붙는 습관들이 있다. 직원들 얘기를 들어주어야지, 라고 생각을 하지만 한두 번도 아니고 날이면 날마다 듣다 보면 나중에는 정말 듣기 싫어진다. 심신이 지치면 더 그렇다. 그래서 자신도 모르게 툭 잘라버린다.

"오케이, 알았어."

"그래, 나중에 다시 얘기하자."

나중이란 언제일까? 언제 올지 모르는 '언젠가'인 날이다.

또 하나, 직원들하고 밥을 먹거나 술 한잔 하게 되면 자신도 모르게 "그래서 말인데……" 하면서 내 생각을 말하게 된다. 평소에 하고 싶었던, 속에 있던 말을 슬쩍 돌려 하는 것이다. 물론 그러다 보면 느낄 수 있다, "늦가을 서리가 내린 것처럼 '아이스ice'가 되는" 분위기를. '하지 말아야 했는데……' 집에 들어가면서 후회하고, 다음날 출근하면서 다짐을 하지만 다음에 또 그러는 자신을 발견한다. 김 사장은 이런 일을 미연에 방지하고 있는 것이었다.

요즘엔 무엇이 그를 힘들게 하고 있을까?

"경기가 들쑥날쑥한 데다 불경기가 계속되니 화부터 내는 거래처들이 한둘이 아닙니다. 어쩝니까? 받아주어야지. 다짜고짜 화부터 내는데 저도 마음 편할 리 없죠. 하지만 그들이 그렇게 하는 이유가 있지 않겠어요? 그걸 알아야 재발을 방지할 수 있고 개선점을 찾을 수 있으니 참고 듣습니다. 직원들에게도 그렇게 하라고 해요."

직원들이 그의 말대로 움직여줄까?

"그렇게 귀에 못이 박히게 말하고 강조했는데도 거래처들은 원래 그래, 하며 한 귀로 듣고 한 귀로 흘립니다. 문제가 있는데도 대충 넘어가고, 제대로 처리하지 않습니다. 근본 원인을 파악해 화근을 제거해야 하는데 그냥 넘어가요. 자존심 상했다고 도리어 화를 내며 한바탕 하지를 않나……. 지켜보고 있으면 속이 터져요."

왜 '지켜보기만' 하면서 속을 태울까? 가능한 한 자신이 전면에 나서지 않아야 한다는 생각에서다. 자신은 나서지 않고 직원을 내세운다? 흔한 말로 직원들을 '총알받이'로 삼는 걸까?

"그럴 리가 있겠습니까? 제가 나서면 뭐든 빨리 해결되니 좋겠지만 그러면 내일도, 모레도 언제나 제가 나서야 하고, 직원들은 '안 되면 사장이 나서겠지' 이런 마음을 가질 게 빤해요. 그래서 복장이 터져도 웬만한 긴급 상황이 아니면 나서지 않으려고 하고 있어요. 직원들은 모르겠지만 불안장애에 걸린 것처럼 혼자 제 사무실에서 서성거려요. 내가 정말 이렇게 가만히 보고 있어도 되나, 이러다가 불이 옮겨 붙는 건 아닌가 불안불안해요. 별의별 생각이 다 들어요."

서두에 나온 사장의 고민을 가지고 20년 가까이 사업을 하고 있는 김 사장을 찾아갔을 때 그는 처음부터 끝까지 혼자 속 터지는 얘기를 들려주었다. 요즘 같은 시대에 조직을 이끄는 일이란 게 무조건 '나를 따르라'고 하거나 강풍처럼 몰아붙여서 되는 일이 아닌 까닭이다. 군림하기보다는 몸을 낮춰 눈높이를 맞춰주고, 몰아치기보다는 품어주고, 말하기보다는 들어주어야 하기 때문이다. 그래서 받아주고 들어주고 못 이기는 척 져주고 있었다. 억지로 이기려고 하지 않고, 무조건 밀어붙이지 않으려고 안간힘을 쓰고 있었다.

사업을 하면 할수록 알게 되는 게 있다. 자신에게는 강해야 하고 강하게 몰아붙여야 하지만, 조직에게 그렇게 하면 역효과가 난다는 걸 몇 번 엎어지고 넘어지면서 깨닫게 된다. 사장이 강하게 드라이브를 걸면 조직도 강해져야 하는데 그럴수록 조직은 줄어들고 움츠러들며 서로 눈치만 보는 사이에 생기가 사라진다는 걸, 시키는 일만 하고 하던 일만 잘하려고 한다는 걸 알게 된다. 그러면 결국 사장 혼자 이리 뛰고 저리 뛰어야 할 수밖에 없다는 것도! 어떻게 해야 할까?

"제가 아는 분의 얘기를 듣다가 중요한 걸 깨달은 적이 있어요."

내로라하는 한 전문가가 대기업 회장의 요청을 받아 십여 년 동안 중요한 몇몇 프로젝트를 수행했다. 처음 갔을 때 그는 깜짝 놀랐다. 자기가 하는 말을 회장이 받아 적고 있는 게 아닌가. 그는 자기도 모르게 신이 나서 알고 있는 걸 다 풀어놓았다고 생각할 정도로 자세히 설명했고 일에도 최선을 다했다. 그런데 십 년쯤 지나서 그는 더 이상 일할 마음을 잃었다. 마주 앉게 되면 회장은 잘해달라고만 하고 자기 얘기만 늘어놓았기 때문이다.

"나한테 그렇게 할 정도면 임직원들에게 어떻게 했을지……."

그 회사는 지금 예전의 영광을 그리워하는 상황이 됐다.

그것이었다. 우리 모두 가지고 있는 사람의 마음! 우리는 모두 성장하고 싶어 하고 돋보이고 싶어 하고 더 많은 걸 가지고 싶어 하며 가치 있는 존재가 되고 싶어 한다. 우리만이 아니다. 풀이나 나무부터 이 세상 모든 생명체들이 원하는 성장 본능이다. 김 사장은 이 마음에 물을 주고 햇빛을 주고 있었다. '그래 어디 알아서 커 봐!'라고 하면서 팔짱 끼고 있지 않고 일일이 돌아다니면서 챙겨주고 있었다. 활발하게 움직일 수 있도록 그늘 지지 않게 적절하게 자리를 비켜주고 있었고, 너무 웃자라지 않도록 하고 있었다.

조직 속의 생기란 마치 돋아나는 싹과 같아서 갈 길 멀고 마음 급하다고 잡아당겨 돋아나게 할 수 없다. 한 발 물러서고, 품어주며 햇빛을 내리쬐어줄 때 싹을 내민다. 찬바람이 일면 싹은 돋아나지도 않고 돋아나도 곧 죽어버린다. 또 한 번 시들어버리면 다시 살아나지 않는다. 대신 봄이 왔다고 느끼면 알아서 고개를 내민다. 내밀지 말라 해도 싹을 내민다. 모든 생명체의 기본인 성장 본능이다. 이런 성장 본능이 살아 움직이도록 하는 것이 리더십의 시작이라는 걸 김 사장은 안 것이다.

하지만 아는 것과 실제로 품어주는 건 차원이 다른 문제다. 조직과 조직의 속성을 아는 게 직원들의 사정을 이해하고 고개를 끄덕여주는 것이라면, 품는 건 도저히 맞지 않을 것 같은 이물질을 내 안에 두는 것과 같다. 이 이물질이 부작용이라도 일으키면 애가 닳고 속이 문드러질 수밖에 없다. 나와 맞지 않는다고 확 뭉개버리거나 눌러버리면 안되니, 그러니까 흔히 말하는 강함이 통하지 않으니 견디기 힘들 수밖에 없다.

"이렇게 해야 어느 순간 그렇게 바라고 원하는 말이 나옵니다. '제가 한번 해보겠습니다'라는 말이 그들의 입에서 나옵니다."

물론 속이 끓어 넘치는 이런 일을 좀 더 견디면 나중에는 정말 듣고 싶었던 말을 듣는 날이 올 수도 있다. "드디어 해냈습니다"라는 말을 감개무량한 마음으로 듣고 같이 즐거워할 수도 있다.

영국 극작가 조지 버나드 쇼의 작품이 공연되고 있었을 때의 일이다. 한 관객이 휘파람 소리를 자꾸 냈다. 참다못한 쇼가 다가가 물었다.

"연극이 마음에 안 드십니까?"

"예, 진짜 별로네요."

이런 상황에서는 점잖게 나가달라고 하거나 그래도 조용히 해달라고 하는 것이 일반적인 대처법이다. 하지만 그러면 관객은 화를 내거나 더 빈정거리며 휘파람을 불지도 모른다. 어떻게 해야 할까? 쇼는 그에게 조용히 말했다.

"제 생각도 그런데 우리 둘이 나가서 못하게 할까요?"

"에이, 뭐 그럴 것까지야 있소?"

"그렇겠죠? 그럼 그냥 봅시다."

관객은 조용해졌고 연극은 무사히 끝났다. 만약 따지거나 누르거나 했다면 어떻게 됐을까? 아마 어떤 일이든 일어났을 것이다. 강하게 밀고 나가고, 내리누르는 것만이 전부는 아니다.

작은 도요새가
영리한 여우를
이기는 법

어느 날 여우 한 마리가 뭘 좀 먹을 게 있나 싶어 돌아다니고 있는데 멀지 않은 곳에서 이상한 소리가 들려왔다. 가보니 도요새 한 마리가 힘겹게 날개를 퍼덕이고 있는 게 아닌가. 도요새는 날개만 퍼덕일 뿐 날아오르질 못했다. 한 쪽 날개가 부러진 듯 다른 쪽 날개만 연신 퍼덕일 뿐이었다. 오호라, 이게 웬 떡인가.

여우가 슬며시 다가가자 작은 새는 더 세차게 날갯짓을 했지만 꽁지만 질질 끌릴 뿐 소득이 없었다. 어떻게든 근처에 있는 풀숲으로라도 피해보려고 했지만 그조차 쉬운 일이 아니었다. 한눈에 차려진 밥상임을 안 여우는 경계를 풀었다. 서두를 필요가 없었다.

작은 새는 죽을힘을 다해 날개를 퍼덕이는 동안 어쩌다 한 번씩

훌쩍 날아오르기도 했지만 몇 미터 가다가 고꾸라지기를 반복했다. 그때마다 여우는 냉큼 달려와 애써 벌려놓은 거리를 다시 좁혀버렸다. 그럼에도 작은 새는 있는 힘을 다해 날개를 퍼덕였고 그럴 때마다 몇 미터씩 달아날 수 있었다. 여우는 그 가망 없는 몸짓을 보며 제 풀에 지치길 기다렸다. 저러다 말겠지. 하지만 계속 따라가기가 귀찮아진 여우가 이제 그만 끝내야겠다며 자세를 가다듬었을 때였다.

한 쪽 날갯죽지를 질질 끌며 처절하게 날개를 퍼덕이던 작은 새가 언제 그랬느냐는 듯 휙 날아올랐다. 갑작스러운 상황에 어리둥절한 여우가 닭 쫓던 개처럼 멍하니 서 있는 사이 작은 새는 마치 조롱이라도 하듯 공중에서 한 바퀴 빙 돌기까지 한 다음, 푸른 하늘로 휙 사라져버렸다. 워낙 순식간에 일어난 일이라 여우는 텅 빈 하늘만 바라볼 수밖에. 도대체 이게 어떻게 된 일일까?

이솝 우화가 아니다. 자연에서 드물지 않게 볼 수 있는 도요새의 자작극 장면이다.

도요새는 나무 위에 둥지를 짓지 않고 보통 갈대숲 같은 땅 위에 둥지를 짓고 알을 낳는다. 잘 보이지 않는 데다 물소리 바람 소리가 둥지의 존재를 가려주기 때문에 큰 탈 없이 새끼를 키울 수 있다. 하지만 가끔 예상치 못한 일이 일어난다. 이곳저곳을 기웃거리며 출출한 배를 달래려는 여우들이 나타나는 것이다. 무슨 냄새를 맡았는지 둥지 쪽으로 오고 있다면 큰일이다. 녀석이 둥지를 발견하기라도 하는 날에는 일 년 농사 망치는 것이다. 그렇다고 힘으로 쫓아낼 수도 없으니 어떻게 해야 할까?

그 순간 도요새는 여우가 향하는 반대편, 그러니까 둥지 반대쪽으로 날아가 연기를 시작한다. 날개가 부러진 척 몸부림을 치며 여우의 관심을 끈다. 일단 관심을 끌었다 싶으면 힘겨운 날갯짓으로 여우가 따라오도록 한다. 물론 쉬운 일이 아니다. 둘째가라면 서러워할 정도로 눈치 빠른 여우가 아닌가. 감쪽같지 않으면 금방 눈치를 채고 둥지로 향할 테니 진짜 날개가 부러진 척, 여우가 다 된 밥이라고 생각하게 해야 한다. 몇 백 미터 정도 끌고 가는 동안 적당한 거리를 유지하는 것도 필수다. 언제 재빠른 공격을 받을지 알 수 없으니 적당한 거리를 유지하면서 적당한 몸부림으로 계속 이끌어가야 한다.

가끔 배가 덜 고픈지 원래 가던 길로 가려고 하는 여우들도 있다. 이럴 땐 어떻게 할까? '플랜 B'가 필요하다. 작은 새는 얼른 다시 날아 더 가까운 곳에서 보다 리얼한 연기를 시작한다. 이번에는 머리까지 축 늘어뜨린 채 거의 다 죽어가는 척을 한다. 몇 미터씩 날던 걸 1미터 정도로 아슬아슬하게 날면서 쫓아오지 않을 수 없도록 한다. 그렇게 한참을 가다 둥지에서 멀리 떨어졌다 싶으면 언제 그랬냐는 듯 휭 날아가버린다. 물론 둥지 반대편으로 말이다. 이 과정이 얼마나 감쪽같은지 도널드 그리핀이라는 미국의 유명한 동물학자는 녀석들의 습성을 알면서도 몇 번이나 속았을 정도다.

도요새만이 아니다. 물떼새들 중에도 이런 녀석들이 있고 새끼를 풀숲에 숨겨두고 다니는 사슴이나 가젤도 포식자들이 새끼 쪽으로 간다 싶으면 다른 곳으로 유인하기 위해 이런 방법을 쓰곤 한다. 《손자병법》이 그토록 강조하는, 전투에서는 져주고 전쟁에서 이기는 전략이다. 눈앞에 있는 적을 단칼에 베거나 시원하게 쳐부수는 것만이 이기는 게 아닌 것이다. 져주면서도 이기고 있다.

《채근담》에 '응립여수 호행사병鷹立如睡, 虎行似病'이라는 말이 나온다. '매는 조는 듯이 앉아 있고 호랑이는 병이 든 듯이 걷는다'는 뜻이다. 매는 눈을 매섭게 뜨고 있어야 매답고, 호랑이는 위풍당당하게 걸어야 존재감이 확실할 텐데 왜 조는 듯 앉아 있고 병든 듯 걸을까? 매는 매서워야 하고 호랑이는 위풍당당해야 한다는 건 순전히 우리 생각일 뿐이다.

매섭게 앉아 있고 당당하게 걷는 건 어려운 일이 아니다. 쉽다. 하지만 쉽게 살수록 잘사는 건 힘들어진다. 존재감을 높이고 위세를 높일수록 주변의 경계심 또한 높아지는 건 당연지사, 위기가 임박했다는 징조를 느낀 사냥감들은 바람처럼 사라져버린다. 적당한 거리에 있어야 사냥을 쉽게 할 수 있는데 다들 사라져버리니 사는 게 힘들어지지 않을 수 있겠는가.

그래서 노련한 매는 조는 듯 앉아 있다 쏜살같이 덮치고 경험 많은 호랑이는 병든 듯 걷다가 전광석화처럼 달려든다. 매섭게 앉아 있고 당당하게 걷는 게 힘든 게 아니라 조는 듯 앉아 있고 병든 듯 걷는 게 힘들다. 자연의 최강자들은 평소에는 져주고 또 져주다가 이겨야 할 때 이기는 허허실실 전략의 고수들이다.

자연에서만이 아니다. 져야 할 때 져주면 결국 이길 수 있지만,

져주지 못하면 크게 진다.

일본 전국시대의 전설적인 검객 미야모토 무사시(1584~1645)는 62세로 세상을 뜰 때까지 한 번도 진 적이 없었다. 전국시대가 끝나갈 무렵 태어난 그는 어렸을 때부터 무사를 꿈꿨다. 열세 살 때부터 쟁쟁한 무사들과 진검 승부를 펼치기 시작해 스물한 살부터는 전국을 돌아다니며 난다 긴다 하는 검의 명인들을 차례로 쓰러뜨렸다. 스물아홉이 될 때까지 그는 60여 차례 대결에서 모두 이겼다.

하지만 시대는 그의 편이 아니었다. 스무 살 무렵 도쿠가와 막부의 평화시대가 열리면서 무사 전성시대도 끝이 났고 검법을 연마할수록 먹고사는 게 힘들어졌다. 검술 교관이 되고자 했지만 그마저도 여의치 않았다. 그러던 차에 쇼군이 그의 실력을 보고자 했다. 가신이 될 수 있는 절호의 기회가 아닌가. 쇼군이 친히 참석한 어전시합에 출전한 그는 상대로 나온 쇼군의 훈련대장을 일도 아니라는 듯 간단히 제압해버렸다. 그런데 이걸 본 쇼군의 입에서 생각지도 않은 말이 떨어졌다.

"이번 일은 없었던 것으로 한다."

왜 쇼군은 훈련대장을 간단히 제압할 만큼 실력이 출중한 무사시를 발탁하지 않고 시합을 없던 일로 했을까? 승부를 인정하게 되면 쇼군은 일개 방랑 무사에게 간단하게 져버린 훈련대장을 거느리고 있었던 셈이 된다. 자존심이 상했던 것이다. 무사시도 금방 실수를 깨달았다.

"내 실수였다. 시합을 하지 말고 머리를 숙였으면 될 일을……."

엎질러진 물이었다. 기회는 그렇게 지나가버렸고 다시 오지 않았다. 몇몇 영주들이 욕심을 냈지만 그를 데리고 가는 순간 쇼군의 눈길을 받지 않을 수 없으니 모두들 모른 척했다. 강해서 이기는 바람에, 아니 자신의 강함을 감추지 못한 대가로 그는 평생 방랑 무사로 떠돌아야 했다.

그래서였을까? 일본 작가 시바 료타료의 《미야모토 무사시》에는 얼핏 이해할 수 없는 장면이 나온다. 무사시가 제자들과 나고야 뒷골목을 걷고 있을 때 나고야의 고수 야규 효고노스케가 저쪽에서 걸어오고 있었다. 그 또한 내로라하는 검법의 소유자였다. 무사시는 멀리서 그가 오는 걸 보자 얼른 옆길로 방향을 틀었다. 거의 동시에 야규 효고노스케도 옆길로 몸을 피했다. 왜 당대 최고의 검객들이 서로 피했을까?

승부란 더 나은 삶을 위한 것이어야 하는 것이지 무조건 이기는 것이 아니고, 또 그게 전부도 아니다. 이기려고만 하는 승부는 아무것도 남지 않는다. 이겨야 상처뿐인 영광이다.

칭기즈칸의 충고:
강하기만 하면 진다!

●

역사상 가장 넓은 제국을 건설했던 몽골의 칭기즈칸이 어느 날 회의를 하다가 옆에 앉은 예순베이라는 부하 장수를 보며 이런 말을 했다.

"여기 있는 예순베이는 지금까지 나와 함께 싸워온 정말 훌륭한 용사다. 아무리 싸워도 지치지 않고 피곤한 줄 모른다. 하지만 이런 사람은 절대 천호장이 될 수 없다."

천호장은 기병 1천 명을 이끄는 대장으로 몽골군에서 이 정도 직급이면 상당히 높은 자리다. 그런데 왜 칭기즈칸은 자신과 함께 생사고락을 같이해온 용맹하기 짝이 없는 장수에게 천호장이 될 수 없다는 폭탄 발언을 했을까?

기병 1만 명을 이끄는 만호장은 뒤에서 싸워도 된다. 하지만 천호장은 맨 앞에서 싸워야 한다. 맨 앞에서 싸운다고 혼자 싸우는 게 아니다. 다 같이 싸워야 한다. 그런데 아무리 싸워도 지치지 않는 대장은 다른 부하들도 모두 자기와 같은 줄 안다. 부하들이 따라오지 못하면 그 강한 성격에 아마 가만두지 않을 것이다. 승리가 눈앞에 있는데 부하들이 제대로 따라주지 않아 지게 되면 말할 것도 없다. 무시무시한 후폭풍이 몰아칠 것이다.

최선을 다한 부하들은 마음이 상할 수밖에 없다. 더 이상 어떻게 할 수 없을 만큼 최선을 다했는데 왜 좀 더 열심히 하지 않았느냐고 몰아치고 처벌만 하니 마음속에 응어리가 생긴다. 언제 어디서 불똥이 날아들지 모르는 상황이니 눈치를 볼 수밖에 없고 움츠러들 수밖에 없다. 칭기즈칸은 예순베이에게 강한 건 장수가 되는 중요한 조건이지만 부대를 이끌고 싸우는 훌륭한 장수가 되려면 그게 전부가 아니라는 뼈아픈 지적을 한 것이다.

너무 강하면 부러지기 쉽고 너무 죄고 쥐어짜면 부서지기 쉬운 건 어디서나 마찬가지다. 리더의 머리가 꼿꼿해질수록 부하는 꼬리를 내린다.

2차 세계대전 때 유럽 전장에서 바람같이 전차를 몰고 다니며 혁혁한 전공을 세웠던 패튼 장군은 그야말로 최강이었다. 적이 장악한 지역을 일렬로 세운 탱크로 바람처럼 통과해 적의 간담을 서늘하게 한 적도 있었다. 총알이 빗발치듯 날아드는 상황에서도 그는 맨 앞에서 쏜살같이 적진을 향해 달려갔다. 하지만 부하들에게도 자신의 강함을 강요하고 윽박지르는 바람에 다들 같이 일하기를 꺼렸다. 부하들에게 한 행동이 문제가 되어 한직 발령을 받기도 했다. 빛나는 전공을 세우고도 총사령관이 되지 못했다. 총사령관은 아이젠하워였다. 아이젠하워는 서로 다른 생각을 가진 사람들이 같이 일하게 하는 능력이 있었다. 그리고 그 덕분에 대통령까지 지낼 수 있었다.

패튼만이 아니다. 고려 말을 대표하는 두 장수는 최영과 이성계였다. 둘 다 전쟁에 능한 장수였지만 시대는 이성계의 손을 들어주었다. 둘의 승패는 부하들의 마음에서 갈렸다. 최영은 청렴하고 강직하고 엄하기만 했다. 칼 같은 성격에 따뜻함이란 게 없었다. 반면에 이성계는 자신에게는 엄했지만 부하들에게는 폭 넓은 마음을 보여주었다. 최영의 부하들까지 이성계 휘하에서 싸워보고 싶다는 사람들이 있었을 정도다.

2015년 디젤 자동차 배기가스 조작 사태로 물러난 마르틴 빈터

코른 전 폴크스바겐그룹 CEO는 이걸 깜박하는 바람에 그간의 성과를 물거품으로 만들고 말았다. 그의 대단한 카리스마 덕분에 회사는 거침없이 세계 1위를 향해 내달렸지만 결국 일이 터지고 말았다. 너무 무리한 목표를 달성하라고 엔지니어들을 압박하자 버티지 못한 그들이 조작으로 대응한 것이다. 예산은 바닥나 가는데 시간은 없고, 그렇다고 실패했다고 하자니 불벼락이 떨어질 게 빤한 상황에서 그들이 짜낼 수 있는 '첨단 기술'은 모두를 속이는 것이었다.

빈터코른이 눈에 보이는 수치와 성과에 만족하며 강해지고 있다고 자부하고 있을 때 사실 그는 혼자 달려가고 있었다. 조직과 함께 가야 했는데 혼자 가고 있었다. 스스로 자신을 소외시키고 있었다. 대가는 참혹했다. 평생을 바친 회사에서 불명예스럽게 퇴진해야 했다.

조직을 잘 이끈다는 건 져주면서 이기는 것이다. 한 발 물러서면서 두 발 앞으로 나아가는 것이다. 한 사장이 시장 점검차 대리점을 순시했다. 전사적 차원에서 총력 마케팅을 하는 상황이었다. 대규모 아파트 단지에 설치한 부스를 방문했을 때 사장은 이제 방금 들어온 듯 앳된 티가 남아 있는 직원에게 말을 걸었다.

"잘되고 있나?"

직원이 대답했다.

"힘들어 죽겠습니다. 지겨워 죽겠어요."

옆에 있던 대리점장의 얼굴이 하얘졌다. 엉뚱한 대답이 나오자 사장이 이유를 물었다.

"도대체 이런 걸 왜 하는지 모르겠습니다. 뭐 별로 효과가 있는 것 같지도 않고, 춥기만 한데……."

"혹시 내가 뭐 도와줄 게 있을까?"

"뭐, 맛있는 초콜릿 같은 게 있으면 좀 견딜 만할 거 같습니다."

사장은 뭐 이런 녀석이 있나 싶었던지 허허 웃으며 다른 곳으로 갔다. 이틀 후 직원 앞으로 상자 하나가 도착했다. 상자에는 초콜릿 15개와 메모 한 장이 들어 있었다.

'아쉽게도 추운 건 내가 어떻게 할 수 없으니 이걸로 기분이나마 좀 풀게나. 동료들과 나눠 먹게.'(같은 곳에서 일하는 동료 직원이 15명이었다)

당장 해고감이 될 만한 말을 사장에게 했다는 이유로 점장 이하 선배들에게 엄청나게 혼이 나 풀이 팍 죽어 있는 직원에게 사장은 어떤 사람으로 기억될까? 존경스러운 마음이 저절로 들었을 것이다. 그 직원뿐이겠는가? 소문이 자자하게 날 것이다. 만약 군기가 빠질 대로 빠졌다고 혼쩌검을 냈다면 어땠을까? 앙심만 가득했을 것이다.

져주는 건 시간이 들고 힘이 드는 일이다. 직위가 높을수록 더 그렇다. 많이 이긴 덕분에 그 자리까지 올라갈 수 있었기에 언제든 이기려고 하는 습관이 몸에 배어 있을 수밖에 없다. 하지만 작게 져주고 크게 이기는 게 진짜 능력이다.

고대 그리스의 크세노폰이 페르시아 전쟁에 참전했을 때의 일이다. 지금의 터키와 이라크 그리고 시리아 국경이 만나는 쿠르디스탄 고원(쿠르드 족이 살고 있다)에 있던 그의 군대는 요충지인 작은 산을 두고 그 지역 원주민 군대와 선점 경쟁을 벌여야 했다. 시간이 촉박한 탓에 직접 500여 명의 병사를 이끌고 산을 오르기 시작한 크세노폰은 계속 재촉을 했다. 그러자 한 병사가 불만을 터뜨렸다.

"자기(장군)는 말을 타고 있으니 쉽게 갈 수 있지만 우리는 걸어야 하고 갑옷까지 입고 있잖아? 빨리 갈 수가 없는데 왜 자꾸 빨리 가라는 거야?"

하필이면 그 말이 크세노폰의 귀에 들렸다. 이 정도면 기강을 흐트러뜨린 죄에 괘씸죄까지 얹어 가중 처벌할 수 있다. 그는 어떻게 했을까?

그 말을 듣는 순간 크세노폰은 말에서 내려 걸었다. 그 병사를 처벌하지 않고 무겁다는 갑옷을 벗겨 들고 같이 걸었다. 보다 못한 다른 병사들이 하나둘 불만을 토로한 병사를 나무라기 시작했고 결국 그들이 그 병사의 불만을 처리한 후 대장에게 말을 타기를 권했다. 그는 다시 말에 올랐고 정상에 먼저 도착할 수 있었다.

스스로 강해야 장군이 된다. 하지만 장군이 되어서는 자신의 강함으로 싸우기보다 조직의 강함으로 싸울 수 있어야 한다. 자신이 지고 아군이 이길 수 있다면 그렇게 해야 한다. 조직과 함께 갈 줄 알아야 강한 조직을 만들 수 있다. 이기는 장군은 일 보 후퇴할 줄 알기에 이 보 전진할 수 있고, 급한 와중에도 한 발 물러설 수 있기에 더 빠른 속도를 낼 수 있는 사람이다. 부하들이 전투를 할 때 전쟁을 해야 하고, 전투에서는 져도 전쟁에서는 이기며, 처음엔 지더라도 나중에는 이겨야 한다.

물론 져주는 건 결코 쉬운 일이 아니다. 우리는 어릴 때부터 지지 말아야 한다고 배워왔다. 아니, 배우지 않아도 안다. 이겨야 살수 있다는 본능은 생명체가 생겨난 이래 끊임없이 학습해온 삶의 절대 진리 아닌가. 그래서 머리는 한 발 물러서고 품어주려고 하지만 몸은 그에 앞서 일을 저질러버린다. 귀찮다 보니 말을 막고, 꼴보기 싫어 확 어깃장을 놔버린다. 곧 아차 싶은 생각이 들지만 이미 엎질러진 물이다.(역시 2층 뇌의 '소행'이다)

하지만 크게 이기려면 져줄 수 있어야 한다. 무술을 배우려면 땅바닥에 패대기쳐지는 낙법부터 배우듯이 져줄 수 있어야 이길 수 있다. 한 번 접고 두 번 삭이면서 넘어갈 줄 알아야 한다. 유방을 도와 한나라를 세운 한신이 그랬던 것처럼 미래를 보고 동네 부랑배들의 가랑이 사이를 지날 수 있어야 한다. 아니면 버나드 쇼처럼 져주면서 조용히 이기는 방법을 알고 있어야 한다.

창업자 선친에 이어 50년이 넘은 중견 기업을 이끌다 세상을 떠난 사장의 부인이 한 말이 있다.

"9남매의 맏이였던 남편이 항상 했던 말이 있어요. 가족 사이에는 시시비비가 없어야 한다고요. 동생을 논리적으로 이기면 동생을 잃는다는 겁니다. 남편은 그래서 할 말이 있어도 안 했어요. 그러려니 하고 넘어갔어요. 그래서 우리 집안이 지금도 화목한가 봅니다."

이겨야 할 때가 있고 져야 할 때가 있다. 이겼는데도 질 때가 있고, 졌는데도 결국 이길 때가 있다. 져주어야 할 때 져주지 못하면 결국 이기지 못한다.

아쉬운 시도로 끝나긴 했지만 척박하기만 한 풍토에서 맨손으로, 그것도 가난한 집안, 지방대 출신이라는 핸디캡을 안고 종자돈 4천만 원으로 시작해 14년 만에 조兆 단위 매출, 세계 휴대전화 시장 점유율 7위라는 신화를 만들었던 팬택의 박병엽 전 CEO는 자신의 성공을 이렇게 말한 적이 있다.

"뛰어난 능력을 갖고도 한 단계 위로 올라가지 못하는 사람들이 잘 못하는 게 있어요. 사심 없이 허리를 꺾는 걸 못합니다. 오기나 객기도 아니고, 뒤 계산도 안 하면서 전폭적으로 자신을 내주면 의외로 일이 풀립니다."

어렵지 않느냐는 말에 그는 또 말했다.

"어렵죠. 쉬울 리가 있겠습니까? 근데 그렇게 사심 없이 허리를 꺾을 수 있는 사람은 따로 있더라고요. 자신감과 자긍심이 충만한 사람만이 그걸 할 수 있어요. 비굴하게 고개를 숙이는 건 무게도 없고 향기도 없습니다. 물론 처음엔 힘들어요. 별의별 사람들이 다 있습니다. 하지만 쌓이면 알아줍니다."

사업가에게는 방심도 금기이지만 '내가 당신보다 위'라는 생각 또한 마찬가지로 위험하다. 본질보다 표면을, 일보다 이기는 걸 우선하기 때문이다. 지금은 예전보다 명성이 좀 바랬을지 모르지만 서울 청계천 근처에 빼곡하게 들어서 있던 작은 회사들은 규모로 판단할 수 없는 강소 실력자들이었다. 작지만 어마어마한 자금과 기술을 갖고 있는 '한국의 히든 챔피언'들이었다. 이 청계천에서 뼈가 굵은 한 사장이 이곳을 떠나면서 남긴 말이 있다. 왜 청계천 사장들이 알부자처럼 돈을 벌 수 있는가에 대한 답이라 할 만하다.

"사람들은 얕잡아 보이지 않으려고 허풍도 떨고 허세도 부리지만, 청계천 업자는 특수한 경우가 아니면 좀처럼 그렇게 하지 않는다. 그렇다고 당당한 태도를 가지고 있는 것도 아니다. 청계천 업자는 거래처에 들어가면 언제나 약자 노릇을 자청해서 한다. 장사는 운동경기가 아니다. 장사에서의 승부는 약세든 강세든 상관없이 돈 버는 일에서 갈린다. 허풍을 떨거나 허세를 부리는 것도 아니고 당당하지도 않은, 그 약하게 보이기가 장사라는 승부에서 청계천 업자가 상대의 강세를 역이용하는 방법이다. (…) 그들의 태도에는 공손함과는 또 다른, 상대로 하여금 자기를 얕잡아 보게 만드는 그 무엇이 있다. 그러나 그렇다고 해서 청계천 업자를 마구 얕잡아 보다가는 큰코다칠 수 있다. 그들은 세상을 읽고 헤쳐나가는 방법을 통달한 사람들로서, 필요하면 언제든지 사납게 태도를 표변할 수 있는 경험과 실력을 갖고 있는 사람들이다. 그들은 일시에 사태를 역전시키는 방법을 알고 있는 것이다."[1]

져주는 것과 끌려가는 건 다르다. 져주는 건 가고자 하는 방향으로 가기 위해 품어주는 것이고 낮아지는 것이고 물러나주는 것이다. 끌려가는 건 자기 방향으로 가지 못하고 상대의 방향으로 가는 것이니 원하는 걸 얻을 수 없다. 져줄 수 있다는 건 그럴 만한 힘이 있고 용기가 있다는 것이다. 약한 사람은 져줄 수 없다. 가야 할 방향으로 가기 위해 져주는 것이지 능력이 없고 실력이 부족해서 져주는 게 아니다. 져주는 힘은 누구나 가질 수 없는 큰 힘이다.

조선의 재상 맹사성에게 한 고승이 이런 말을 했다고 한다.

"사람들과의 관계 속에서 지금 힘든 순간을 겪고 있다고 생각되면 이 말을 기억하십시오. 고개를 숙이면 부딪치는 법이 없습니다."

사실 직원에게 져주고 시장에서 이길 수 있다면 뭘 못할까? 결국 다 같이 웃을 수 있는 것이라면 못할 것도 없다. 나중에 웃는 사람이 결국 이기는 거 아닌가. 다짐하고 또 다짐한다. 하지만 그제도 그랬고 어제도 그랬다. 아마 내일 아침에 또 같은 다짐을 할지 모른다. 다 아는데…… 쉽지 않다. 그래도 해야 한다. 지는 게 이기는 거니까!

왜
여성 상사들과
일하고 싶어
하지 않을까

최고경영자에 오른 한 여성 CEO에게 지금까지 직장생활을 해오면서 아쉬웠던 것 한 가지만 얘기해보라고 하자 생각지도 않은 '고백'을 해서 놀랐던 적이 있다.

"더 좋은 리더가 되는 데 필요한 걸 헤아려보니…… 더 많이 공부하고 더 많이 생각하고 더 많이 일하지만, 그것을 드러내지 않는 것이었습니다. 그걸 잘 몰라서 한동안 고생 많이 했어요. 임원으로 승진했을 때 겪었던 일들을 생각해보니 운전면허 따고 고속도로를 처음 운전할 때와 비슷하더라고요."

무슨 말일까?

"처음 운전대를 잡은 사람들이 고속도로에 나가면 어때요? 공포

그 자체잖아요? 앞으로 옆으로 씽씽 지나가는 차들 때문에 정신은 실종된 지 오래고, 절대 실수해서는 안 되는 곳이라 온몸으로 운전대를 꼭 부여잡을 수밖에 없어요. 딱 그 상황이었어요."

많은 결정권을 쥐고 많은 부하들을 이끌게 되면 마음대로 이끌 수 있을 줄 알았는데 그게 아니었다. 다른 차들이 앞으로 옆으로 휙휙 달리듯, 경쟁관계에 있는 다른 임원들이 견제를 해오는 데다 부하들은 또 거의 대부분 다루기 힘들고 말도 잘 안 듣는 남자들 아닌가. 무던히도 그들을 탓했고 마음 단단히 먹어야 한다고 스스로에게 얼마나 다짐했는지 모른다. 이겨야 하고 이겨내야 한다는 생각에 독기를 품지 않을 수 없었고 언제나 강한 척했다.

"지나고 보니 위험한 사람은 저였는데 그땐 전혀 몰랐죠. 초보 운전자는 모든 차가 자신을 아찔하게 한다고 생각하지만, 사실은 자기도 주변 사람들을 아찔하게 만드는 순간이 많은데 제가 그런 경우였어요. 사실 그럴 수밖에 없었던 게 다른 차들이 어떻게 움직이는지 볼 새가 어디 있어요? 내 차 운전하기도 정신없는데."

그가 말하는 주변 사람들이란 남자 직원들이었다. 남자 직원들은 마치 운전자들이 처음 고속도로에 나선 초보 운전자의 차량을 힘겨워하는 것처럼 여성 상사를 어떻게 모셔야 할지 몰라 쩔쩔맸다. 예전에 하던 대로 했다가 예상치 못한 일을 당하는 게 한두 번이 아니었다.(요즘 인터넷에 여성 상사를 대하는 몇 가지 방법이라는 '비결'들이 열심히 돌아다니는 이유다) 그들은 그들대로 애로가 있었다.

"줄서기가 심한 회사에서는 여성 상사를 만나면 아예 자포자기

하는 (남자) 직원들이 많다고 하더라고요. 상사가 끌어주어야 승진할 수 있는데 앞이 빤하다는 거죠. 그래서 배 째라, 하고 누워버리니 일이 제대로 될 리 있겠어요? 서로 감정만 상할 수밖에요.˝

남자들은 정말 여성 상사들과 일하고 싶어 하지 않을까? 아니, 남자들만이 아니다. 여성들도 여성 상사를 그리 반가워하지 않는데 이건 또 왜 그럴까? 여성 상사들의 고민이 늘 수밖에 없다. 나름대로 잘해주려고 노력하는데 왜 나하고 일하려고 하지 않을까? 위로 올라갈수록 부하를 잘 만나야 앞일을 기대할 수 있는 게 조직의 절대 진리다. 아무도 따라주지 않고 헌신적으로 일해주지 않으면 앞일은 불을 보듯 빤하다. 어떤 일도 할 수 없다.

미국 캘리포니아 주립대 존 피어스 연구팀이 미국 내 10개 기업 358개 '상사-부하' 쌍dyad을 대상으로 여성 상사 밑에서 일하면 왜 불안감이 생기는지 그 원인을 연구했다. 결과는 부하들의 불안이 괜한 것이 아님을 보여주었다.[2]

'여성 상사-남성 부하' 상황에서 여성 상사는 남성 부하를 자신의 지위를 위협하는 잠재적 경쟁상대로 인식했다. 이 자리에 오르기 전 하도 많이 당해왔던 터라 본능적인 경계심을 갖는 것이다. 당연히 자신의 지위를 방어하기 위해 남성 부하를 부정적으로 평가했다. 고속도로에 처음 나온 운전자가 다른 차들에 과민하게 반응한 것처럼 그렇게 한 것이다.(같은 남자라도 '나이 어린 상사-나이 많은 부하'라는 상황에 처한 나이 어린 상사 역시 나이 많은 부하에게 그렇게 대했다) 이른바 '지위경쟁 가설'이다. 여성 상사와 일해본 사람들이 말하는, 까탈스러운 데다 깐깐하게 평가하고 수시로 견제하면서 자신을 넘보지 못하게 하는 여성 상사들의 성향이 (전부는 아니겠지만) 사실로 나타난 것이다.

그러면 여성 부하들은 왜 여성 상사를 꺼릴까? 여성의 적은 여성이라는, 남자들이 만들어놓은 통념 때문일까? 그럴 수도 있겠지만 연구팀은 여기에도 지위경쟁 가설이 적용되고 있다는 걸 발견했다. 조직 내에서 여성들이 주로 맡는 곳이 교육이나 홍보, 전산 같은 제한된 직종이다 보니 경쟁률이 높아질 수밖에 없고 그래서 같은 여성 동료들에게 경쟁의식을 강하게 갖는다는 것이다.

앞에서 언급한 여성 CEO가 말했던 게 바로 이것이었다. 자기도 모르게 방어적으로 행동하다 보니 강해야 하고, 강하게 보여야 한다는 딜레마에 빠져 고생깨나 해야 했던 것이다. 위로 올라갈수록 아래에서 든든하게 받쳐주는 게 필요한데 모든 일에 이기려고 하다 보니 결국 따르는 사람이 없어 힘든 시간을 보낼 수밖에 없었다. '응립여수'하고 '호행사병'해야 했는데 그러지 못하고 하나하나 다 드러내기에 바빴고 언제든, 어떤 것에든 강하게 대했다. 작게 져주고 크게 이길 수 있었는데, 작게 이기고 크게 질 뻔했다.

"여성들은 자기도 모르는 깍쟁이 기질이 안에 있어요. 그래서 자기 일은 잘하는데 같이 일하는 게 어려울 수 있습니다. 저도 이걸 버리느라 무던히 고생했어요."

대기업의 또 다른 4년차 여성 임원도 같은 얘기를 했다.

"아래에 있을 때는 만만하게 보이지 않는 게 중요하지만, 임원이 되고 나서는 만만하게 보일 필요가 있다는 걸 몰랐어요. 틈이 있어야 직원들이 잘 다가올 수 있었는데 그런 게 없으니 다들 어려워하더라고요. 일부러 빈틈을 보여주어서 편하게 다가오도록 하는 것, 그게 소통의 기본이었는데 말이에요. '자, 이제 허심탄회하게 말해보자'고 한다고 소통이 되는 게 아니잖아요. 알게 모르게 서로 오고가는 게 있어야 진짜 필요할 때 중요한 커뮤니케이션을 할 수 있는데, 이 중요한 걸 나중에서야 알았으니……."

그는 부장 승진에서 한 번 밀렸던 경험이 큰 도움이 되었다고 했다. 차장까지는 똑똑해야 하지만, 부장부터는 단단함이 배어 있는 넓은 가슴으로 품어야 하더라는 것이다. 직원들이 편하게 다가올수 있게 '멍석'을 깔아주고, 손해를 보더라도 너그럽게 감싸줄 수있는 마음, 싫은 것에 감정을 드러내지 않는 무심함이 필요하다는걸 알았다고 했다. 앞에서 언급한 사장의 '5초 응시'처럼 말이다. 작게 져주고 크게 이길 수 있는 배짱과 배포가 있어야 한다는 말이었다.

물론 이런 건 리더에게만 해당되는 게 아니다. 앞날이 기대되는 미래의 리더들에게도 마찬가지다.

사사건건 따지고 드는 대리에게 과장이 물었다.

"자네, 똑똑한 것과 지혜로운 것이 어떻게 다른지 아나?

"잘 모르겠는데요."

"상대가 뭘 잘못했는지 콕콕 집어내는 건 똑똑한 것이고, 그걸아는 체 안 하는 건 지혜로운 거야."

모든 일에 이기려 하는 사람은 다 이기다가 가장 중요한 마지막에 가서 진다. 다 이겼기 때문에 진다. 하지만 자신이 져주지 못해서 결국 졌다는 것을 알지 못한다.

8

일을 안 하는
용기

잭 웰치의
후회

책과 영화로 유명한 〈머니볼〉의 주인공인 미국 메이저리그 오클랜드의 빌리 빈 단장은 자신의 팀이 한 번이라도 더 이기게 하기 위해 안간힘을 쓴다. 조금이라도 더 나은 선수를 데려오기 위해 날마다 전화통을 붙잡고 산다. 그런데 막상 경기가 열리면 경기장 대신 체력 단련실 같은 곳을 혼자 어슬렁거린다. 아니, 어슬렁거리는 게 아니다. 자세히 보면 물가에 아이를 놓고 온 듯 왔다 갔다 노심초사하며 잠시도 가만있지 못한다. 그러면서 TV로 중계되는 자기 팀의 경기를 힐끗힐끗 훔쳐본다. 그마저도 못하겠으면 사무실에서 뭔가에 몰두하거나 어딘가로 향한다. 정서 불안이 따로 없다.

경기장에서 지켜보는 게 더 좋을 텐데 왜 그러지 않을까? 경기를 보면 감독이 하는 일에 자신도 모르게 간섭할 수 있는 데다 수시로 선수를 데리고 오고 또 있는 선수를 방출해야 하는 자신의 일에 감정이 개입돼 그러지 못할까 염려해서다. 안 보는 게 아니라 못 보는 것이다.

"정말 이 장면을 다시 보려고 영화를 몇 번이나 봤는지 모릅니다. 전폭 동감이고 그 마음 100퍼센트 이해합니다."

한 사장의 토로다. 그는 '전폭', '100퍼센트 이해'라는 말을 몇 번이나 했다. 이 사장이 이끄는 회사는 몇 년 동안 '폭풍 성장'을 했다. 회사가 작을 때는 작아서 힘들었는데 갑자기 커지니 그 또한 힘들었다. 하루 24시간이 턱없이 부족했다.

"어느 순간, 아 이렇게 해서는 안 되겠구나, 하는 생각이 들었어요. 지난 여름쯤이었던 것 같은데, 가만히 생각해보니 제가 회사 모든 일에 다 관여를 하고 있는 겁니다. 더 아니다 싶었던 건, 회의에서 내가 한마디 해버리면 조용해져버려요. 저도 말단사원으로 들어가 대기업에서 컸는데(임원 출신) 이게 뭘 의미하는지 왜 모르겠습니까? 제가 아무리 '의견'이라고 말해도 결국 '지침'이 되고 더 아래로 내려가면 '지시'가 되는 거잖아요. 회의는 갑론을박으로 이루어져야 뭔가 남아요. 우리가 성장한 원동력도 그것이었고요. 그런데 어느 순간 제가 의견을 얘기하면 다들 '사장이 이렇게 말했다'면서 미뤄버리니……."

정신없이 이야기를 쏟아내던 중에 갑자기 그가 말을 뚝 끊었다. 그동안 회사에서 겪은 일들이 마구 떠올라 숨이 헝클어졌던 것이다. 그래서 어떻게 했느냐고 했더니, 물 한 컵을 들이켠 다음 다시 말을 이었다.

"그래서…… 회의에 안 들어가겠다고 했죠."

회의에서 사장은 교통순경이자 심판이고 결정권자인데, 그런 사장이 회의에 들어가지 않겠다고 한 것이다. 그는 그날 회의장을 나오며 딱 한마디 했다.

"여러분들끼리 회의하고 결과를 알려주세요."

사장이 없는 회의, 어떤 일이 일어났을까?

"요즘 저 스스로에게 가장 금기시하는 게 있어요. 이건 내가 해낸 일이다, 이렇게 생각하는 것과 '여기'가 내 한계인 줄 모르는 것이죠. 내 한계를 알아야 내가 할 일과 다른 사람이 할 일을 알 수 있지 않겠습니까? 물러서야 할 때 잘 물러서야 하거든요. 제가 대기업에 있을 때 숱하게 겪었어요. 특히 우리 회사가 속해 있는 전자산업은 멈출 수 없는 자전거와 같습니다. 어제는 어제대로 위기였고 오늘은 오늘이 위기죠. 우리가 어떤 회사들에게 그랬듯이(갑자기 성장해 경쟁사들에게 타격을 안겼듯이) 언제 우리 같은 회사가 갑자기 또 우리 앞에 나타날지 모르잖아요. 바람이 세게 부는 정상 쪽으로 올라왔으니 더 센 바람을 맞고 있는 건데……. (한숨을 쉬며 한참을 가만있더니) 아이고, 잠이 안 와요. 하루에 서너 시간 자나요? 어떤 때는 월급쟁이 사장이 부러워요. 주식까지 공개해놨으니 흔한 말로 접어버릴 수도 없죠. 마음 편할 날이 없습니다. 아마 맨 정신에 잠을 잘 수 있다면 신이든지 또라이든지 둘 중 하나일 거예요. 그래,

뭐라도 해야겠다 싶어서 온라인 게임 사다가 시간을 달래고 있는데 게임이라서 그런지 그나마 좀 나아요. 쉽게 잘 빠져드는 것 같아요. 그래서 또 잠을 못 자는 건지도 모르겠지만……. (웃음) 판타지 소설도 잘 봐요."

자신이 왜 회의에 안 들어가겠다고 했는지 그 배경을 말한 그는 물을 한 모금 길게 들이켜더니 다시 말을 이었다.

"아, 근데 이거 (더 이상 회의에 들어가지 않겠다고) 말을 뱉어놨는데…… 회의에 안 들어가는 게 잠 안 오는 것보다 더 죽을 것 같은 거예요. 사장 하는 건 인내심이 전부다, 라는 말을 어디서 들었던 것 같은데, 그 말 그대로예요. 제가 누군가의 밑에 있을 때는 '그냥 좀 맡기면 알아서 잘할 텐데……' 하는 생각을 그렇게 많이 했는데, 막상 제가 아랫사람들에게 맡겨놓으니, 이거 완전히 담배 끊을 때 겪는 금단증상하고 똑같아요. 아니, 더 힘들어요. 담배 금단증상은 몇 개월 지나면 갈수록 덜해지잖아요? 근데 아이고, 이건 갈수록 더 안 됩니다. 점점 절벽 끝으로 가는 것 같아요. 얼마나 큰 인내심이 필요한지 절절하게 경험하고 있습니다. 아, 이게 사장을 했던 분들이 말하는 자기 수양인가 보다 하고 있어요. 이럴 줄 알았으면 명상이나 수양법 같은 걸 미리 좀 배워놨으면 좋았을 텐데."

창업을 하거나 전문경영인으로 사장 자리에 올라본 사람들이 하는 말이 있다. 특히 농촌 출신들이 그러한데 "어릴 적 농사지으시던 아버지를 이해할 것 같다"는 말이다. 초짜 농부의 마음을 경험하기 때문이다.

작물을 빨리 자라게 하는 가장 좋은 방법은 하나다. 씨앗을 잘 보관하고 있다가 봄이 오면 적당한 시기에 씨 뿌리고 쑥쑥 자라게 돌봐주는 것이다. 앞에서도 말했지만 빨리 자라게 하려고 열심히 줄기를 뽑아주면 그만큼 빨리 죽고 일 년 농사 다 망친다. 회사를 키우는 것도 마찬가지다.

다른 점도 있다. 농부는 봄을 기다리면 되지만 사장은 조직에 봄을 만들어주어야 한다. 조직은 오는 봄을 맞으려고만 하지 그 봄이 어떻게 오는지 모른다. 알고 싶어 하지도 않는다. 자식들이 어버이에게 바라듯이 봄을 만들어달라고만 하고 그런 봄을 맞을 생각만 한다. 봄을 만들어주었다고 해서 끝나는 게 아니다. 날마다 잡초 뽑아주고 벌레 잡아주는 농부처럼 직원들이 일에 집중하지 못하도록 하는 장애 요소들을 없애주면서 여름과 가을도 만들어주어야 한다. 가만 놔두어서는 곡물이 무럭무럭 자라는 여름도, 결실을 거둬들이는 가을도 오지 않는다.

하지만 더 어려운 게 있다. 이렇게 만들어놓은 다음 기다려야 한다. 정말 무던하게 기다려야 한다. 회사는 혼자 할 수 없다. 작을 땐 혼자 할 수 있어도 커지면 그럴 수 없다. 직원들이 최선을 다할 수 있게 해야 한다. 그렇게 만들어야 한다. 그래서 기다려야 한다. 마치 직원들과의 술자리에서 알아서 빠져주듯, 일에서도 알아서 빠져주어야 할 때가 있고 그런 일이 생긴다. 자신이 직접 할 수 있지만 미래를 위해 조직이 하도록 맡겨둔 채 기다려야 하는 날들이 온다. 그냥 기다리는 것도 힘든데 믿고 기다려야 한다. 언제 발등에 믿는 도끼가 떨어질지 모르지만 그래도 믿고 기다려야 한다. 발등을 고스란히 내놓고 기다려야 한다. 직접 해보지 않으면 느낄 수 없고, 경험해보지 않고는 절대 모르는, 더구나 그 누구에게도 쉽게 털어놓을 수도 없는 사장들만의 어려움이다.

창업주 2세로 중견 그룹을 이끌고 있는 한 회장은 전문경영인에게 모든 일을 일임한다. 하지만 중요 결정은 결국 그의 앞에 놓인다.

"나는 보고를 안 받아요. 왜 안 받느냐? 자세한 상황을 모릅니다. 제가 어떻게 다 알겠습니까? 오너라고 보고를 받으면 어느 대목이 궁금해질 때가 있어요. 그럴 때 저도 모르게 제 의견을 피력하게 됩니다. '어, 그건 이렇게 하는 게 좋지 않을까요?' 그런데 이 한마디가 일파만파가 됩니다. 저는 그저 작은 돌멩이 한번 던져본 건데 그게 저도 모르게 엄청난 파도로 변하거든요. 회장이 그랬다더라, 라는 기준이 되어 저 아래까지 좍 퍼져버려요.

이 자리에 있으면 밑에서 무슨 일이 일어나는지, 앞으로 우리가 어떻게 될지 너무 궁금해요. 요즘은 사소한 거 하나라도 잘못되면 큰일 나기 때문에 세부적인 것들이 궁금할 때가 있는데 다들 묵묵부답 알려주지 않아요. 그래서 궁금한 마음에 즉흥적으로 한마디 던지게 되는데 이게 또 후유증이 되어 돌아오는 겁니다. 그래서 이거 해라, 저거 해라 하는 건 꼭 필요할 때 아니면 안 합니다. 특히 새로운 프로젝트나 사업 영역을 개척할 때는 절대 안 합니다. 권한을 줄 테니 해보라고 하고, 알아보는 시간을 많이 주면서 하게끔 합니다. 그래야 책임감이 생기거든요.

이런저런 일을 시켜보니 책임감은 커다란 뭔가에서 나오는 게 아니더라고요. 그들(임직원들)이 생각할 때 자기네들에게 잘해주는 게 인간적으로 고맙고, 일을 하다 보니 시간과 돈을 너무 많이 써서 미안해서 일을 열심히 하는 것, 이게 책임감이지 다른 게 아니었어요. 아, 물론 말 그대로 일하는 게 재미있고 좋아서 진짜 책임감 있게 하는 사람들이 있어요. 근데 이런 사람들은 결국 자기 사업을 하더라고요.

저도 돌아가는 상황을 파악하고 있어야 하니 가끔 밥이나 한번 먹자고 합니다. 들어준다는 것은 오너가 많은 관심을 가지고 지켜보고 있다는 거죠. 그들이야 회장이 어쩌다 생각나서 밥 한번 먹겠지 하고 여길 수 있지만 저는 정말 기다리고 기다려서 한 번 만나는 겁니다. 사장이나 임원하고 밥 한번 먹기가 이렇게 어려워요."

이 오너가 이끄는 회사가 괜히 성장한 게 아니었다. 많은 유능한 CEO들이 그러는 것처럼 그는 자신이 임면권자인데도 그들과 밥 한번 먹는 걸 이렇게 어려워하고 있었다. 그만큼 자기관리에 철저하니 회사가 잘 돌아갈 수밖에 더 있겠는가.

선친이 밑바닥을 굴러가며 이루어놓았다는 회사를 망가뜨리면 나중에 저 세상에 갔을 때 선친을 뵐 낯이 없다고 고민하는 또 다른 창업 2세가 있다. 한 살 두 살 나이를 먹어갈수록 잠이 안 온다는 그는 얼마 전 시작한 신사업 프로젝트가 어떻게 되어가고 있는지 임직원들에게 물어보고 싶은 마음이 굴뚝같다. 하지만 그러지 못한다. 멋진 아이디어가 있어도 말하지 못한다. 자신의 생각을 입 밖에 꺼내놓는 순간 조직은 자신의 입만 쳐다보게 될 것이기 때문이다. 자신이 일을 안 해야 조직이 일을 한다는 걸 그는 잘 알고 있다.

제너럴 일렉트릭GE을 세계적인 우량 기업으로 만든 잭 웰치 정도가 되면 이런 일에 대범해질까? 그는 퇴임을 선언한 후 더 이상 회의에 참석하지 않겠다고 공언하고 곧바로 실천했다. 하지만 자신이 한 말을 곧 후회하고 또 후회해야 했다. 왜 내가 그 말을 했을까 자책을 했을 정도였다. 그는 그때의 심정을 이렇게 털어놓았다.

"임원들이 무슨 얘기를 하는지 회의실로 달려가 문틈으로라도 귀를 대고 듣고 싶을 정도로 (그들이 무슨 얘기를 하는지 알고 싶어) 미칠 것 같았다."

언제까지 혼자 일할 수는 없다. 혼자 최선을 다하는 게 아니라 조직이 최선을 다해야 회사가 큰다. 사장인 나처럼 열심히 일해줄 나의 분신 같은 사람은 손오공이 자기 털 하나 뽑아 훅 불면 짠 하고 나타나는 분신들처럼 그렇게 나타나는 게 아니다. 어느 날 하늘에서 뚝 떨어지는 것도 아니다. 마치 열 달 동안 뱃속에서 아이를 키우듯 무던히도 끙끙거려야 나온다. 회사를 한 단계 키우기 위해 지금까지 해오던 일을 안 하는 데에는 남다른 용기가 필요하다. 이상하게 들리지만 일을 안 하는 용기가 있어야 한다! 하지 않아야 할 일을 하지 않는 용기가!

맨주먹으로
성공한
사장들의 고민

맨주먹으로 자수성가한 이들에게는 공통점들이 몇 가지 있다. 그중 하나가 일단 시작했다 하면 정말 열심히 한다는 것이다. 노력의 정도가 다르다. 그렇게 해야 된다는 것을 뼈저리게 겪었기 때문이다. 본인만 열심히 하는 게 아니라 구성원들도 모두 열심히 해야 직성이 풀린다. 나 혼자 열심히 하는 게 억울하고 손해 보는 것 같아서 그런 게 아니라 그렇게 살면 안 된다는 것을, 그렇게 하면 실패할 수밖에 없다는 걸 너무나 잘 알기 때문이다. 예전의 자신처럼 맨땅에 나동그라지지 않도록 하고 싶은 것이다.

그런데 아무리 말을 해도 안 듣는다. 눈앞에서만 하는 척하고 돌아서면 언제 그랬느냐는 듯 자세가 헐렁해진다. 어쩔 것인가?

반강제로 시킨다. 최선을 다해야, 죽기 살기로 해야 잘살 수 있는데, 술에 술 탄 듯 물에 물 탄 듯 저렇게 살아서 어떻게 할까 하는 생각에 몰아치고 혹독하게 다룬다. 흔한 말로 "다 잘되라고 그러는 것"이다.

1부에서 언급한 멸치로 성공한 사장은 철거 아파트에서 쫓겨난 순간부터 "오늘이, 지금이 마지막"이라는 심정으로 하루하루를 살았다. 백화점에서 우연하게 시작한 일이 된다 싶자 그는 그 길로 내달렸다. 일하지 않는 시간이 아까워 점심시간을 10분으로 정했을 정도였다. 10분이면 후르륵 떠넘기기도 부족한 시간이다. 당연히 화장실 가는 시간도 하루 두세 번으로 '규정'했다. 규정을 지키지 않으면 난리를 쳤고 아니다 싶으면 하루 일이 끝난 후 창고에 '집합'시키고는 주먹다짐이나 '빠따'를 휘두르는 것도 서슴지 않았다. 혹시 그러면 도망을 가는 사람이 생길 수 있어 "도망가면 죽인다"는 협박도 빼놓지 않았다.

인천 부평의 백화점이 개장했을 때 그의 직원들은 하루 종일 화장실 한 번 가지 않고 물건을 팔았다. 오는 손님이 많아서가 아니었다. 영업이란 손님에게 우리 물건의 가치를 알리는 것이다. 한 명의 손님에게라도 더 많은 걸 알려야 한다. 모두 시간을 아끼기 위해 물을 먹지 않았다. 화장실 한 번 가지 않고 하루를 버텨냈다. 지독한 사장에 지독한 직원들이었다. 덕분에 멸치 한 품목으로 백화점 생선 코너 전체 매출을 누른 신화가 만들어졌고, 신화는 직원들을 부자로 만들었다. 그렇게 협박을 했는데도 도망을 가버린 한 명만 제외하고는 말이다. 판매를 할 때 그는 항상 직원들에게 강조한다. "고객을 압도하는 정신을 가지라"는 것이다. 그가 말하는 '압도'는 '압박'이 아니라 열정을 다해 어필하라는 것이다. 어필의 힘은 크다. 명절 때 멸치 한 품목의 매출이 억대를 넘었다.

하지만 회사가 커지면서 그는 자신의 방식이 통하지 않는다는 걸 통감했다. "내가 월급 준다고 다 내 마음 같을 것"이라는 생각이 잘못일 수도 있다는 것을 알게 된 것이다. 강제가 아니라 스스로 하게 해야 했다. 하지만 옛날 방식이 쉽게 고쳐지지 않는다. 아니, 고칠 수가 없다. 자기도 모르게 나온다. 어설프게 일하는 건 어떻게 참을 수 있다. 누구나 서투른 시간이 있게 마련 아닌가. 하지만 최선을 다하지 않고 어정대거나 어물쩡 넘어가려는 직원을 그는 그냥 보아 넘기지 못한다. 분명 잘할 수 있는데 잘 안 하는 것 같은 직원이 있으면 야단을 치고 혼을 낸다. 그렇게 살아서 뭘 어떻게 하려느냐고 다그친다.

결과는 언제나 같다. 퇴사율이 높아지고 항상 새로운 직원이 들어오다 보니 서투른 직원들만 있게 될 가능성이 높아진다. 그가 집 근처 바에서 마시는 술에 담긴 고민의 절반은 그것이었다. "나이브하게 일하는" 요즘 직원들을 탓해야 할지, 아니면 자신이 고리타분한 건지, 그것도 아니면 자신에게 자신도 알지 못하는 다른 문제가 있는 건 아닌지, 문제가 있다면 뭘 어떻게 고쳐야 할지 답답해하고 막막해하고 있었다.

최근 경영학에서 떠오르는 이슈가 있다. '더 열심히'라는 새로운 형태의 무능을 상당히 중요한 이슈로 다룬다. 왜 더 열심히 하는 게 무능일까? 이제 세상은 '더 열심히'가 중요한 게 아니라 '더 잘'이 중요해지고 있기 때문이다. 더 열심히 한다고 더 좋은 결과가 나오는 건 아니라는 경험이 축적되면서 나타난 개념이다. '더 열심히'보다 중요한 건 방향성이다. 어디로 가는지 알고 뛰어야, 가야 할 방향인지 아닌지 제대로 알고 뛰어야 '더 열심히'가 성과로 만들어진다. 불확실성이 높아지는 요즘 중요해지는 이슈다.

고생해서 사업 기반을 이룬 사장들은 자신이 뛰고 있어야 열심히 살고 있다는 마음의 위안을 느낀다. 24시간 뛰는 심장 소리를 듣고 느껴야, 또 그렇게 부딪치고 살아야 안심이 된다. 무엇이라도 열심히 해야 마음이 놓인다. 그런데 이게 문제다. '누구보다 열심히'가 오히려 문제가 된다.

사장의 확신이 강해질수록 직원들의 확신은 사라지는 게 조직의 속성 중 하나다. 잔소리 말고 따라오라는 사장의 확신을 죽으나 사나 일단 따라가보는 시대는 지났다. 이제 직원들은 가능성이 확실하다고 생각될 때만 따라간다. 자신도 언제 해고될지 알 수 없기에 보호본능으로 자신을 감싸고 있다. 이런 상황에서 사장이 혼자 북치고 장구 치면 직원들의 역량은 줄어들거나 사라진다. 스스로 북도 장구도 쳐본 적이 없기에 잘 칠 수도 없고, 잘못해서 평가 점수가 낮으면 안 되기 때문에 몸을 사린다. 규모가 작을 때는 혼자 북치고 장구 쳐야 하고 그렇게 해도 문제가 없지만, 규모가 커지면 그럴수록 사장 혼자서만 바쁘고 직원들은 눈치 보기 바쁘다. 사장의 확신을 건드려 심기를 불편하게 하고 싶지 않아서다.

앞에서 말했듯이 조직은 너무 강한 사장을 따라갈 수가 없다. 그런데도 '더 열심히'를 외치고 강조하면 조직은 어느 순간 자포자기 상태에 빠진다. 괜히 나섰다가 욕먹고 혼나기보다는 시키는 일만 하고 하라는 일만 한다. 그러면 중간은 갈 수 있기 때문이다. 그래서 사장이 더 열심히 일할수록 조직은 더 열심히 순응적으로 변한다. 어린 새싹에게 그늘을 드리워주는 건 새싹이 자라는 데 절대적으로 필요하다. 하지만 그늘이 계속 드리워지면 새싹은 제대로 크지 못한다. 그늘이 응달이 되고 음지가 되어버리기 때문이다.

직원 100명이 넘은 날을 조용히 기념하기 위해 젊은 직원들과 번개팅을 하고 맥줏집에 이어 노래방까지 갔다가 중간에 먼저 나와 고독한 술을 마셨던 사장도 같은 말을 했다.

"조직이 커가는 건 언제 봐도 뿌듯하고 밥 안 먹어도 배가 불러요. 그런데 이상합니다. 내 회사인데 내 마음대로 할 수 있는 것들이 점점 적어져요. 자식들이 장성할수록 엄마가 이래라 저래라 하면 싫어하는 것처럼, 조직도 그래요. 아마 더 큰 일을 하라는 것이지 않을까 싶은 데, 근데 정말 담배 끊을 때처럼 금단증상 같은 게 온몸으로 밀려들어요. 옛날처럼 몸 부딪치면서 일하고 싶은 겁니다. 몸이 근질근질하고 좀이 쑤십니다. 이걸 참아야 하는데……."

강해야만, 강해져야만 살아남을 수 있었기에 오로지 강하게만 살았다. 누구보다 열심히 살았다. 덕분에 여기까지 왔다. 여기쯤 오면 좀 편할 줄 알았는데 막상 와보니 이제 세상 사는 방식이 바뀌어버렸다. 멈추면 죽는, 지금까지 쌓아온 모든 것이 무너져버리는 그런 세상이 되어버렸다. 그래서 더 열심히 살아야 한다고 되뇌면서 하루하루 열심히 산다. 하지만 그럴수록, 아니 그것 때문에 발목에 걸려 넘어지는 일들이 생긴다. 더 세게 던질수록 더 세게 되돌아오는 부메랑처럼 더 열심히 살수록 뒤통수를 맞는 일들이 많아진다. 화가 나고 억울하고 속은 것 같은 생각에 일이 안 되고 잠이 안 온다. 맨주먹으로 일어선 사람들 누구나 한 번쯤 겪는 고통이다.

"하루 24시간을 뛰면서 살아왔습니다. 누구보다 열심히 살아왔습니다. 제 심장은 지금도 24시간 그렇게 뛰고 있어요. 그런 심장을 갖고 있는데 느긋하게 걷는 것처럼 보여야 하니 죽겠습니다. 일주일은 7일인데 사람들은 왜 5일 동안만 일할까요? 아니, 왜 5일 동안만 일해도 된다고 생각할까요?"

"세상에는 나 같은 사람만 있는 게 아닌데…… 이걸 이해해야 하는데……. 예전에 누가 사업을 하는 건 수행하는 것이라고 하기에 저 사람 사업이 안 되어서 그런가 보다 했는데 그게 바로 이 말이었네요."

회의에 들어가지 않겠다고 선언하고 혼자 끙끙거렸던 사장의 말이다. 그의 고민은 여전히 진행 중이다.

얼마 전까지 '더 열심히'에는 방향이 없었다. 남들과 세상이 가는 방향으로 무조건 달려가면 됐다. 더 빨리 달려가면 되었다. 하지만 이제 시대는 '어느 방향으로 더 열심히 달릴 것인가?'를 요구한다. 해야 할 일과 하지 않아야 할 일을 구별하는 능력이 있어야 하고, 자꾸 뭔가를 하는 게 좋은 일이 아닐 수도 있다는 걸 알아야 한다고 강조한다. 알면서도 모르는 척 물어보고, 할 수 있으면서도 이건 어떻게 하는 거냐고 물어보는 '창조적 무능'이라는 새로운 능력을 요구하고 있다.

9
———————

먼저 주고
다가선다는
것

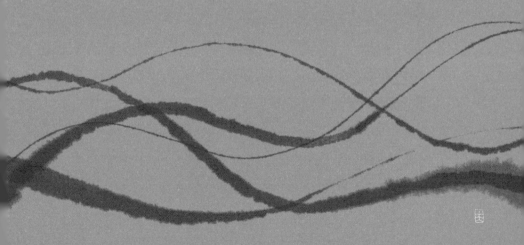

사장이
평생
고마워하는
아내들

사장들이 가슴에 묻어두는 게 한둘이 아니지만 그중에는 아내들에 대한 아쉬움도 있다. 아내는 아내대로 사장 남편을 둔 고충이 오죽하겠는가마는 사업하는 남편들도 나름대로 힘든 게 있다. 아내만 그런 게 아니라 세상이 다들 자신을 그렇게 대하다 보니 그러려니 하며 가슴 한구석에 묻어두고 넘어가지만 사업에 어려움을 겪을 땐 서운함이 진하게 느껴진다. 말 그대로 인간적으로 서운해지는 까닭이다.

사업이 잘되면 세상은 사장을 VIP로 대우한다. 안 되면? 말할 것도 없이 반대다. 세상은 절대 잠재력으로 사람을 대우하지 않는다. 눈에 보이는 것으로 대우한다. 알면서도 쓸쓸해지는 현실이다. 맥이 더 빠지는 건 집에서도 똑같은 대우를 받을 때다. 정말 힘이 쭉 빠진다.

일이 술술 풀리고 사업이 잘될 때는 집안에 웃음꽃이 피고 아내의 얼굴에도 봄바람이 가득하다. 바쁘다 보니 남편 얼굴 보기 힘들지만 그게 어디 하루 이틀인가. 하지만 사업이 안 되고 모든 게 팍팍해지면 집안 분위기도 급속도로 냉각된다. 사람 대하는 온도가 달라지고 있다는 게 피부로 느껴진다. 드러내지 않으려 하지만 마음은 이미 표정으로, 분위기로 나타나는 법, 출퇴근할 때는 물론이고 뭘 물어도 감정 없이 대하는 무덤덤한 말투에서, 뭘 하든 더 다가오지도 않고 더 멀리 가지도 않는 딱 그만한 거리를 유지하는 태도에서 아쉬움이 깊어지고 서운함이 밀려든다.

지갑의 두께가 마음의 온도가 되는 건 어디서나 마찬가지일 것이다. 회사에 여유 자금이 없으면 얼마나 조마조마하고 밖에 나가서도 초라해지던가. 그건 아내도 마찬가지일 것이다. 하지만 그런 마음이 남편에 대한 거리 두기로 나타날 때마다 아쉽고 서운하다. 누가 생활비를 풍족하게 주고 싶지 않겠는가, 누가 부자로 살고 싶지 않겠는가, 세상이 내 뜻대로 안 되는 걸. 여기서도 찬밥인가 싶은 생각이 드는 순간 마음이 추워진다. 아내는 아내대로 하고 싶은 말이 있어도 참을 만큼 참았다가 하는 것이지만 자기도 모르게 그 말에 감정을 싣고 만다. 그렇게 감정을 실어 툭 내뱉는 한마디는 사장들의 가슴에 바윗돌로 얹힌다. 그렇지 않아도 지치고 힘든데 마음 둘 곳이 없어지고 갈 곳이 없어진다. 황량한 벌판이 따로 없다.

물론 이런 아내들만 있는 건 아니다. 산전수전 다 겪은 사장들이 평생 고마워하고, 때로는 존경한다고까지 말하는 아내들이 있다. 이 아내들은 뭘 어떻게 했기에 '평생'도 모자라 '존경한다'는 말까지 들을까? 사장들이 고마워하는 기억은 하나같이 비슷하다.

"미안해서 말을 꺼내지 못하고, 힘들어서 잘해주지 못하고 있었는데 아내가 먼저 얘기를 해주더라고요. '당신 요즘 힘들지? 우리(아내와 자녀)가 어제 서로 얘기를 해봤는데 아껴 쓰고 또 아껴 쓰면 한 달 생활비가 이 정도 들어요. 혹시 모르니 약간의 비상금까지 감안하면 이 정도가 한 달 최저 생활비예요. 당신도 힘들겠지만 이 정도만 해줘요. 다른 건 우리가 어떻게 해볼게요' 이렇게 말입니다. 지금도 그 말을 잊을 수가 없어요. 아내가 말한 '이 정도'는 내 몸이 부수어져서라도 갖다 주어야겠구나 하는 묘한 다짐 같은 걸 하게 되더라고요."

그는 한참이나 지난 예전 일을 말하면서 그때 일이 생각난 듯 콧날을 시큰거렸다. 갈수록 무거워지지만 어쩌지 못하고 있던 남편과 아버지 역할을 명확하게 정리해주니 뜨거운 눈물이 왈칵 쏟아지면서 마음이 다 개운해지더라고 했다. 다른 사장도 비슷한 경험을 갖고 있었다.

"어느 날 천근만근 같은 몸으로 들어갔더니 아내가 전에 없이 술상을 차리면서 그러는 거예요. '이제부터 일주일에 한 번, 한 시간씩 이렇게 술 한잔 하자'고 말입니다. 웬일인가 싶어 눈을 동그랗게 뜨고 있는데 또 말하는 겁니다. '어디다 말할 데가 없어 술 한잔 하고 들어와 이런저런 이야기를 할 때가 많은데, 당신은 매번 다른 말을 한다고 생각하겠지만 듣는 사람은 맨날 그게 그 얘기고 다 똑같아요. 할 말도 없고 재미도 없고 지루해요. 그래서 그때마다 슬쩍 피하고 그랬는데, 가만히 생각해보니 내가 당신을 도울 수 있는 게 이것밖에 없더라고요. 이제부터 일주일에 한 번, 한 시간 정도는 재미있게 들어볼 테니 당신도 이해해줘요.' 세상에, 제 아내에게 그런 면이 있다는 걸 처음 알았습니다. 왜 이해 못하겠습니까? 백 번 천 번 이해하고말고요. 딱 한 시간만 하자, 하고 얘기를 하다 보니 세상에, 그 시간이 재미있어지는 거예요. 생각해보세요. 내 얘기를 재미있게 들어주는 사람이 있는데 딱 한 시간만이다, 하면 어떨 것 같아요? 시간이 아깝잖아요? 넋두리 같은 거 할 시간이 어디 있겠습니까? 신경 써서 말하게 되고, 아내도 신경 써서 대화를 해주니 사업 파트너 같더라고요. 사실 그때 그 시간이 기다려졌던 일도 많아요. 정말 너무 고마웠어요."

지치고 힘들 때 먼저 다가와 위로가 되는 말 한마디 해주고, 먼저 술 한잔 마시자고 해주면서 속에 맺힌 거 들어주고, 집안일은 이러저러하게 꾸릴 테니 당신은 이 정도만 해주면 좋겠다고 먼저 제안해준 아내들, 사장들은 그런 아내들에게 눈물 나게 고마워하고 있었다.

왜 사장들은 이런 아내들을 '눈물 나게' 고마워하는 걸까? 동분서주하고 있는 남편의 마음을 이해해주고 들어주는 것이어서? 맞다. 하지만 좀 더 근본적인 게 있다. 이 아내들은 사장의 고충을 먼저 알아주고 먼저 다가서서 교통정리를 해주고, 먼저 짐을 덜어주었다. 남편이 가장 역할을 힘겨워하며 어쩌지 못하고 있을 때 선뜻 나서 "속 시원하게 정리"해주었다. 점점 어려워지는 상황을 바라만 보고 있거나, 불평만 하고 있거나, 또는 거기에 위축되어 수동적이기 만한 행동에 머물러 있지 않고 심기일전할 수 있도록 더 나은 상황으로 전환시켜주었다. 사장들의 눈물은 아내들이 자신들에게 해준 '먼저'와 '주는' 것에서 나오고 있었다.

사장으로 살면 자연히 알게 되는 것이지만 '먼저'와 '주는' 건 결코 쉽지 않은, 누구나 할 수 있는 일이 아니다. 모르긴 몰라도 남편이 회사를 이끌어가는 리더라면 이런 아내는 부부 사이를 이끌어가는 리더일 것이다. 온달을 장군으로 만든 '평강공주'처럼 말이다. 이런 아내를 둔 사장일수록 하는 말도 비슷하다. "아내 말 들어서 손해 보는 것 없다"고 한다.

"잘나갈 때 잘해주는 건 누구나 할 수 있습니다. 세상 사람들이 다 그렇게 하니까요. 일이 잘 안 될 때, 힘들 때 잘해주는 게 어렵죠. 가만 보면 사업이 잘되면 가장 많은 혜택을 받을, 제 바로 주변 사람들이 안 될 때 가장 서운하게 대합니다. 그럴 수 있어요. 얼마나 기대하고 있었겠습니까? 근데 안 되니 자기네들도 실망히고 힘들어서 그러는 거겠죠. 하지만 그럴 때 도와주어야 고마운 거죠. 진짜 가까운 사람들이죠. 그래야 자기들도 덕 볼 거 아닙니까? 안 될 때 멀리하는 건 누구나 하는 겁니다. 제가 아내를 존경하는 이유가 바로 이거예요. 그걸 해주더라고요. 먼저 손을 내밀어주더라고요."

사람들은
먼저 받기를 원한다
●

어느 종교에서나 성지 순례라는 게 있다. 불교도들은 인도에 있는 사원들에서 석가모니의 숨결을 느끼고 싶어 하고 기독교인들은 예루살렘에서, 이슬람 신자들은 메카 순례에서 같은 걸 느끼고자 한다.

성지 순례는 고행이라 할 만큼 힘이 드는 데다 많은 비용과 시간을 투자해야 하는 일이라 아무나 할 수 없다. 신앙심이 돈독한 사람만이 할 수 있다. 묘한 건 종교가 다르고 순례자들도 각양각색이지만 하는 행동은 너무나 흡사하다는 점이다.

먼 여정 끝에 성지에 도착한 사람들은 손과 팔을 벌리고 기도한다. 온몸으로 간절하게 기원한다. 뭔가를 달라고 할 때 하는 몸짓이다. 또는 깊은 묵상을 하며 그 묵상 속으로 신의 은총이 쏟아지기를 바란다. 자신과 가족, 그리고 가능하다면 후손들까지 잘살게 되기를 기원한다.

모든 종교는 이웃들에게 '먼저 주라'고 한다. 하지만 대부분의 신도들은 반대로 '먼저 받고자' 한다. 성인들은 스스로 깨우치고 거듭나 세상의 빛과 소금이 되라고 한다. 하지만 신도들은 신이 폭포수 같은 은총을 내려주기만을 바란다. 스스로 깨우쳐 거듭나는 건 보통 어려운 일이 아니니 신이 은총을 내려'주면' 그걸로 자신이 갖고 있는 문제들을 일거에 해결하려고 한다. 신은 자비와 사랑을 주라고 하지만, 신자들은 살아가는 데 이러저러한 문제가 있으니 그걸 먼저 해결해달라고 한다. 아니면 자신에게 그런 능력을 주기를 원한다. 신은 분명히 다른 사람들에게 먼저 주면 좋은 일이 일어날 것이라고 하지만 사람들은 신이 자신에게 먼저 주기를, 그것도 더 많이 주기를 바란다.

순례자들은 믿음이 깊은 사람들인데도 자신이 사는 곳에서 '주는' 것을 실천하는 대신 성지까지 '받으러' 온다. 조금이라도 은총을 더 받기 위해 하늘 가까운 높은 곳으로 올라가려고 아우성을 친다.(이런 곳에서 명당은 대개 신이 있는 곳에 가까운 높은 곳이다. 신전이 산꼭대기에 있는 것도 마찬가지 이유다) 이슬람의 성지 메카에서 왜 매년 압사 사고가 일어날까? 다른 이유가 없다. 신앙심이 두텁다는 이들이 이 정도이니 보통 사람들은 말할 필요도 없다.

우리는 주는 것보다 받는 것에 익숙하다. 내가 누군가에게 좋은 일을 해'주기'보다는 누군가가 나에게 좋은 일을 해'주기'를 기대하고 상사가 잘해'주기'를 희망하고, 사장이 연봉을 대폭 인상해'주기'를 바란다. 우리는 우리도 모르게 받는 것을 당연하게 받아들인다. 물론 우리가 먼저 주고 싶어 하는 대상도 있다. 혈육인 부모와 자식, 그리고 마음의 혈육인 연인과 잠재 혈육이랄 수 있는 사랑하는 사람이다. 손으로 꼽을 정도로 몇 안 된다. 이런 사람들에게는 하나라도 더 주지 못해 안달복달한다. 엄마들은 아기들에게 한 숟가락이라도 더 먹이려고 그릇을 들고 쫓아다니고, 연인들은 자신의 사랑을 조금이라도 더 주기 위해 하루 내내 SNS로 연결하는 것도 모자라 휴대폰을 붙잡고 밤을 샌다. 상대가 원하지 않는데도 그렇게 한다.

손에 꼽을 만한 이런 일부 경우를 제외하면 우리는 먼저 받으려고 하지 주려고 하지 않는다. 주기보다 받기를 원하는 것은 아마 우리 안에 가장 뿌리 깊게 내린 본능 중의 하나일 것이다. 왜 그럴까? 언제 어디서 무슨 일이 생길지 모르는 세상에서 먼저 주는 건 아주 위험한 행동이기 때문이다. 상대가 냉큼 받기만 하고 되돌려주지 않으면 얼마나 손해인가. 힘들고 어려운 상황에서 주기만 하고 받지 못한다면 그로 인해 생사의 기로에 설 수도 있다.

오래전 가뭄이 기승을 부리던 때 지리산 종주를 한 적이 있다. 종주하는 2박 3일 동안 샘이 있다는 곳을 전부 찾아갔지만 물 몇 모금 마신 게 전부였다. 그마저도 귀해 샘마다 긴 줄이 하염없이 늘어서 있었고 밥을 하지 못해 끼니의 절반을 생쌀을 씹으며 버텨야 했다.

화엄사 쪽에서 시작해 가장 높은 천왕봉을 지나 진주 쪽으로 내려가고 있을 때였다. 단번에 천왕봉을 정복하고자 별 장비도 없이 올라오고 있는 20대 젊은이들을 만났다. 다들 지쳐 보였는데 그중 한 젊은이는 거의 기진맥진해 움직일 수도 없는 상황이었다. 그들은 우리 배낭에 꽂혀 있는 물병을 보더니 "제발 한 모금만 이 친구에게 달라"고 했다. 한눈에도 다 죽어가고 있는 상황이라 물병을 건네준 우리는 하늘이 무너지는 일을 눈앞에서 보아야 했다. 물병을 받자마자 그걸 한 번에 다 마셔버리는 게 아닌가? 그 물 한 병

채우려고 다섯 시간을 꼬박 기다렸고 우리도 몇 시간에 한 번씩 몇 방울 정도만 마시며 아껴온 물이었다. 그걸 한 방울의 물까지 남김없이 다 마셔버렸던 것이다. 그러고는 고맙다는 말 한 마디 없이 다시 주저앉아버렸다. 당신들은 내려가는 길이니 괜찮지 않으냐는 표정이었다. 우리는 내려가는 내내 후들거리는 다리와 타는 듯한 목마름에 시달리며 물병을 건네준 것을 얼마나 후회했는지 모른다.

먼저 받고 싶고 내 것을 먼저 내어주려 하지 않는 건 인지상정이다. 심리학 연구에서 나타나듯이 게임 진행을 위해 돈을 받았는데도 일단 내 수중에 들어오면 내어주기 싫은 게 사람 마음이다. 내 자식이 아닌 아이들을 자식처럼 사랑하고, 남의 부모를 내 부모처럼 공경하고, 자신이 피땀 흘려 모은 전 재산을 기부하는 사람을 우리 모두 칭송하는 건 내 안의 뿌리 깊은 이런 본능을 이기고 베푸는, 누구나 할 수 없는 일을 그들이 했기 때문이다.

이익을 추구하는 집단인 조직은 어떨까? 말할 필요가 없을 정도로 받으려는 성향이 강하다. 모두 받으려고만 하고 하나같이 달라고만 한다. 인정받고 싶고 대우받고 싶고 높은 연봉을 받고 싶어 한다. 손을 내미는 방향은 정해져 있다. 가깝게는 상사이고 더 나아가서는 사장이다. 받고자 하는 인간 본성 측면에서 보면 사장의 역할은 정해져 있다. 베풀고 주는 사람이다. 사장도 인간인지라 자신도 받고 싶은데 받을 수 없다. 주는 사람이 없으니 달라고 할 수도 없다. 사장이 받는 건 두 가지다. 잘하면 존경을, 못하면 온갖 미움과 냉대를 받을 뿐이다.

회사에서 사장은 어떤 사람인가? 주는 사람이다. 월급을 주고 관심을 주고 마음을 주는 건 물론 수시로 '믿는 도끼'에 찍힐 걸 알면서 발등까지 내주어야 한다. 어떻게 일해야 하는지 알려'주고', 어디로 가야 할지 보여'주어'야 한다. 무엇보다 구성원들이 자신을 믿고 따르기를 원한다면 그들에게 먼저 자신을 따르라고 하기보다 자신이 그들에게 '먼저', 뭔가를 '줄' 수 있어야 하고, 나아가 그들의 존재와 능력을 믿어'주어'야 한다.(가장 먼저 무엇을 주어야 하는지는 3부에 나온다)

물론 우리 안의 오랜 생물학적 유산은 왜 손해 보는 일을 하느냐고 말린다. 밑 빠진 독에 물 붓는 것일 뿐이라고 은밀하고 끈질기게, 그리고 가끔은 강렬하게 마음을 흔든다. 좀 늦게 줘도 괜찮지 않을까, 아니 주지 않아도 괜찮지 않을까 하는 마음으로 슬며시 우리를 이끈다.

일을 제대로 시키려면 이런 본능을 이겨내야 한다. 먼저 주는 것으로 고마움을 느끼게 하고 열심히 일하는 태도를 이끌어내야 한다. 인사 전문가들이 하나같이 하는 말이 있다. 이제는 직원들이 열심히 일해서 월급을 주는 게 아니라, 열심히 일하라고 주어야 한다는 것이다. 성과급도 마찬가지다. 먼저 주는 것으로 인식을 전환해야 한다. 빨리 주고 먼저 주어야 한다. 성경에서도 일꾼에게 일을 시켰으면 그날 해 지기 전에 일당을 주라고 했다.[1] 그에게는 그것이 간절하기 때문이다. 사람은 똑같은 액수를 받더라도 먼저 주는 걸 고마워하고 늦게 주는 것에 욕을 한다.

'먼저'는 능력 있는 사람들이 흔히 쓰는 '무기'이다. 작게 주고 크게 받는, 져주고 이기는 무기이다. 대부분의 사람이 알면서도 실천하지 못하는 귀한 능력이다. 지금까지의 상황이나 관계를 깨뜨리거나 허물고 새로운 걸 만들어가는 선제적 투자다. 세계적인 컨설팅회사 맥킨지는 이런 세상의 이치를 비즈니스에 활용하고 있다. 그들은 어떤 회사에 새로운 CEO가 취임한 지 100일이 지나면 은근 슬쩍 '먼저' 연락한다, 도울 일이 없겠느냐면서.(왜 없겠는가? 일은 산더미처럼 쌓이고 이것저것 처리하느라 죽을 지경인데!)

젊은 사장들이
곤란을 겪는 이유
●

탁월한 리더들이 하나같이 갖고 있는, 그러나 쉽게 가질 수 없는 두 가지 능력이 있다. '먼저'와 '주는' 능력이다. 당장 효과가 나타나는 게 아니어서 중요하게 여겨지지 않지만 이 두 가지는 눈에 보이는 능력을 만들어내는, 눈에 잘 보이지 않는 인프라 같은 역할을 한다.

우선 그들은 '먼저'를 생활화하고 있다. 그들은 누구보다 먼저 일어나고 앞서 나간다. 남들이 놀 때 먼저 고민한다. 그래서 남들이 고민할 때 여유 있을 수 있다. 닥쳐서야 허둥지둥하고 골머리를 앓는 대신 그들은 미리 생각해서 먼저 시작했기에 유유자적할 수 있다. '먼저' 유리한 상황을 선점했기에 부와 지위도 '먼저' 가져간다.

문제는 두 번째, 주는 것이다.

사장이라는 자리는 크게 두 가지 능력을 필요로 한다. 일에서의 능력과 관계에서의 능력이다. 앞에서 말한 건 일에서의 능력이다. 일하는 능력에서 필요한 '먼저'는 누군가보다 앞서는 것이다. 좀 더 부지런하고, 좀 더 머리를 쓰면 대체로 가능하다.

관계에서의 능력은 차원이 다르다. 관계 능력은 누군가보다 좀 더 잘하고 앞서가는 일-방향이 아니라 주고받는 쌍-방향 상호작용이다. 일에서는 내가 이만큼 하면 결과도 그만큼 나올 가능성이 많다. 예측 가능하고 선형적이다. 상호작용 관계에서는 내가 이만큼 한다고 상대도 그만큼 해준다는 보장이 없다. 상대가 어떻게 나올지 모른다. 열 길 물속은 알아도 한 길 사람 속을 모른다는 말 그대로다.(여기서 시작된 것이 유명한 게임이론이다) 이 불확실하고 복잡 다단하게 얽힌 마음의 실타래를 풀어가는 게 바로 관계 능력이다. 사장들이 존경하는 아내들이 갖고 있는 능력이다.

조직을 이끌어간다는 건 그들이 이러저러한 관계를 맺자고 제안해오기를 기다리는 게 아니다. 누군가 나에게 다가와주기를 기다리는 게 아니라 내가 먼저 다가서고, 상대가 나에게 뭔가를 해주기를 기대하는 게 아니라 먼저 해주는 것이다. 나를 믿어달라고 하기보다 내가 먼저 믿어주는 것이다. 받는 게 아니라 주는 것이다. 그것도 자주, 그리고 가능하면 많이!

사원들에게 번개를 쳐서 좋은 분위기를 만들어준 다음 적당한 시기에 '먼저' 빠져주는 사장처럼 그렇게 하는 것이다. 여기서 '먼저'는 상대를 더 좋은 방향으로 리드하면서 상호 간의 관계를 더 긴밀하게 연결시키는 마음의 물꼬를 트는 것이다.

무조건 먼저 주고 다가서면 될까? 그랬다간 상처만 입고 빈털터리가 되기 십상이다. 누울 자리를 보고 다리를 뻗어야 한다. 어디에 먼저 손을 내밀고, 어떻게 말을 걸면서 다가서야 할지 알아야 한다. 한마디로 사람을 볼 줄 알아야 한다. 직원들 스스로도 깨닫지 못한 잠재력을 알아보고 그 잠재력에 '먼저' 투자해 나중에 성과로 만들어낼 수 있어야 한다. 일에서의 안목 못지않게 필요한 게 사람을 보는 안목이다. 멋진 아이디어로 사업을 시작한 젊은 사장들이 곤란을 겪는 건, 아이디어나 기술은 사업에 필요한 절반의 것일 뿐인데 이걸 능력의 전부라고 여기기 때문이다.

사장은 세 가지의 '먼저'-'주기'를 할 수 있어야 한다.

우선, 우리가 하는 일이 가능성이 있고, 미래로 가는 확실한 길을 가고 있다는 것을 보여주어야 한다. 비전이다.

둘째, 비전만 제시할 게 아니라 먼저 다가가서 손을 내밀어 함께 가자고 해야 한다. 이뿐인가? 우리는 하나라는 증거를 몸으로 보여주어야 하고, 자신이 조직을 믿고 있다는 걸 효과적으로 전할 수 있어야 한다. 그들이 미래와 그 미래로 자신들을 이끌고 가는 리더를 믿게끔 해야 한다.

마지막으로 사장은 힘을 줄 수 있어야 한다. 항상 새로운 힘을 만들어내 조직에 힘을 불어넣어주어야 한다. 그들이 힘 있게 움직이도록 해야 한다.

말 그대로 기본인데 어느 하나 쉬운 게 없는 건 수십만 년 동안 쌓아온 본능과의 싸움에서 이겨야 가능하기 때문이다. 그 많은 사장들이 보고를 잘하는 사람들이나 아부 잘하는 사람들을 가까이하는 이유가 뭘까? 왜 그들의 실체를 어느 정도 인식하면서도 빠져드는 걸까? 사장의 마음을 귀신 같이 알고 '먼저' 다가와 '주고' 채워 '주기' 때문이다.

일하는 능력만 갖춘 사장은 회사를 크게 키우지 못한다. 관계 능력만 가진 사람은 사업을 시작할 수 없다. 내로라하는 회사 창업자들에게 스타일이 완전히 다른 파트너가 있는 건 자신에게 없는 능력을 가진 사람을 파트너로 만들었기 때문이다. 혼다를 창업한 혼다 소이치로는 자신에게 관계 능력이 많이 부족한 걸 알고 이 능력을 가진 파트너를 구하기 전까지 사업을 시작하지 않았다. 혼다가 하는 일에 걸맞은 조직력을 키워낸 후지사와 다케오가 없었다면 지금의 혼다도 없었을 것이다.(이런 파트너를 구하는 것도 사장의 일이고 안목이다. 휴~)

파트너가 있다 해도 큰 조직을 이끌고 가는 사장은 이 둘을 동시에 갖춰야 사업과 조직이라는 두 바퀴를 순조롭게 이끌 수 있다. 아무런 대가 없이 먼저 주는 것이 성인들이 가져야 할 조건이라면, 직원의 잠재력을 먼저 알아보고 먼저 일할 수 있는 힘을 주는 건 사장이 가져야 하는 능력이다.

먼저 주어야 크게 받는
자연의 원리

●

한 중견 기업의 창업 2세가 아버지의 뜻에 따라 공장 근무부터 후계자 수업을 시작했다. 과장 직함을 달고 부임한 그를 모르는 사람은 없었다. 자, 이런 상황이 벌어지면 누가 먼저 서로에게 다가설까? 미래의 최고경영자이니 직원들이 먼저 다가설까, 아니면 반대일까?

먼저 자연이 하는, 자연의 이치를 알아보자.

옛 선비들은 사군자 중에서도 난초를 가장 품격 있게 여겼다. 자연에서 자라는 난초는 찾는 이 없고 알아주는 이 없어도 홀로 향기를 품는 데다 항상 청초한 자태로 서 있다. 어떤 상황에서도 절개와 지조를 바꾸지 않는 군자처럼 말이다. 더구나 사군자 중에서 꽃과 향, 그리고 잎과 줄기의 선을 유일하게 모두 갖춘 꽃이다. 누군가 승진하면 난초를 선물로 보내는 풍습에는 이런 난초를 닮으라는 뜻이 담겨 있다.

귀하고 비싸기까지 한 난초이다 보니 야생에서 보면 캐와서 내 것으로 만들어야 직성이 풀리는 사람들이 있다. 하지만 기대는 곧 실망으로 바뀐다. 조심스레 캐와 정성 들여 옮겨 심는데도 금방 죽어버리기 때문이다. 마치 두 임금을 섬길 수 없다며 굶어 죽는 선비들처럼 두 곳에 적응하지 않겠다고 하는 것 같다. 과연 그럴까? 더 중요한 다른 이유가 있다.

난은 혼자서 싹을 틔우고 자랄 수 없다. 난은 이 세상에 생겨날 때 흙 속에 있는 특정한 미생물과 제휴를 맺은 덕분에 존재할 수 있었다. 미생물이 없으면 살아갈 수 없는 것이다. 난과 미생물은 각자의 삶을 살면서 서로에게 자기가 일한 걸 나눠주며 살기로 한 공생관계를 맺고 있다. 난은 흙 속에 있는 인산이나 질소 같은 영양분을 직접 흡수할 수 있는 능력이 없지만 미생물 박테리아들은 이런 능력을 갖고 있다.(박테리아는 흙 속에 질소를 질산염으로 바꿔 식물에 공급한다. 이런 박테리아를 '뿌리에 산다'는 뜻의 리조비아rhizobia라고 부른다. 동물들은 대기 중의 질소를 섭취할 수 없어 식물을 먹고, 육식동물들은 초식동물에서 이걸 취한다) 반대로 미생물은 광합성을 할 수 없지만 식물은 광합성을 할 수 있다. 둘은 서로가 가진 걸 교환한다. 식물은 광합성에서 생긴 당분을 주고, 미생물은 인산이나 질소를 준다. 지구상의 식물 95퍼센트 정도가 이런 식으로 미생물과 공생한다.

그런데 다른 식물은 옮겨 심어도 잘만 자라는데 왜 난초는 그러지 않을까? 난초가 제휴한 미생물은 미생물 중에서도 흔치 않다. 워낙 까탈스러운 상대이다 보니 난초는 이 관계에 상당한 노력을 기울여야 하고 여기에 에너지를 많이 쏟아서 그런지 다른 식물보다 꽃도 덜 피우는 편이다. 물론 좋은 점이 없는 건 아니다. 일단 만나 좋은 관계를 맺기만 하면 이 미생물은 다른 미생물보다 뿌리 역할을 더 잘해주는 까닭에 뿌리를 크게 키우는 수고를 하지 않아도 된다. 난초 뿌리를 보면 이렇게 작나 싶을 정도인 게 이런 이유다. 그래서 난초를 옮겨 심을 때는 반드시 흙을 같이 옮겨주어야 한다.

그렇다고 이 관계가 마냥 찰떡궁합이고 무조건적인 건 아니다. 언제나 변치 않은 관계일 것 같지만 세상에 변하지 않는 건 없다. 같은 친구 사이라도 리드하는 쪽이 있고 부부 사이도 그렇듯이 공생관계에서도 마찬가지다. 한쪽이 먼저 리드해주어야 관계가 지속된다. 특히 서로에게 줄 수 있는 힘이 있을 때 가능한 것이 공생이다.

분명 공생관계인데도 난초가 약해지면 미생물은 난초 뿌리 안쪽으로 슬며시 들어오기 시작한다. 영역을 침범하는 것이다. 내버려두면 미생물들은 뿌리를 갉아먹는다. 이를 막기 위해 난초는 자연살균제를 흘려 영역을 침범하지 말라고 응징한다. 그렇게 미생물을 관리하며 리드한다. 힘이 없으면 공생 또한 없다.

공생을 리드하는 주도권은 내리누르는 게 아니라 서로의 힘을 공생을 통해 더 큰 힘으로 만들어내는 것이다. 예를 들어 예상치 못한 위기 상황을 당해 생존이 여의치 않은 상황에 처하면 양쪽 모두 갖고 있는 에너지를 어떻게든 잃지 않으려고 애를 쓴다. 초식동물들에게 잎을 다 뜯어 먹히거나 산불로 잎이 다 타버린 상황이 그런 경우다. 아무리 공생관계라도 상대를 먼저 배려한다는 게 쉽지 않다. 만약 가지고 있는 에너지를 다 주었는데 대가를 받지 못한다면 그대로 삶이 끝날 수도 있다. 위기 때 진면목이 나타나는 것처럼 이럴 때 누가 관계를 리드하는지 알 수 있다. 누가 먼저 손을 내밀까? 누가 먼저 자신이 가진 걸 내어줄까?

난초가 먼저 준다.(다른 식물들도 마찬가지다) 선제적으로 움직인다. 그냥 주는 게 아니다. 일종의 투자다. 최근 연구에 의하면 식물은 이런 상황에 처했을 때 뿌리를 통해 내보내는 당분의 양을 평소보다 늘린다. 자신이 가진 당분의 20퍼센트 정도를 주변에 먼저 분비한다. 상당한 양이다. 그러면 먹을 게 많아진 미생물들의 수가 급격하게 늘어나면서 활동량이 많아진다. 식물이 원하는 바다. 미생물들의 활동량 증가는 인산과 질소의 생산량 증가를 뜻하는 것이기 때문이다. 먼저 준다는 건 리드하는 주도권이 있다는 것이고 그만한 힘이 있다는 것이다. 주도하는 쪽이 먼저 주어야 한다.

아버지의 뜻에 따라 공장의 과장으로 부임한 창업 2세와 직원들 사이에는 어떤 일이 벌어졌을까? 누가 먼저 다가섰을까?

그가 부임한 이후 공장의 분위기는 사뭇 조용해졌다. 과장이지만 미래의 최고경영자에게 누가 뭐라 할 수 있을까? 떠들썩하고 부산하던 공장은 소곤소곤 이야기를 주고받는 곳으로 바뀌었고 자기네들끼리 웃고 떠들다가도 그가 지나가면 홍해가 모세를 위해 갈라지듯 그렇게 길을 만들어주었다. 아무리 미래의 최고경영자라지만 이건 좋은 그림이 아니다. 어떻게 해야 할까? 언젠가 다가오겠지, 하면서 기다려야 할까?

그는 곧 직원들의 마음을 알아차렸다. 먼저 다가가 인사를 하고 말을 걸었다. 미래의 최고경영자가 먼저 다가와 인사를 건네고 말을 걸어주자 직원들이 기다리고 있었다는 듯 웃음꽃으로 화답했을까? 괜히 분위기만 더 어색해졌다. 인사를 받는 듯 안 받는 듯하거나 마지못해 답례를 하는 정도였다. 저러다 말겠지, 하는 표정이었다. 진심이 아니라고 여겼던 것이다. 어떻게 해야 할까?

이럴 땐 다른 방법이 필요 없다. 일관성만이 답이다. 실제로 그렇게 몇 달이 지나자 직원들의 표정이 달라지기 시작했다. 의례적으로 하는 게 아니라 진짜 그런 사람이라고 여기기 시작한 것이다. 그는 노조 사무실도 그렇게 먼저 찾아갔고, 직원들이 원하는 걸 먼저 해주었다. 좋은 분위기가 만들어지지 않을 수 없었다. 모든 공장 직원이 "역시 회장감"이라고 말하기 시작했다. 나중에 그가 본사로 갔을 때도 이 공장 사람들은 언제나 그의 편이 되어주었다. 그가 먼저 믿음을 준 것에 대한 화답이었다.

더 큰 성장을 원한다면 먼저 줄 수 있어야 한다. 외환위기 시절 동대문 상권에서 도매상을 하던 이들의 희비가 엇갈렸다. 절반이 심각한 타격을 입었고 30퍼센트는 간신히 유지했다. 그런데 20퍼센트는 더 커졌다. 개성에서 대대로 장사를 하다 남북 분단으로 서울에 자리를 잡은 한 도매상은 외환위기가 닥쳤을 때 자신의 재산을 풀어 거래처들을 도왔다. 잘못되면 빈털터리가 될 수 있을 정도로 풀었다. 그러다가 돌려받지 못하면 어떻게 할 것이냐는 말에 그는 이렇게 답했다.

"그들이 없으면 나도 없다."

가뭄에 단비 같은 도움을 받은 거래처 사람들은 위기가 지나가자 다른 거래처를 몇 곳씩 알아서 끌어왔다. 재산이 몇 배로 불어난 건 당연한 일이었다.

위급한 상황이라고 자신이 가진 걸 움켜잡고 있거나 먼저 챙기면 거기에 그친다. 탁월한 리더들은 선제적으로 움직여 더 큰 결과를 만들어낸다. 펌프에 마중물을 부어 시원한 물을 콸콸 쏟아내게 하는 것처럼 그렇게 한다. 난초도 그렇게 한 덕분에 홀로 향기를 내뿜으면서 고고하고 품격 있게 살아오고 있다.

그런데 이것보다 더 어려운 게 있다.

10
———————

기다리는
마음

믿는 도끼에
발등 내놓기

오래전의 일이다. 어느 분으로부터 피아노에 천재적인 소질을 가진 소년이 있다는 얘기를 들었다. 찾아가 보니 홀어머니와 단칸방에 사는 소년은 시각장애인이었다. 홀어머니의 건강이 좋지 않아 소년은 전철을 돌며 아코디언 연주로 밥벌이를 하고 있었다. 얼핏 들어도 꽤 실력이 있는 것 같아 음대 교수에게 평가를 부탁했는데 교수가 놀라워했다. 보통 재능이 아니라는 것이었다. 잘만 가르치면 대성할 가능성이 있다고 했다.

내용을 기사화했더니 성원이 쏟아졌고 재능을 살려보겠다는 이들이 여럿 나섰다. 묻힐 뻔한 재능이 살아나는 듯했다. 몇 달이 지난 어느 날 지하철역에서 그 소년을 다시 만날 수 있었다. 혼잡한

퇴근 시간인 데다 플랫폼 건너편에 있어 직접 만나지는 못했지만 금방 알아볼 수 있었다. 하지만 그 순간 나는 눈을 의심해야 했다. 소년이 예전의 그 모습으로 돌아다니고 있는 게 아닌가.

확인해보니 많은 일들이 있었다. 아니, 모든 것이 원점으로 돌아가 있었다. 소년을 제대로 한번 키워보겠다 했던 교수는 고개를 절레절레 흔들었다.

모든 상황은 소년의 어머니로부터 시작되었다. 이전에도 아들을 잘 키워보겠다고 했던 사람들이 있어 그들이 하자는 대로 했다가 결국 마음에 상처만 입었던 일이 있었던 것이다. 소년을 이용해 잇속을 차리려 한 그들은 상처만 주고 떠났다. 하나밖에 없는 아들, 그것도 재능이 뛰어나다는 아들을 둔 어머니는 마음의 문을 닫았다. 사람을 믿지 못했다. 아들을 품에서 떠나보내지 못했다. 사사건건 교수에게 따져 물었고 자신의 고집대로 하려고 했다. 잘못된 기본기를 빨리 고쳐야 재능을 살릴 수 있다고 누누이 강조하면 어머니는 자신의 아들을 제대로 알아보지 못한다며 가르침을 막았다. 교수는 손을 들었고 다른 사람들도 마찬가지였다.

결국 소년은 다시 전철을 돌며 악기 연주를 하는 생활로 돌아가야 했다. 더 나아질 수 없는 하루하루를 살아가야 했다. 상처가 있었고 불안을 지울 수 없더라도 믿고 맡겨야 할 때가 있는데 그러지 못했기 때문이다. 믿지 말아야 할 때 믿었다가 호된 경험을 하다 보니 정작 믿어야 할 때 믿지 못했다. 이긴 사람은 아무도 없었다. 모두 씁쓸한 원점으로 돌아가고 말았다.

불확실한 상황에서 어떤 가능성을 보고 뭔가를, 그리고 누군가를 믿을 수 있는 건 아무나 가질 수 없는 능력이다. 평범한 상황에서야 누구나 할 수 있지만 이익이 걸리고 명운이 걸리면 쉬운 일이 아니다. 사랑해야 한다고 굳게 결심한다고 사랑해지던가? 사랑은 결심으로 되는 일이 아니다. 마음이 끌려야 한다. 누군가를 믿는 능력도 마찬가지다. 믿어야 한다고 해서 믿어지는가? 아무리 다짐해도 잘 안 된다. 위험한 도박이기 때문이다.

밤 늦도록 회사에 혼자 남아 끙끙거릴 때가 있다. 이 프로젝트를 누구에게 맡겨야 할까? 적임자 명단을 보고 또 보고 아무리 봐도 이 사람은 이게 걸리고, 저 사람은 저게 걸린다. 그렇다고 내가 나설 것인가? 그럴 수 없다. 몸은 피곤하고 머리는 아픈데 문제는 풀리지 않는다. 오늘은 낙점을 해야 한다. 내일은 또 내일의 일들이 줄줄이 기다리고 있다. 아니, 기다리지 않아도 찾아올 것이다.

정말이지 사람을 이끄는 건 배워도 한이 없고 알아도 끝이 없다. 한숨 좀 돌렸나 싶으면 어느새 또 다른 문제가 코앞에 와 있다. 어려움은 극복하는 게 아니라 함께 살아가는 것인가. 오래 하면 좀 익숙해질 만도 하건만 결정의 순간이 되면 마음은 언제나 시소를 탄다. 어제는 저쪽으로 쏠렸는데 오늘은 또 이쪽으로 기운다. 오락가락 양 극단을 오간다. 일단 맡기면 회사의 생사를 좌우할 수도 있는 칼자루를 주어야 하니 고민스럽지 않을 수 없다.

사업 환경은 갈수록 불확실해져가는데 먼저 믿고 칼자루를 주어야 하는 딜레마, 어느 사장이든 헤어날 수 없는 수렁이다. 누가 빠뜨린 것도 아니다. 스스로 들어가는 수렁이고, 나오고 싶다고 나올 수도 없는 수렁이다. 믿고 맡길 사람이 필요한데 마음 가는 사람이 없을 땐 앞이 캄캄해진다.

신규 프로젝트 같은 대규모 사업은 엄청난 금액이 순식간에 사라질 수도 있다. 이런 일이 몇 번 계속되면 회사가 사라질 수도 있다. 회사가 사라진다는 건 사장 자신이 사라진다는 것과 같다.

그러니 잠이 오겠는가? 이걸 누군가에게 맡긴다는 건 믿는 도끼에 발등을 내놓는 것인데 쉽게 결정할 수 있겠는가? 그래서 믿을 수 있는 능력은 중요한 사업 자원이고 믿을 만한 사람이 많다는 건 사장의 능력을 가늠하는 잣대이자 무한한 복이다. 독재자는 누구도 믿지 않기에, 아니 믿을 수 있는 능력이 없기에 비밀경찰을 통해 사람들을 감시한다. 힘과 공포로 통치한다. 조직을 이끌고 가는 사장이 "믿을 사람이 없다"고 하는 건 자신의 능력이 밑천을 드러냈음을 선언하는 것이나 다름없다. 믿음이란 믿으라고 지시하고 명령한다고 되는 일도 아니고 돈으로 해결할 수 있는 것도 아니다.

불안한 사람일수록, 또 불안한 사회일수록 많이 오고가는 말이 있다.

"너, 나 못 믿어?", "나만 믿어!"

회사에서도 부하를 못 믿는 상사가 전화로 자주 하는 말이 있다.

"지금 어디야?"

못 믿으니 일일이 확인해야 한다. 안 할 수 없으니 귀찮기 짝이 없다. 짜증이 나는 관계가 된다.

믿음은 희귀한 자산이다. 어디서 살 수 있는 것도 아니고, 어딘가에 묻혀 있어 캐내면 되는 것도 아니다. 믿어달라고 한다고 믿어주는 것도 아니고, 갖고 태어나는 것도 아니다. 아무리 부자라도 물려줄 수 없다. 한 번에 만들 수도 없고 조금씩 조금씩 축적해야 만들어지는 아주 희귀한 자원이다. 하지만 이렇게 어렵게 쌓은 소중한 자원이 사라지는 건 한순간이다.

그래서 믿고 맡기는 일은 언제나 자신의 인생과 회사의 운명을 거는 위험한 투자가 되고 '믿는 도끼'에 내 소중한 발등을 내어놓는 또 하나의 승부가 된다. 몇 백억 원, 몇 천억 원짜리 신사업을 하기로 결정한 CEO는 그 결정을 내리기까지 숱한 고민을 했겠지만 결정을 내리는 순간 다른 수렁에 빠진다. 이제는 믿고 기다려야 한다. 실무진과 조직이 잘해서 좋은 결과를 만들어내도록 기도하는 심정으로 기다려야 한다. 하루 이틀로 끝날 일이 아니다. 1~2년은 기본이고 5년 이상 기다려야 하는 수렁 같은 시간이다.

그렇게 했는데도 발등을 찍히면 어떻게 해야 할까? 주었던 걸 싹 거두어들여야 할까?

경험 많은 리더들은 다시 시작한다. 제대로 믿을 수 있는 새로운 방법을 찾는다. 그 누구도 아닌 자신에게서 다시 시작한다. 믿어야 같이 갈 수 있고 오래 갈 수 있고, 사업을 계속할 수 있기 때문이다.

사업을 오래 한 사람일수록 '발등'은 상처투성이다. 그런데도 지금까지 살아 있는 건 그의 발등을 찍은 도끼보다 서로 믿고 같이 가는 사람들이 많았기 때문일 것이다. 리더십이란 난초 같은 식물들이 미생물들에게 그러는 것처럼 먼저 주고 나중에 더 크게 받는 것이다. 불을 계속 타오르게 하려면 계속 지펴야 한다. 주는 것을 그만두면 받는 것도 끝난다.

게임이론의 모태가 되는 '눈에는 눈, 이에는 이'로 대응하는 유명한 '팃포탯Tit For Tat' 전략은 언제나 이기는, 가장 강력한 전략이다. 비결은 단순하다. 먼저 상대를 믿고 선의로 대한다. 선의로 대했는데 악의로 대응하면 그대로 되갚아준다. 그런 후 선의에는 선의로, 악의에는 악의로 대해주면 언제나 이긴다.

일짱을 흉내 내면서 학생들을 괴롭히는 초등학교 6학년 학생이 있었다. 어느 날 이런 사실을 안 선생님이 깜짝 놀라며 물었다.

"너, 그런 애 아니지?"

비가 오면 맞지 뭐, 하는 마음으로 기다리고 있던 학생은 선생님이 정말 그랬느냐며 믿기지 않는 듯 묻자 갑자기 꿀 먹은 벙어리가 됐다. 분명히 자신에 대한 이야기를 다 들었을 텐데…… 잠시 침묵이 이어지자 선생님이 학생의 등을 툭툭 두드렸다.

"그래, 무슨 일이 있었구나? 힘든 거구나. 힘들어서 너도 모르게 한 거지? 이겨낼 거지? 자아식! 나중에는 웃으면서 보자?"

다음 날 학교에는 완전히 달라진 다른 학생이 등교했다. 사람은 믿어주는 만큼 기대에 부응하는 성향이 있다. 로버트 치알디니가 《설득의 심리학》에서 강조한 상호성의 원리가 여기에서도 작용한 것이다.

리더가 영원한
성장동력인 이유

●

부도가 난다는 건 사장으로서는 생각하기도 싫은 상황이다. 그렇다고 그런 일이 나에게는 닥치지 않을 거라고 무시하면서 지낼 수도 없다. 언제든 일어날 수 있는 일이기 때문이다. 지금까지 그런 일이 없었다고 닥쳐오지 말란 법도 없다. 먼 산도 아니고 남의 일도 아니어서 사장의 머릿속에 항상 도사리고 있는 화약 같은 것이다. 언제 어디서 불똥이 튀어오를지 모르니 항상 전전긍긍할 수밖에 없다. 어쩔 수 없이 바람 앞의 촛불이 되었다면 헤쳐나가야 한다. 리더로서 사장의 존재는 위기에 극명하게 드러난다. 무엇을 어떻게 하느냐에 따라 생사가 엇갈린다.

잘나가던 한 회사가 부도를 맞아 다른 회사에 인수됐다. 인수한 회사는 1,725명이라는 대규모 해고를 단행했고 뼈를 깎는 구조조정을 시작했다. 정상화되면 해고 직원들을 우선적으로 받아들이겠다고 했지만 이렇게 이야기한 회사도 자신들의 약속이 실현될지 알 수 없었고 그 말을 믿는 직원들도 없었다. 회사를 나간 사람들은 세상의 찬바람에 떨어야 했고 남은 사람들은 언제 그 찬바람을 맞게 될지 몰라 떨어야 했다.

만약 이 회사의 사장이라면 어떻게 해야 할까? 무엇부터 시작하고 무엇에 가장 역점을 두어야 할까? 이 회사를 살려내기 위해 절치부심한 사장을 옆에서 지켜본 한 임원의 말이 있다.

"조직을 어떻게 일으켜 세워야 하는지 정말 많이 배웠습니다. 사장이 오기 전에는 위에서 결정이 내려오면 그대로 하는 회사였어요. 새로 온 사장은 완전히 달랐습니다. 중요한 결정을 내리기 전에도 그랬지만 결정을 내린 후에도 모든 직원들에게 하나하나 설명을 하는 겁니다. 예를 들어 일 년에 두 번씩 경영설명회를 하는데, 보통 이런 걸 하면 임원들을 다 한 군데에 모이게 한 다음 이건 이렇고, 저건 저렇다 하는 식으로 좍 설명하지 않습니까? 그런데 이 분은 일하는 시간을 뺏을 수 없다며, 또 직접 설명을 해주어야 직원들이 안심한다며 전국 각지에 흩어져 있는 공장을 다 찾아다니는 겁니다. 그러다 보니 같은 내용을 30번씩이나 반복해야 했는데 한 번도 대충 하지 않고 전심전력을 다해 설명을 하는 거예요. 경영자가 노조와 직원들에게 먼저 다가가 신뢰를 주어야 한다면서 말입니다."

회사는 살아났고 6년 만에 해고 노동자들 중 희망자들은 다 복직했다. 사장도 본사로 영전했다. 2000년 부도를 맞아 GM에 인수된 GM대우와 닉 라일리 전 사장의 얘기다.(나중에 한국GM으로 바뀌었다) 라일리 사장이 보여준 리더십은 리더들이 위기에 처한 조직을 이끌 때 무엇을 어떻게 해야 하는지, 아니 무엇을 가장 중시해야 하는지를 알려준다.

라일리 사장은 신뢰를 형성하는 데 심혈을 기울였다. 같은 내용을 30번씩이나 반복하고, 그것도 전국에 산재한 현장을 일일이 찾아가 전심전력을 다해서 설명하고 설득했다.

무소불위의 힘을 가진 사장이 항상 먼저 다가가 손을 내밀고 말을 걸고 자신의 마음을 열어 믿음을 보였다. 분명 삼재력이 있는 회사이긴 했지만 죽어가던 회사는 그렇게 직원들의 마음속에서 먼저 살아났다. 직원들이 사장을 믿고 자신의 일에 집중하면서 불안이 사라졌고, 생산성이 올라가면서 수익성이 좋아졌다. 한국인은 마음이 먼저 살아나야 다른 일들도 덩달아 풀리는 경향이 유독 강한데 그 마음속 물꼬를 라일리 사장이 튼 것이다.

지금까지도 그래왔지만 앞으로도 리더는 첨단기술보다 더 중요한 영원한 성장동력일 것이다. 어떤 리더가 조직을 이끄느냐에 따라 조직의 흥망과 성패가 갈리기 때문이다. 그리고 이런 리더의 성패는 이 리더가 조직을 먼저 믿어줄 수 있느냐, 그리하여 조직이 그를 믿느냐에 달려 있다.

'나는 내가 이끄는 조직을 믿을 수 있는가?'

웬만한 사장들도 쉽게 대답하지 못한다. 그렇다고 자기 조직이 마음에 안 든다고 누구한테 말할 수도 없는 일, 이 또한 마음속에서 삭혀야 한다. 세상을 향한 욕심이 많기에 사장의 마음에 쏙 드는 조직이란 게 있을까 싶지만 어쨌든 믿고 맡길 수 있는 조직을 만들어야 하는 게 사장의 일이다. 저는 여러분을 믿습니다. 우리 조직을 믿습니다, 이러면 될까?

왜 믿음으로 가는 길은 험난할까? 열 길 물속은 알아도 한 길 속을 알 수 없는 사람의 마음속에 길을 내야 하기 때문이다. 믿음을 이용해 잇속을 챙기려는 수많은 걸림돌과 장애물이 있기 때문이다. 그래서일까? 미국 경제전문지 〈포춘〉은 매년 가장 존경받는 기업과 CEO를 선정하는데 눈에 띄는 평가 항목이 하나 있다.

'먼저 사랑할 줄 아는가?'

왜 이런 항목이 있을까? 경영은 결국 사람으로 시작해서 사람으로 끝나는, 사람으로 하는 일인 까닭이다. 가슴속을 까맣게 태워서라도 조직의 능력을 활활 태우도록 해야 하는 일이기 때문이다.

목계가
되어야
하는데…

그는 계속 뭔가를 중얼거리고 있었다.

"목계가 안 돼, 목계가……."

무슨 말인가 싶었다. 그가 중얼거리고 있던 목계木鷄는 《장자》
〈달생達生〉편에 나오는 '나무로 깎아 만든 닭'이다. 당대 최고의 조
련사인 기성자가 싸움닭을 키웠는데 투계鬪鷄를 좋아하는 왕이 어
떻게 빨리 볼 수 없느냐고 조바심을 내자 기성자가 대답하는 내용
이다.

싸움닭을 기른 지 열흘이 지나자 왕이 물었다.

"닭이 되었느냐?"

"아직입니다. 쓸데없이 허세를 부리고 자기 힘만 믿습니다."

다시 열흘이 지나 왕이 또 물었다.

"아직입니다. 다른 닭의 소리나 모습만 보아도 덤벼듭니다."

다시 열흘이 지나 또 물었다.

"아직입니다. 아직도 상대를 노려보고 혈기 왕성합니다."

또 열흘이 지난 후 왕이 재차 물었다.

"이제 됐습니다. 상대가 울음소리를 내어도 아무 변화가 없습니다. 멀리서 보면 마치 나무로 깎아놓은 닭 같습니다. 그 덕이 온전해진 것입니다. 다른 닭이 감히 상대하지 못하고 돌아서 달아나버립니다."[1]

장자가 목계를 통해 말하고자 하는 건 자신이 가진 힘을 어떻게 사용하고 어떻게 영향력을 발휘해야 하는가 하는 것이다. 같은 힘이라도 어떻게 쓰느냐에 따라 결과가 달라지기 때문이다. 칼을 쥔다고 검의 달인이 되는 게 아니듯 힘을 갖고 있다고 다 좋은 결과를 만들어내는 게 아니다. 잘 쓸 수 있어야 한다. 그러려면 자신을 부단히 담금질해야 하는데 그 과정이 생각보다 힘든 까닭에 사장은 "목계가 안 된다"고 자신을 탓하고 있었다. 목계가 되어야 하는데 자꾸 수양이 덜된 싸움닭처럼 하고 있다는 것이었다.

어느 날 직원들이 기획안을 갖고 왔다. 현재 주요 고객이 아닌 18~23세대를 공략하기 위한 것이라고 했다. 읽어 보니 새로운 브랜드를 런칭해야 한다는 것 외에는 도통 알 수 없는 내용뿐이다. 초감각 세대들을 대상으로 하는 것이니 그렇다 쳐도 요청한 비용이 4,000억 원쯤 되면 고민스럽지 않을 수 없다. 될지 안 될지도 모르는, 더구나 도저히 이해가 안 되는 기획안에 "예스"라고 할 수 있을까? 영 쉽지 않다. 그런데 이 말도 안 되는 것 같은 기획안에 '쉽게' 예스를 해준 CEO가 있었다. 물론 조건이 있었다.

"실패하면 사표 써."

이 한 가지 조건으로 탄생한 게 SK텔레콤이 1999년 선을 보여 오랫동안 히트한 TTL이라는 브랜드다. 그리고 이걸 '쉽게' 허락한 사람은 조정남 당시 부회장이었다.

"기획안이 올라왔는데 영 탐탁지 않더라고요. 브랜드 이름에 거센 소리가 두 개나 들어갔지, 광고를 보니 어항이나 깨뜨리고, 돈은 400억 원이나 달라는 거예요.(당시 400억 원은 지금 4,000억 원쯤 된다) 안 된다고 했더니 실무자들이 사정사정하는 겁니다. 그래서 실패하면 사표 쓰라고 해놓고 믿고 맡겼죠. 2002년 한일 월드컵 때 거리 응원도 마찬가지예요. 월드컵 스폰서십이 없어 월드컵의 '월'자도 꺼내지 못하는 상황이었는데 직원들이 규정을 꼼꼼히 들여다보더니 응원이 가능하다는 점을 알아낸 거예요. 붉은악마 응원 아이디어가 거기서 나온 겁니다."

알다시피 TTL 광고와 거리 응원은 엄청난 사회적 반향을 일으킨 '사건'이었다. 그는 직원들이 '사건'을 일으키도록 사람만 관리했다고 했다. 젊은 세대를 위한 것이라 젊은 세대들에게 맡겼다는 것이다.[2] 과연 이게 전부였을까?

"차장 때까지만 해도 몸이 부서져라 일했어요. 부하 직원들이 일을 잘 못해도 책임은 제가 지는 거잖아요. 그래서 만족스러운 작품이 나올 때까지 시키다가 그래도 안 되면 직접 했죠. 그런데 부장이 되니 업무 범위가 넓어지고 직원 수도 많아져 직접 하다간 뼈도 못 추리겠더라고요. 그래서 꾀를 부렸죠. 부하 직원을 똑똑하게 만들어 일을 시키는 게 생산성이 더 높다는 걸 알게 된 겁니다. 부하 직원한테 전권을 주고 맡기면 기대에 부응하기 위해 더 열심히 일합니다."

"사람들은 저를 'CDMA(부호분할다중접속: 한국이 세계 최초로 상용화에 성공한 휴대전화 통신방식) 상용화 일등공신'이라고 하는데 제가 한 일은 별로 없어요. 모두 직원들이 한 거죠. 석유화학 전문가인 저한테 CDMA 상용화는 엄청난 모험이었죠. 다행히 이 분야 최고 기술자 4명과 함께 일하게 됐어요. 그들에게 무엇을 해야 하는지 스스로 고민하게 했더니 아이디어를 짜내 모범답안을 만들어 가져오더라고요. 저는 그저 '열심히 하라'고 격려나 하고 '회사 차원에서 지원해 줄 게 뭐 없느냐'고 묻기만 했어요."

과연 그럴까?(노련한 사장들은 꼭 이렇게 말한다. 마치 대학 수석 입학자들이 "교과서로 공부했다"고 하듯이 말이다) 당연히 좀 더 속 깊은 마음이 있었다.

"'이렇게 해라' '저렇게 해라' 지시부터 하면 안돼요. 먼저 왜 목표를 달성해야 하는지 그것부터 알려줘야 합니다. 일할 사람이 꼭 해내야겠다는 결심이 확고해야 하기 때문이죠. 저는 100점짜리 답을 갖고 있어도 먼저 얘기하지 않습니다. 직원들이 70점짜리 아이디어를 가져와도 잘난 척 (내 생각을 말)하면 안돼요. 그렇게 하면

멍청한 리더예요. 직원들이 자기 책임 아래 움직일 때 좋은 성과가 나옵니다. 어떤 때는 120점짜리 아이디어도 가져옵니다. 그러면 칭찬을 하고 회사가 무얼 지원해주면 되는지 묻죠. 자신의 생각을 강요하면 직원들이 창의력을 발휘하지 않고 일이 안 풀리면 윗사람 탓만 하게 됩니다."

그는 꾀를 부려 부하들을 똑똑하게 만들었고, 지원해줄 게 없느냐 묻기만 했다고 하지만 서툴게만 일하는 직원들을 지켜보면서 빤한 결과를 기다리는 심정은 말이 아니었을 것이다. 100점짜리 답을 갖고 있는데 70점짜리 아이디어를 갖고 온 직원들을 칭찬할 때는 입이 떨어지지 않았을 것이다. 하지만 믿고 맡겨야 할 때 그렇게 하고, 기다려야 할 때 기다린 보람은 컸다. 기다림은 기다리는 사람에겐 무섭도록 견디기 어려운 것이지만, 그런 기다림을 이겼을 때의 결과는 무섭도록 놀랍다는 걸 보여주는 사례다.

기다림이라는 처절한 노력
●

"제가 (직원들한테) 가서 (커뮤니케이션을) 하는 것은 쉬운 일이죠. 하지만 반대로 직원이 (제게) 와서 (커뮤니케이션을) 하는 것은 아주 어려운 일입니다. 상하 간의 벽을 허물어야 하는데 처음엔 가장 쉬웠던 일이 나중에는 가장 어려운 일이 됩니다. 끈기 있게 참고 기다려야 한다는 걸 배웠습니다. 아니, 지금도 배우고 있지요."

"내가 가려고 하는 방향으로 조직이 움직이도록 해야 하는데 생각보다 잘 안 됩니다. 그런데 자기네들이 선택한 방향은 신나게 잘 가더군요. 아, 자신들이 선택하도록 해야겠구나, 지시하지 않고 움직이도록 기다려서 자신들이 선택하도록 해야겠구나 하는 걸 알았어요. 그게 일하게 하는 능력인 것 같아요. 근데 이게 참 목계가 되어가는 과정 같습니다. 열심히 일할 때까지 기다리는 끈기를 가지기 힘들었어요. 그런데 직원을 제1의 고객이다, 하면서 무서워하니 기다릴 수 있겠더라고요."

기다림이라는 무서움에 시달리고 있는 사장들의 이야기다.

2014년 정규 시즌에서 2위, 한국시리즈 준우승을 하며 돌풍을 일으킨 프로야구 넥센의 염경엽 감독은 술을 마시지 못한다. 그래서 밤낮으로 야구만 생각하고 궁리한다. 스트레스가 쌓이지 않을 수 없다. 그렇다고 행동으로 표현할 수는 없는 일, 실제로도 거의 표현하지 않는다. 경기 중에도 조용히 서 있을 때가 많다. 감정 조절의 묘를 터득하기라도 한 걸까? 그렇지는 않은 모양이다.

"잠을 잘 때도 이런저런 생각을 하게 되는데, 아침에 일어나면 집사람이 '욕 좀 그만하라'고 합니다. 평소 거의 욕을 하지 않는 편인데 꿈에서 어떤 선수가 내가 원하는 대로 움직여주지 않으면 욕을 그렇게 많이 하는 것 같아요."

실제로 입 밖으로 내지 않고 안 하는 척하는 것뿐이지 속으로는 하고 있다는 말이다. 욕이라도 해야 스트레스가 풀릴 텐데 그마저도 못하니 그렇지 않아도 호리호리한 몸은 시즌을 치르고 나면 7킬로그램 이상 빠진다. 2014년 한국시리즈 삼성과의 마지막 경기에서는 눈물까지 흘렸다. 졌기 때문이다.

"아버지 돌아가신 이후 처음으로 울었습니다. 속상하고 아쉽고, 또 화가 났어요."

그는 누구한테 욕을 가장 많이 했을까?

그를 인터뷰했던 기자들은 하나같이 기사에 "부족했던 자신을 향한 노여움"에 자신을 탓하고 있더라고 했다.[3] 지켜보고 지켜보다 결국 자신에게 화를 내는 자리가 감독 자리인 것이다.

하루에도 열두 번씩 이건 그렇게 하는 게 아니라 이렇게 하는 거야, 하면서 확 엎어버리고 싶은 마음이 불쑥불쑥 솟아오른다. 칼을 높이 빼들고 '자, 지금부터는 이렇게 하자!'라고 하고 싶은 욕구가 움찔움찔 칼집인 마음에서 나오려고 한다. 힘 있게 칼을 빼들고 조자룡 헌 칼 쓰듯이 속 시원하게 해치우고 싶은 마음이 굴뚝같다. 하지만 이거야말로 새싹을 늘여 빼는 초짜 농부 같은 행동이니 참아야 한다고 수도 없이 되뇐다.

조직을 이끄는 일이란 어쩌면 사춘기 아들을 둔 아버지 노릇과 같을지도 모른다. 사춘기에 접어든 아들은 아버지의 그늘에서 벗어나 자기 결정권을 가지려고 한다. 잘 안 될 게 눈에 빤히 보이는데 자기 마음대로 하려고 하고, 충동적인 말과 행동으로 공격적 성향을 드러내고, 그렇게 하다가 엎어지고 깨진다. 이럴 때 아버지가 해야 할 일은 하나다. 보아주고 받아주고 넘어가주면서 기다리는 것이다. 엎어지고 깨지면 보듬어주고 안아주는 것이다. 뭔가 새로운 걸 하겠다고 할 때는 그게 맞다고 해주는 것이다.

사업하면서 가장 힘든 일이 무엇인가, 하고 물으면 경험 많은 CEO들은 마음 얘기를 많이 한다. 결국 사업이란 사람을 키우는 일에서 성패가 갈리는데 사람을 키우는 일 자체가 기다리는 마음, 그것도 애가 타는 마음의 연속이기 때문이다.

무엇보다 이리 뛰고 저리 뛰면서 회사를 키워야 하는 창업자들은 '믿고 맡길 사람 한 명'을 간절하게 원하게 된다. 단순한 바람이 아니라 타는 목마름이다. 신상품 아이디어에서부터 대금 결제까지 모든 과정을 일일이 사장이 직접 챙겨야 하니 몸이 열 개라도 모자란다. 한 순간이라도 손을 놓으면 일이 제대로 돌아가질 않는다. 사장의 눈으로 보고 사장의 마음으로 일을 챙겨줄 사람이 단 한 명만이라도 있으면 얼마나 좋을까 하는 목마름을 느낄 수밖에 없다.

완전히 '맨땅'이라고 할 수 있는 트럭 장사부터 시작했기에 이 모든 과정을 겪은 장평순 교원그룹 회장이 이런 말을 한 적이 있다.

"회사를 경영하면서 사람을 키우기 위해 여러 시도와 노력을 해본 결과 나름대로 체득한 인재육성의 원칙은 '믿고 기다리는' 겁니다. 어느 회사나 인재에 대한 갈증과 욕심이 있어요. 그래서 잠재력 있는 사람을 뽑고 과감하게 권한과 책임을 부여해 기회를 주기도 합니다. 기회를 부여받은 직원들이 스스로 문제를 해결하면서 자생력을 키워나갈 수 있는 '기다림'의 노력이 필요하기 때문입니다.

팀장이 팀원에게 업무를 맡기고 보고를 받다 보면 팀원이 빤히 보이는 길을 돌아가는 경우가 종종 있어요. 답답한 마음에 팀원을 책상머리에 앉혀두고 미주알고주알 지시를 내리고 싶은 마음이 굴뚝같아요. 지시를 하면 당장 눈앞의 일이 빨리 해결돼 답답한 마음은 풀릴지 모릅니다. 하지만 그 직원은 앞으로도 계속 스스로 문제를 해결하는 능력을 갖지 못해 팀장은 똑같은 답답함을 반복하게 마련이죠.

사실 내게도 기다림이라는 것이 여전히 쉬운 일은 아닙니다. 때로 믿음을 주고 기다려주는 과정에서 직원들이 제법 큰 실수를 하곤 합니다. '중간에 한마디 더 했어야 하지 않았을까' 하는 생각도 합니다. 인내심이 흔들리는 대목이지요. 그렇지만 나중에 그 직원이 실수를 밑거름 삼아 각고의 노력을 기울여 회사에 기여하는 큰 성과를 내면 그제야 그간의 오랜 기다림이 보상을 받는 겁니다."[4]

말이 그렇지 그 기다림은 흔들리는 마음이었을 것이다. 만약 일이 잘못되어 회사가 흔들거리기라도 한다면? 이런 생각이 꼬리에 꼬리를 물면 몇 시간이 훌쩍 지나며 밤을 새우게 된다. 전문경영인들은 그 결과로 실적이 안 좋아져 자신의 임기 연장에 영향을 끼칠까 싶어 좌불안석이 된다. 침착함은 마음의 평온에서 오는 것인데 마음이 흔들리니 입 안이 쩍쩍 달라붙는다. 어떤 사장의 말처럼 "가슴이 답답해 확 열어젖히고 싶어 미칠 것 같은" 상태가 된다. 월별 회의를 하는데 실적이 밑바닥을 기는 걸 들으면 속에서 불기둥이 확 치밀어 오른다. 한 전문경영인은 이 뜨거운 가슴을 식히느라 하루 종일 콜라를 입에 달고 살다 역류성 식도염과 갑상선(샘) 이상 진단을 받았다.

"직원들은 눈에 보이는 것만 보고 사장이 해주는 일을 당연하게 생각합니다. 불안장애가 있는데 이게 있다고 알릴 수는 없잖아요? 알려서도 안 되고. (병원에 가보니) 항상 내리누르고만 있어서 생기는, 사실 특별한 약이 없는 증상이라고 합니다. 약으로는 해결이 안 된다는 거지요."

아니다, 약이 없는 건 아니다. 하지만 이 약은 병원에서 줄 수 있는 약이 아니다. 십 년 묵은 체증까지 쑥 내려가게 해줄 만큼 속을 시원하게 해주고 웃음을 만발하게 해주는 약이 있다. 좋은 성과다. "드디어 해냈습니다"라는 말을 듣는 것이다.

왜 기다림은 힘들고 어려울까?

●

나아가야 할 때 나아가는 것은 승리를 결정짓는 요건의 절반일 뿐이다. 나머지 절반은 기다려야 할 때 기다리는 것이다.

인도에서 몇 년 동안 주재원 생활을 했던 사람은 가난한 집과 부잣집은 키우는 나무가 다르다는 걸 한참 후에 알았다고 했다. 가난한 집들은 보통 쉽게 길러서 금방 따먹을 수 있는 흔한 과일나무를 키우고 있었지만 부잣집은 달랐다. 오래도록 키워야 하지만 하나하나가 비싼 과일나무들을 갖고 있었다. 기다림이 달랐다.

인내는 그냥 엎드려 있는 게 아니다. 신념을 갖고 극도의 자기절제로 더 나은 기회를 만들어내는 것이 인내다. 분을 참지 못해 나아가 죽기는 쉬우나 치욕을 참고 뜻을 이루기는 어렵다. 타이밍이란 기다림을 전제로 한다. 잘 기다려야 좋은 타이밍을 만날 수 있다.

미국 에머리 대학 그레고리 번스 박사팀이 32명의 사람을 대상으로 발바닥에 작은 전기충격을 가하는 실험을 했다. 생명에는 지장이 없지만 짜릿한 고통이 느껴지는 전기충격이었다. 그런데 실험이 진행될수록 참가자들이 이구동성으로 한 말이 있었다. 같은 충격이라면 '빨리 당하겠다'는 것이었다. 왜 참가자들은 하나같이 전혀 즐겁지 않은 전기충격을 빨리 받겠다고 했을까?

자기공명영상촬영MRI 장치로 사람들의 뇌를 들여다보았더니 거기에 답이 있었다. 그들은 아직 전기충격을 받지 않고 기다리고 있는 중이었는데도 뇌 부위가 마치 충격을 당한 것처럼 활발하게 작동하고 있었다. 전기충격을 당하는 걸 보는 것만으로도 실제로 전기충격을 당하는 것과 같은 고통을 겪고 있었던 것이다. 고통의 순간이 자신에게 점점 다가올수록 고통의 강도도 세졌다. 차라리 빨리 '매'를 맞는 게 낫지 비명소리를 들으며 기다리는 건 맞는 것보다 훨씬 힘든 일이었다. 매도 빨리 맞는 게 낫다는 속담 그대로였다.

사장이라고 다를 게 없다. 일을 하는 사람이 마음 편하지 과정을 지켜보면서 결과를 기다리는 것만큼 괴로운 일이 없다. 선수로 뛰다 감독이 되는 사람들이 겪는 조바심을 그대로 겪는다. 좋은 방법이 없을까? 피할 수는 없지만 누그러뜨리는 방법은 있다.

날카로운 주사 바늘이 내 살로 들어온다는 걸 안 아이들은 울음을 터뜨린다. 시간이 길어질수록 더 세게 운다. 앞의 아이가 비명을 지르거나 울면 말할 것도 없다. 그럴수록 그 바늘이 더 생각나고 그럴수록 더 아파오기 때문이다. 이럴 때 특효약이 달콤한 사탕이다. 훌쩍훌쩍하면서도 뚝 그친다. 뾰족한 주사기에 몰려 있던 생각이 맛있는 사탕으로 옮겨갔기 때문이다.

장수하는 CEO들은 긴장의 순간 밑도 끝도 없는 유머를 툭 던지는 특징이 있는데 이게 바로 사탕 같은 것이다. 썰렁한 유머가 대부분이지만 픽 하는 웃음이 고통에 몰려 있는 생각을 조금이라도 벗어나게 해준다. 이들이 하나같이 독특한 취미를 갖고 있는 것도 자신의 몰입을 전환하기 위해서다.

대기업 사장을 오래 하다가 지금은 현직에서 물러난 장수 CEO가 발견한 처방은 머릿속에 구멍을 하나 뚫어놓는 것이었다.

"차 주전자를 보다가 안 건데 물 끓는 주전자가 뻥 하고 터지지 않는 이유가 뭔지 알아요? 구멍이 있기 때문이죠. 틈날 때마다 혼자 명상하듯이 머릿속에 구멍을 하나 큼지막하게 뚫어놔요. 한 쪽 귀로 들은 걸 한쪽 귀로 흘리듯이 내보냅니다. 오만 가지 감정덩어리들이 몰려드는데 그걸 다 갖고 있으면 죽을 것 같더라고요."

같은 말을 하는 이가 또 있었다. 영국에서 태어나 케임브리지 대학에서 이론물리학을 전공한 후 특이하게 태국의 밀림으로 들어가 9년 동안 수도승 생활을 했던, 지금은 호주에서 활동하고 있는 아잔 브라흐마다.

"내가 해야만 하는 일들 중 하나는 사람들의 문제를 들어주는 일입니다. 사람들이 빠져서 허우적거리는 복잡하게 뒤엉킨 문제들을 들을 때면 (…) 나 또한 우울한 마음이 드는 걸 어쩔 수 없어요. 스승 아잔 차께서는 수행승은 쓰레기통과 같아야 한다고 말씀하셨습니다. 수행승은 사람들의 온갖 문제를 귀 기울여 들어야 하고, 그들의 모든 쓰레기를 받아들여야 합니다. 부부 간의 문제, 자녀와의 갈등……. 독신 수행승이 부부와 자녀의 문제에 대해 무엇을 알겠습니까? 우리는 그 모든 하찮은 일들로부터 멀어지기 위해 세상을 떠난 것인데. 하지만 우리는 (…) 그 쓰레기들을 받아들여야 합니다. 아잔 차 스승이 주신 또 다른 본질적인 충고가 있습니다. 스승은 밑바닥에 구멍이 뚫린 쓰레기통이 되라고 말씀하셨습니다. 우리는 모든 걸 받아들여야 하지만 그렇다고 그걸 다 간직할 필요는 없다는 거지요. 좋은 친구나 상담자는 바닥이 없는 쓰레기통과 같습니다. 가득 차서 또 다른 사람의 문제를 들을 수 없는 경우가 없지요."[5]

CEO와 수행승은 왜 같은 말을 하고 있을까? 두 사람이 하는 일이 마음을 닦아야 하는 일이기 때문일 것이다. 목계가 되는 일은 멀고도 힘든 일이기 때문일 것이다.

11
———————

흔들릴 것인가,
흔들 것인가

권위에
도전해오는
그들

2차 세계대전 때 히틀러의 나치는 폴란드를 점령한 후 러시아로 진격하기 위해 벨라루스를 먼저 쳐들어갔다. 유대인에 대한 탄압은 여기서도 마찬가지여서 마구잡이로 죽이고 수용소로 보내는 일이 벌어졌다.

젊은 유대인 투비아 비엘스키는 난리를 피하기 위해 남동생 둘과 함께 깊은 숲으로 들어갔다. 그런데 피난민들이 하나둘 모여들면서 형제 간에 갈등이 불거진다. 불쌍하다고 다 받아주다 보면 결국 독일군에게 발각될 것이고 그러면 모두 다 죽을 수밖에 없다는 게 둘째 주스의 생각이었다. 하지만 투비아는 외면하지 못한다. 받아주지 않으면 갈 데가 없는 그들이 어떻게 되겠는가? 직선적인 성격의 주스는 러시아군과 함께 독일군을 공격하겠다고 떠나버리고 투비아는 막내 동생 아사엘과 함께 숲 속에 피난민 공동체를 만든다. 하지만 항상 식량이 모자란다. 젊은 사람들을 모아 게릴라 활동을 하지만 많은 사람을 먹이기에는 역부족이다.

결국 먹는 것에서 갈등이 생긴다. 몇 명의 젊은 남자들이 배고픔을 견디다 못해 음식을 구해온 자신들이 더 먹어야 한다고 힘을 쓰기 시작한 것이다. 투비아가 지독한 감기 몸살에 걸려 움막에서 나오지 못하는 동안 사태는 점점 심각해지고 결국 일이 터지고 만다. 밖이 유난히 소란스럽다 싶어 나간 투비아의 눈에 열 명 남짓한 남자 무리가 들어온다. 밥을 타기 위해 다들 줄을 서는데 이들은 자기네들끼리 둘러 앉아 있으면서 밥을 가져오라고 시킨다. 밥을 가져온 여성에게 "오늘은 더 예뻐 보이네"라며 희롱까지 한다.

소란은 며칠 전에도 있었다. 투비아는 그때 '그러지 말라'고 경고하는 선에서 끝냈다. 분란을 일으키고 싶지 않아서였다. 그동안 형이 하자는 대로 해왔던 막내 동생은 형이 또 소극적으로 대응하자 분통을 터뜨리며, 투비아만 모를 뿐 웬만한 사람은 다 아는 실상을 전해주었다. 저들이 형에 대해 대장 역할도 제대로 잘 못하면서 귀금속 같은 좋은 물건이 생기면 혼자 다 차지하고 원하는 여자들까지 마음대로 다 가져간다며 대장 자격이 없다는 소문을 퍼뜨리고 있다는 것이었다. 억울한 동생이 씩씩거리자 투비아는 한 술 더 떠서 이렇게 말했다.

"어쩌면 그럴지도 몰라."

은근히 분통을 터뜨리길 바랐던 동생은 형이 자신 없게 말하자 터프한 둘째 형을 그리워했었다.

"둘째 형이 있었으면 이러지는 않았을 텐데……."

그게 바로 며칠 전이었다. 그런데 오늘은 더 묵과할 수 없는 상황을 목격한 것이다. 저들은 지금 보란 듯이 도발을 하며 도전장을 던지고 있다. 놔두면 저들은 이겼다는 듯 자기네들 마음대로 할 것이다. 그렇다고 다른 뾰족한 방법이 있는 것도 아니다. 어떻게 해야 할까?

투비아는 자기네들끼리 떠들면서 밥을 먹고 있는 무리의 주동자 알카디를 부른다. 두 번이나 부르지만 알카디는 묵살한 채 밥을 먹는다. 근처에 있는 이들이 다 들을 수 있도록 부르는데 못 들은 척 뭉개버린다는 건 말 그대로 공개적인 도전 아닌가? 지금까지 공동체를 이끌어오던 리더와 힘을 앞세운 새로운 도전자가 정면으로 부딪치는 순간, 일촉즉발을 눈치 챈 주변이 침묵으로 그들을 지켜본다. 투비아가 부르는 걸 귓등으로 흘려보내며 와자지껄 떠들고 있는 무리와 함께 몇 번 더 숟가락을 뜨던 알카디는 먹던 그릇을 다른 사람에게 건네준 뒤 천천히 몸을 돌려 투비아를 향해 몇 걸음 걸어간다. 둘은 몇 미터 사이를 두고 마주 선다.

투비아: 뭐 하자는 거야?

알카디: 새로운 법이 생겼어. 이제부터 군인들 몫이 늘어나는 걸로.

투비아: 내가 그건 안 된다고 했을 텐데.

알카디: (푸후~) 넌 더 이상 우리 지휘관이 아니야.

모든 사람들이 보는 앞에서 정면으로 자신의 존재를 부인 당한 투비아. 투비아는 어떻게 해야 할까? 어떻게 하면 이 상황을 이겨 낼 수 있을까?

인내심을
테스트하는 직원들
●

국내에서는 인지도가 떨어지지만 해외에서는 알아주는 회사가 있었다. 한때 주문자 상표 부착^{OEM}으로 손꼽히는 셔츠 생산업체를 경영하던 사장은 한눈에도 산전수전 다 겪은 사람처럼 보였다. 그를 만났을 때 "요즘 힘든 게 뭡니까?" 하고 물었던 적이 있다. 자기 브랜드가 없어서 힘들지 않느냐, 하는 답을 예상한 질문이었다. 그리고 보통 이렇게 물으면 생각을 정리하기 위해 잠시라도 뜸을 들이게 마련이다. 그런데 그는 마치 기다렸다는 듯 대답을 쏟아냈다. "무엇이 힘드냐?"고 물었는데 다소 엉뚱한 이야기로 말이다.

"싫어하는 직원요? 있죠. 뭔가 지시를 내렸는데 해보지도 않고 '어렵겠는데요', '힘들겠는데요' 하는 직원을 아주 싫어해요. 어떤 직원은 생각도 해보지 않고 '안 되겠습니다'라고 천연덕스럽게 말

합니다. 그래도 명색이 사장인데 어떻게 그렇게 천연덕스럽게 대답할 수 있을까요? 그걸 보면 속에서 불이 확 일어나요. 하지만……참아야지 별 수 있겠습니까? 아니 쉬운 일이면 시켰겠습니까? 그게 어려운 일인 줄 모르고 시켰겠습니까? 저도 이 생활 이십 몇 년인데 왜 모르겠습니까? 아니까 혼자 고민하고 끙끙거리다가 해보라고 한 거죠. 세상에 밥 벌어먹고 사는 일에 쉬운 일이 어디 있어요? 세상 모든 일이 쉬우면 다 부자 되고 돈 벌었게요? 어려우니까비즈니스고 사업이죠. 모름지기 가장 중요한 건 도전정신이에요. 뭐든지 머리로만 생각하고 '안 된다'고 하면 어떡합니까? 해봐야죠. 남들이 안 된다고 하는 걸 해야 성공하고 돈 벌고 하잖아요. 저는 아예 이런 말 하지 않는 것을 우리 회사 경영원칙으로 삼고 있습니다. 그런데도 천연덕스럽게 못하겠다고 합니다. 할 말이 없어요."

사실 이 정도는 사업하다 보면 누구나 겪는 일이다. 안 겪는 게이상할 정도다. 이런 일도 마찬가지다.

"IT 업체들이나 벤처기업들은 대부분 직원들의 식대를 지원합니다. 하루 24시간을 일해도 모자라기 때문에 어쩔 수가 없는 일이긴 하지만 어디 돈 쌓아놓고 벤처기업 하는 사람 있나요? 없으니까벤처(모험)하는 거죠. 매달 월급날만 가까워오면 월급 구하러 다니느라고 발바닥이 부르틉니다. 조금이라도 돈이 모자라면 정말 속이새카맣게 타죠. 더구나 요즘같이 경기가 바닥을 기고 있으면 그저하루에도 열두 번씩 포기하고 싶은 생각이 굴뚝처럼 불뚝불뚝 솟아오릅니다.

　상황이 이런데 매달 올라오는 식대를 보면 속이 확 뒤집힐 때가 많아요. 힘들어 죽는 걸 빤히 알 텐데 엄청나게 먹은 겁니다. 버럭 소리라도 한 번 지르고 싶은데 밥 먹는 거 가지고 그러자니 쪼잔해 보이겠다 싶어서 그냥 참아요. 가끔 같이 (밥을 먹으러) 가보면 누가 '범인'인지 단박에 드러나요. 꼭 소리 높여 비싼 요리를 시키는 녀석들이 있거든요. 이런 녀석들은 하는 말도 어떻게 그렇게 똑같은지 몰라요. '월급도 적은데 먹는 거라도 잘 먹어야지' 이럽니다. 말이나 하지 않으면 밉지나 않지. 6천 원, 8천 원 하는 걸 먹어도 되는데 굳이 그러면서 사람들을 충동질합니다. 혼자 먹기는 불편한 거죠. 중국집에 가도 '이런 요리 하나쯤 있어야 하지 않겠어?' 하면서 비싼 요리를 시키고 말입니다. 그런데 이런 녀석들이 똑같은 게 하나 더 있어요. 일 안하고 뒤로 살살 빠지는 데 일등입니다. 먹을 때나 놀 때는 항상 앞장서면서 일할 때는 꽁무니 빼는, 아니 정말 일 못하는 녀석들입니다. 이 녀석들 보고 있으면 인격 수양 따로 할 필요가 없어요."

　"날이면 날마다 정말 하고 싶은 말이 있는데, 입 안에 맴맴 도는데 하지 못하는 말이 있습니다. 아무리 노력하고 애를 써도 마음에 안 드는 직원들에게 '당장 나가!' 하면서 확 내쫓아버리면 십 년 묵은 체증이 쑥 내려갈 것 같아요. 근데 참 희한한 건, 나가주기만 하면 '고맙다'며 보상금이라도 주고 싶은 녀석들이 있는데 이 녀석들은 또 절대로 안 나갑니다. 딱 붙어 있어요. 그러고서는 주변에 뭐라고 하는 줄 아세요? 사장이 자기를 미워해서 일을 못하겠다는 겁니다. 혹시 내가 편애해서 그런가, 장점도 있는데 단점만 보는 건 아닌가 하면서 가능하면 잘해주려고 그렇게 노력했는데 말입니다. 더 열불이 나는 건 필요한 녀석들은 곶감 빠져나가듯 꼭 필요할 때 나간다는 겁니다. 그러면 또 한동안 일할 맛이 안 나요."

"사표 들고 오는 직원들 중에 참 아쉬운 사람들이 있어요. 일도 열심히 하고 능력도 있는데 자기 성질을 어쩌지 못하고 불화를 일으키다가 나가버려요. 승부욕이 있다 보니 욕심대로 사람을 이끌고 가려고 하는데 그게 잘 안 되는 데다 관계 때문에 상처받기 싫으니 확 부러져버리는 거지요. 특히 일 안 하고 빈둥거리는 직원들을 못 견뎌 해요. 일과 싸우는 것처럼 좀 진득하게 대하면서 그런 직원들을 이겨주고 그런 직원들이 발을 못 붙이게 해주면 얼마나 좋겠습니까? 근데 자기 성질을 못 이기고 '에라, 내가 나가고 만다'하면서 나가버립니다. 이런 직원들이야말로 좀 느긋하게 일해주면 좋겠는데, 욱 하는 성질을 참지 못합니다. 근데 정말 좀 나가줬으면 하는 녀석들은 눈치 슬슬 보면서 월급이나 축내고 있으니 분통이 터지죠."

"왜 그런 녀석들을 못 자르냐고요? 정말 하루에도 열두 번씩 단칼에 자르고 싶죠. 근데 그러면 분위기 험악해지고, 분위기가 험악해지면 회사 꼴이 어떻게 되겠습니까? 제대로 일이 안 될 게 뻔한데요. 이러지도 저러지도 못하는 나를 보는 것도 이제는 지겨워요."

해보지도 않고 '안 됩니다'부터 하는 직원들부터 일은 제대로 안

하면서 월급은 제대로 축내는 '무서운 포식자'들 때문에 조직과 함께 가는 길은 가도 가도 끝이 없는 첩첩산중 같고 발 닿는 곳마다 지뢰밭 같다. 이뿐인가? 마음에 딱 드는 사람은 가뭄에 콩 나듯 하는데 마음에 딱 걸리는, 아니 딱 얹히는 듯한 존재들은 어찌 그렇게 어김없이 나타나는지 알다가도 모를 일이다. 뭐든 사사건건 반대하는 걸 존재의 이유로 삼고 있는 사람들도 그렇고 툭 하면 이상한 소문을 퍼뜨려 분위기를 아주 이상하게 몰아가는 '선수들'도 마찬가지다.

나서자니 일이 불거질 것 같고, 나서지 않자니 웬지 밀리는 느낌, 아니 일이 잘못되어가고 있다는 마음에 불편하고 불안하다. 일하지 않아도 머리가 지끈거린다. 전문경영인들에게는 힘으로 밀고 들어오는 '알카타' 같은 존재가 어김없이 한 번씩 나타나 오도 가도 못하는 외나무다리에 서게 만든다. 돌아설 것인가, 아니면 힘으로 맞부딪쳐 이겨낼 것인가? 져주면 안 되는, 아니 져줄 수 없는, 모두가 보고 있는 시험대다. 이겨도 상처만 남는 승부, 영광일 리는 더더욱 없는 승부다. 이긴다 해도 아무도 모르게 감당해야 하는 후유증은 또 어떤가?

반드시
제거해야 할
세 가지
'노란 싹'

'싹이 노랗다'는 말이 있다. 앞으로 어떻게 될지 보지 않아도 불을 보듯 빤함을 가리키는 표현이다. 조직을 이끌어가는 데 방해가 되는 괴물 때문에 속 썩고 골머리 앓지 않으려면 '노란 싹'을 잘 가려내 특별 관리해야 한다. 화단의 잡초가 그렇듯이 미리미리 조심하고 제거하지 않으면 나중에 몇 십 배의 노력과 에너지 소모를 감내해야 한다. '노란 싹'들은 마치 기생식물들이 그렇듯이 주변의 양분을 모조리 흡수해 무럭무럭 큰다. 주위와의 조화보다 자신의 성장을 우선한다. 그렇게 무럭무럭 커서 햇빛을 다 받아버리고 내려주지 않는다. 주변을 온통 어두컴컴한 음지로 만들어버린다.

앞에 나온 나치 점령 하의 벨라루스 숲 속에서 일어난, 기존의 리더(투비아)와 새로운 도전자(알카디)의 대치는 어떻게 끝났을까?

　도전자 알카디가 "넌 더 이상 우리 지휘관이 아니야"라고 하면서 투비아의 존재를 정면으로 부정한 순간, 상황은 돌아올 수 없는 다리를 건너버렸다. 이제 충돌만 남은 상황, 눈길과 눈길이 마주치면서 팽팽한 침묵이 이어지나 싶더니 이내 한쪽이 무너져 내렸다. 심한 감기 몸살을 앓다 나와서 그런지 투비아는 몸을 제대로 가누지 못했다. 조금 전까지 상대를 노려보던 시선은 갈 곳을 잃어버린 듯 푹 꺾였고, 몸은 한판 붙어보자며 갈기를 세운 도전자의 기세에 눌려 뭘 어찌해야 할지 모르는 듯 주춤거렸다. 어쩔 수 없이 왔던 길을 되돌아가려는 듯 힘없이 뒤돌아서자 도전자 알카디의 얼굴에 슬쩍 웃음기가 번진다. 승부의 추가 자기 쪽으로 기울었다는 표정이다.

　그 순간, '탕!' 하는 총성이 울린다. 뒤돌아서던 투비아가 권총을 꺼내 알카디를 쏜 것이다. 알카디가 고꾸라지면서 뒤에 서 있던 그의 동료가 나서려 하자 이번엔 그에게 총구를 겨눈다. 모든 사람들의 호흡이 순간 멈춘다.

　"내가 여길 책임지는 동안은 내 명령을 따르도록 한다. 불평한다거나 딴 마음 품을 생각은 하지도 마. (주위에 서 있는 사람들을 보면서) 또 다른 데로 가고 싶은 사람 있으면 지금이 기회야.(누가 있겠는가? 이 추운 겨울에!) 이 놈 몸뚱이는 숲 속에 던져서 늑대 밥으로 줘버려. 지금 당장!"

　패거리들이 일어나 즉시 시체를 치우는 사이 상황은 쥐 죽은 듯

잠잠해지고 결정적인 순간을 넘긴 그는 다시 움막으로 가 죽은 듯이 잔다. 이틀씩이나! 순간의 일이었지만 그에겐 죽음처럼 힘는 고통이었던 것이다. 2차 대전 때 벨라루스에서 유대인들이 200일 동안 겪었던 실화를 소재로 한 영화 〈디파이언스Defiance(저항)〉에 나오는 장면이다.

영화에만 있는 드문 장면이 아니다. 어느 조직에서나 있을 수 있는 일이고, 이곳처럼 자원이 유한한 곳에서는 더 치열하고 빈번하게 일어나는 일이다. 높은 지위를 가질수록 더 좋은 생존 조건을 확보할 수 있는 까닭이다. 알카디 같은 사람들은 보통 전체의 이익을 빙자해(전체가 먹을 식량을 구해 와야 하니까) 자기들의 이익(우리가 먼저, 그리고 많이 먹어야 한다)을 추구한다. 공동체를 위한다고 하지만 사실은 자신들을 위해 공동체의 힘을 쓴다. 조용히 세를 규합한 다음, 큰 목소리와 물리적인 힘으로 권위에 대항하고 도전한다. 그들은 전체가 아니라 눈앞에 있는 자신들의 이익을 추구하기에 훨씬 결속력이 세고 교묘함까지 더해 상황을 장악한다. 역사가 항상 정의롭지 않듯 조직도 마찬가지다. 정의와 도덕을 외친다고 그것들이 내 편이 되어주는 게 아니다.

리더가 가진 힘이란 나쁜 힘이 자라는 걸 억제하고 생산적인 힘이 생기도록 하게 하는 것이다. 난초 같은 식물들이 그러는 것처럼 힘을 가져야 평화로운 공생을 할 수 있다. 무엇보다 미리 조심해서 다루지 않으면 지금처럼 힘이 커져 '외나무다리 결투'를 하지 않을 수 없는 상황을 맞게 된다. 투비아가 당할 뻔했던 불행을 고스란히 맞을 수 있다. 싹이 노랄 때 알아보고 대비해야 할 필요가 있다.

어떤 게 노란 싹일까? 경험 많은 사장들이 말하는, 무엇보다 조심해야 할 세 가지 노란 싹들이 있다. 이미 시효가 지났지만 맹목적으로 자동 작동하는 본능처럼, 조직을 병들게 하는 좋지 않은 조직 본능들이다.

능력 부족을 욕심으로 메우는 사람들

●

알프스에는 3대 북벽北壁, northface이 있다. 말 그대로 산의 북쪽 면이라 날씨가 좋을 리 없는 험한 산이다. 특히 아이거 북벽은 2킬로미터 가까이 되는(정확하게는 1,800미터)나 되는 수직 절벽에 눈보라가 거세게 몰아치는 곳이어서 사상자가 많은 곳 중의 하나다. 한국인도 6명이나 희생당한 '죽음의 빙벽'으로 불리는 곳이다.

1936년 올림픽을 개최하기로 한 독일은 자신들의 우수성을 세계에 알리기 위해 자국의 등반가들에게 이 험난한 곳을 세계 최초로 등반하도록 물심양면으로 후원한다. 친구 사이인 토니와 앤디는 이런 분위기에 힘입어 아이거 북벽을 오르기로 한다. 국가적인 자존심이 걸려 있는 일이라 다른 나라들도 가만있지 않는다. 특히 오스트리아 등반대 윌리와 에디가 곧장 따라붙는다. 질 수 없다는 생각에서다.

오스트리아 등반대는 먼저 출발한 독일 등반대가 어렵게 설치해 둔 장치들 덕분에 손쉽게 따라잡는다. 하지만 그 와중에 윌리가 낙석에 맞아 머리에 큰 부상을 입고 만다. 상처를 본 동료 에디가 내려가서 치료를 받아야 할 만큼 큰 상처라고 하자 윌리는 갑자기 동료의 목을 거세게 조른다. 깎아지른 절벽에서 죽일 듯 동료의 목을 조르며 "꼭 성공해야 한다"고, "꼭 성공하고 말 거"라며 말도 안 되는 소리는 하지도 말라고 한다.

결국 선두 두 사람(독일)은 뒤쫓아 오는 두 사람(오스트리아)을 받아들여 같이 오르기로 한다. 하지만 윌리의 부상이 결국 발목을 잡고 만다. 부상으로 정신이 혼미해진 윌리가 순간적으로 정신을 잃어 하마터면 큰 사고가 날 뻔한 것이다. 다행히 넷 모두 무사하긴 했지만 곤란한 상황이 벌어진다. 부상자 윌리가 꼼짝 못하는 상태가 되어버리는 바람에 세 사람이 오도 가도 못하는 상황이 된 것이다.

독일 팀의 앤디는 오스트리아 팀 둘이서 내려가라고 하고 자신들은 그냥 올라가자고 한다. 충분히 승산이 있는 상황이었기 때문이다. 하지만 리더 격인 토니는 둘만 내려보내면 둘 다 죽을 게 뻔하니 다 같이 내려가자고 한다. 정상 정복보다 사람이 중요하다는 생각에서다. 산은 오르기보다 내려가기가 힘든 곳인 데다 이곳은 깎아지른 수직 빙벽 아닌가? 어떻게 혼자 한 발짝도 움직이지 못하는 부상자를 메고 갈 수 있겠는가. 설상가상으로 기상이 악화되면서 눈보라까지 몰아친다.

혼자 몸이라면 거뜬하게 내려올 거리를 몇 시간씩 걸려 내려오느라 세 사람은 죽을 고생을 한다. 알 수 없는 건 이 상황을 초래한 부상자의 의지다. 자신 때문에 세 사람이 곤경에 빠졌는데도 부상자 윌리는 살려는 의지가 투철하다. 수직 절벽이라 한 발 한 발이 아슬아슬하니 그야말로 악전고투, 세 사람 모두 목숨이 왔다 갔다 하는데도 자신을 포기하라는 말 한 마디 하지 않는다.

대개 이런 상황이 되면 사건을 일으킨 주인공은 '어떤 결심'을 하게 마련이다. 자기 때문에 모두를 희생시킬 수는 없다는 생각을 충분히 할 수 있는데 이 부상자는 성공 욕심뿐만 아니라 생의 의지까지 강하다. 동료들의 처절한 고투를 보면서도 아무런 말 없이 그들의 안간힘에 의지한다. 세 사람의 노력은 결국 커다란 크레바스(벌어진 틈: 작은 틈이 아니다. 틈의 입구는 작을지 몰라도 깊이를 알 수 없는 곳이 많다)를 만나면서 한계에 부닥치고 줄이 끊어지는 사고가 발생, 네 사람 모두 까마득한 절벽에 내동댕이쳐진다. 이 과정에서 부상자 윌리를 포함한 오스트리아 팀 두 명이 모두 사망한다. 부상당하지 않았던 오스트리아 팀 대원은 까마득한 절벽 아래로 추락하고, 부상자 윌리는 줄에 매달린 채 숨을 거둔 것이다. 결국 이런 상황이 되어서야 다른 사람을 놓아준 걸까?

아니었다. 그는 끝까지 쉽게 떠나지 않았다. 줄 끝에 매달린 채 사망하다 보니 절벽에 남은 셋은 모두 줄 하나에 줄줄이 매달린 상황이 되었다. 위에서부터 토니-앤디-부상자 순이다. 그런데 줄을 지탱하던 못이 점점 빠지기 시작한다. 못이 빠지는 순간 모두가 추락할 것은 당연지사. 절체절명의 순간, 중간에 있던 독일 팀 앤디가 '상식적인' 결정을 내린다. 친구까지 죽게 할 수 없다며 가지고 있던 칼로 줄을 끊어 이미 숨을 거둔 부상자 윌리와 함께 추락한 것이다. 부상자 윌리는 그렇게 또 한 명을 데려갔다.

친구의 희생으로 살아남게 된 토니는 죽기 살기로 내려오지만 이미 힘을 다 써버린 상황, 마지막 고비를 넘지 못하고 기진맥진한 끝에 절벽에 매달려 저세상으로 가고 만다. 마지막 순간 구조대가 왔지만 운명의 장난일까? 줄에 매달려 공중에 붕 떠 있는 토니를 끌어당길 만큼 긴 줄이 없다. 60미터짜리 밧줄을 가지고 오지 않은 실수가 그의 삶에 마침표를 찍는다.

무엇이 이 네 사람 모두를 죽음으로 몰고 갔을까? 1,800미터나 되는 깎아지른 듯한 수직 절벽일까, 아니면 악화된 기상 탓일까?

혹시 실력보다 더 큰 욕심 때문에, 부족한 실력을 오로지 의지로 포장한 욕심으로 채우려 했던 부상자 윌리 때문이라고 하면 가혹할까? 그러지 않을 것이다. 분명한 사실이기 때문이다.(2010년 개봉된 영화 〈노스페이스〉는 이 상황을 배경으로 정상을 향해 출발한 독일과 오스트리아 등반대의 험난한 과정을 아주 실감 있게 다루고 있다. 조악한 장비로 험한 자연 속으로 들어간 이들의 사투는 과정 자체도 손에 땀을 쥐게 하지만 이들이 왜 실패하고 4명 모두 목숨을 잃을 수밖에 없었는지를 다시 한 번 생각하게 한다)

세상에는 이런 사람들이 꽤 있다. 능력으로 해결할 일이 있고 의지로 해결할 일이 있는데 윌리 같은 사람들은 필요한 능력과 의지를 욕심으로 채우고 포장한다. 능력을 쌓으면서 욕심을 내야 하는데, 욕심을 이루려고 능력을 급조한다. 당연히 성급하게 행동할 수밖에 없고 수단을 정당화할 수밖에 없다. 의지로 버텨야 할 일을 욕심으로 견디고 자존심으로 버틴다. 주위 사람들이 도와주고, 더러는 양보해준 덕분에 이루게 된 성취를 자신의 능력과 의지로 해냈다고 믿는다. 그래서 갈수록 무조건 하면 된다는 신조를 가진 무지막지한 신념의 소유자가 된다.

동료에게 짐이 되는 것도 모자라 잘 가고 있는 앞의 등반대에게까지 무겁디 무거운 짐을 지우고, 결국 등반을 포기하게 한 것은 물론 목숨까지 바치게 하는 욕심의 화신이 알프스 절벽에만 있는 일일까? 자신을 위한 주위의 희생을 덥석덥석 먹고 사는 '무서운 포식자'는 어디에나 있다. 이들의 욕심은 보통 수준이 아니다. 이들은 어떤 상황에서도 자신의 삶을 포기하지 않고 살아남으려 한다. 자신은 누군가를 위해 희생하길 싫어하지만, 자신을 위해서는 다른 사람이 희생해도 된다고 생각하기에 모두를 희생해서라도 자신은 살아남아야 한다는 묘한 논리를 잘도 꾸며낸다. 일념과 집념으로 치장하지만 사실은 집요한 욕심이고 집착일 뿐인 의지다. 아니, 사실은 의지로 위장한 질긴 욕심이다.

우리 몸의 정상세포는 임무를 다하거나 자신이 해가 될 것 같으면 스스로 단념해 자살세포가 된다. 대大를 위해 소小를 희생한다. 암세포는 다르다. 이유야 어떻든 끝까지 자신만 살려고 한다. 주변을 희생해서라도 자신의 성장을 도모한다. 결국은 다 죽이고 자신도 죽는다. 회사의 성공을 위한다고 하면서 다른 의견은 입도 뻥긋 못하게 한 채 '열정적으로'(사실은 무지막지하게) 밀어붙이다가 모든 걸 잃고 마는, 그래서 자신은 '명예롭게 전사'하거나 물러나면 그만 이지만 주변 사람들에게는 막대한 피해를 입히거나 목숨까지 바치 게 하는 그런 사람들도 마찬가지다.

무능력자보다 더 무서운 사람들
●

어느 곳에나 '불량 직원'이 있다. 꽤 있을 수는 있어도 없는 경우 는 없다. 수시로 솎아주지 않으면 말 그대로 무성해진다. 하지만 위 험한 불량 직원일수록 위장에 능해 의외로 눈에 잘 띄지 않는다. 어 떤 직원들이 불량 직원일까? 일을 못하는 무능한 직원일까? 경험 많은 사장들은 무능력한 직원보다 더 위험한 직원이 있다고 한다.

"입만 열면 불평불만을 쏟아내는 직원들이 있어요. 제가 모르는 줄 알지만 증거가 없어서 그러는 거지 (그런 직원들 때문에) 죽겠습 니다."

사장들이 가장 위험하다고 꼽는 요주의 인물은 입만 열면 불평 불만을 쏟아내는 직원이다. 지금까지 말한 리더로서의 인내력을 시 험하는, 아니 인내력을 보이지 말아야 할 대상들이다. 리더라면 이 들조차 품어야 할 것 같은데 왜 '조치'가 필요할까? 합당한 이유가 있다.

미국 스탠퍼드 대학의 저명한 신경학 교수인 로버트 사폴스키는 끝없이 이어지는 부정적인 말들을 들으면 듣는 사람의 학습, 기억, 주의력, 판단력이 흐려질 수 있다고 경고한다. 인간의 뇌는 수많은 자극에 동시에 대처할 수 있지만, 부정적인 자극을 계속 주는 스트레스에 지속적으로 노출되면 집중력과 기억력이 떨어진다. 특히 다분히 감정적인 불평꾼, 또는 듣는 사람에게 뭔가 잘못됐다는 느낌을 불러일으킬 수 있는 문제를 제기하는 불평꾼들은 듣는 사람의 기분을 상하게 한다. 기분이 상하면 일이 즐거울 리 없고 집중이 될 리 없다. 만성 불평꾼이 옆에 있는 한 생산성이 좋을 수가 없다. 그들은 가는 곳마다 생산성 하향평준화를 만들어놓는다.

이런 사람들에게는 어떤 배려가 필요할까? 눈 밖에 두는 배려가 필요하다. 썩은 사과는 빨리 바구니에서 꺼내야 하듯 조직 밖에 두어야 한다. 이들은 충고를 경고로 받아들이고 마음을 담은 피드백을 기분 나쁘게 받아들이기 때문에 진심이 통하지 않는다. 외려 진심을 왜곡해 분위기를 흐트러뜨린다. 이들 가슴속에 가득한 욕심은 진심 어린 피드백을 무능력하다는 소리로 이해한다. 욕심은 무능력하다는 말을 아주 싫어하기 때문에 이걸 감정적으로 받아들이거나 무시한다. 그러지 말라고 넌지시 얘기해주는 걸 귓등으로 흘려보내는 건 못 들어서가 아니라 듣기 싫어서 안 듣는 것이다. 그렇게 소문에 민감하고 예민하던 청력이 어디론가 실종된 듯 듣는 둥 마는 둥 하는 건 비단결 같은 자존심이 상했다는 그들만의 반응이다.

고귀한 자존심에 상처받은 그들은 가만있지 않는다. 자존심 회복을 위해 없던 상상력을 무한히 발휘한다.

다른 사람들이 없는 시간에, 더 분명하게는 당사자가 없는 데서, 귓가에, 그것도 조용하고 부드럽게, 귀에 착 감기는 조직 속 이야기를 '누가 그러더라' 하면서 전하는 사람들이 있다. 공식적인 자리에서는 별 말이 없지만 사적인 분위기가 형성되면 속삭이듯 소곤거리듯 귀에 쏙쏙 들어오는 말을 하는 사람들이다. 평소 그러지 않을까 하고 혼자 생각했던 그런 일들을 어찌 그렇게 콕콕 집어 정확하게 얘기해주는지 그런 능력 하나는 알아줄 만큼 뛰어나다.

"며칠 전 사장님이 안 계실 때 이런 일이 일어났는데……, 이 일은 원래 이런 건데……, 밖에서는 이렇게 평가합니다."

마치 회사에 대한 건설적인 의견을 이야기하는 것처럼 사장이 없었을 때 일어난 이야기들을 '현장 중계'한다. 아울러 "이런 소문이 들린다", "누가 그러더라"라는, 그렇지 않아도 알고 싶은 마음이 굴뚝같았던 조직 안팎의 얘기들을 술술 쏟아낸다. 그래 그래 그렇구나, 맞아 맞아……. 자신도 모르게 고개를 끄덕이게 되고 맞장구를 치게 되는 이야기들이다. 뭐 그런 일이 있었어? 그 사람 그렇게 안 봤는데 안 되겠군, 이런 생각을 하게 하는 말들을 한다. 평소 듣고 싶었던 말을 어떻게 이리 잘 해주나 싶은 마음에 자주 부르게 되고 의견을 물어보게 된다. 이들은 특히 새로 부임하는 사장들에게 온갖 정성을 들인다. 갓 부임한 상사와의 관계를 무엇으로 어떻게 시작해야 하는지 잘 알고 있다.

이들의 특기는 윗사람의 몸짓과 표정에서 뭔가를 읽어내는 것이다. 어떤 말이 잘 먹히는지, 사장이 어떤 말에 반응을 하는지 기가 막히게 간파한다. 신임 사장이 잘 느끼지 못하는 사이에 이리 찔러보고 저리 찔러보면서 파악한다. 조직이 어떻게 움직이고 구성원들이 무슨 생각을 하고 있는지 알고 싶은 사장은 틈날 때마다 이들을 부르게 되고 이들은 그런 부름에 조용히 응하면서 한편으로는 이 상황을 은근히 활용한다. 물론 사장 앞에서만 조용할 뿐 사장의 눈을 벗어난 곳에서는 강하게 자신을 과시한다. 언제든 사장과 만날 수 있는 사이라는 걸 강조한다. 어떤 얘기든 사장 귀에(사실은 마음에) 들여보낼 수 있다는 걸 힘의 원천으로 삼는다.

이들은 윗사람에게는 절대 더 나은 능력을 보이지 않는다. 사람은 자기보다 아래에 있는 사람이 더 나은 능력을 갖고 있는 걸 별로 탐탁지 않아 한다는 걸 잘 알고 있다. 대신 사장 앞에서 굽혔던 자존심의 몇 배를 사장이 보이지 않는 곳에서 발휘한다.

"누군가 귀에 쏙 들어오는 말을 하거나, 마음에 쏙 드는 말을 들으면 조용한 시간에 종이에 옮겨 적어봅니다. 그러면 알게 되는 게 있습니다. 참 이상하게도 하나같이 누군가에 대한 말입니다. 당연히 좋은 말은 많지 않습니다. 어떤 걸 내세워 누군가를 반드시 지목합니다. 또 하나 어떻게든 듣는 사람으로 하여금 불안감이 들게 합니다. 당연히 귀에 쏙 들어오게 되죠. 그렇지 않아도 신경을 쓰고 있는데 제가 모르고 있는 걸 말하면 더 그럴 수밖에 없어요."

대기업에서 오랫동안 인사 담당을 한 전직 임원은 이런 사람들에게는 몇 가지 특징이 있다고 한다.

"이런 사람들이 일을 한번 해보겠다고 팔을 걷고 나설 때가 있습니다. 그런 일에는 공통점이 있죠. 누군가 열심히 일구어놓기는 했는데 별로 티가 안 나고 있는, 그렇지만 조금만 더 하면 빛이 날 만한 그런 일입니다. 하여튼 냄새 맡는 능력 하나는 기가 막힙니다. 물론 미리 적당히 흠을 내어 험한 일인 것처럼 해놓고 자기가 맡아서 문전옥답으로 일구어보겠다고 합니다. 사장 입장에서야 얼마나 고맙습니까?

물론 그런 일들이 다 잘되는 건 아니죠. 일하는 능력이 아니라 정치적 능력으로 해결하려고 하니 잘 안 될 수 있습니다. 이런 사람들은 이때에도 윗사람 마음을 차지하는 데 전력을 다합니다. 절대 게으르지 않아요. 한 순간 삐끗하는 순간 죽을 수 있다는 걸 너무나 잘 압니다. 일이 잘 안 될 때를 대비하는 능력도 대단해요. 절대 혼자 죽지 않습니다. 반드시 물귀신처럼 누군가를 지목하고 먼저 밀어 넣습니다. 시간을 버는 겁니다. 희생양을 만드는 거죠.

이들이 하는 말에는 특징이 있습니다. 누군가에 대해 말할 때 절대 그의 능력을 가지고 말하지 않습니다. 일과 별로 관계가 없는 사생활이나 도덕성과 관련된 말을 하는데, 당사자들에게 대놓고 면전에서 물어볼 수 없는 것들만 말합니다. 이 사람들은 사람 마음에 관한 한 거의 선천적인 전문가들 같습니다. 무능력보다 파렴치한 행동이 훨씬 감정적인 흥분을 잘 일으킨다는 것도 잘 알고 있습니다. 생각해보세요. '저 사람은 능력이 없어서 일을 망치고 있습니다'

라는 말과 '저 사람은 뒷돈을 받고 있다'거나 '사생활이 문란하다', '이런 거짓말을 했다'는 것 같은 비도덕적, 비윤리적인 말, 큰 차이가 있지 않습니까? 무능력은 다시 증명하면 되지만 우리 사회에서 일단 파렴치로 한번 찍히면 다시 일어나기 힘들잖아요. 우리끼리 하는 말로 한방에 완전히 보내버리는 거죠."

그는 이 사람들을 가리켜 "정치 좀 할 줄 아는 사람들"이라고 했다. 공식 석상에서는 조용히 고개만 끄덕이다가 밖에 나가는 순간 입을 작동시키는 조용한 기회주의자들이다.

임원에서 처음으로 사장으로 승진해 대기업 계열사 사장으로 부임한 지 20일쯤 되었을까, 퇴근을 하는데 마침 옆에 있던 임원이 슬쩍 말을 건다. "혹시 그거 아세요?" 그러면서 누군가에 대한 이야기를 한다. 마음이 확 끌린다. 사실 궁금하던 터였다. 하지만 이건 100퍼센트 낚시질이다. 걸리는 순간 코가 꿴다. 어떻게 해야 할까?

감탄할 만큼 효과적으로 대응한 CEO가 있다. CEO가 궁금해 하는 듯하자 '낚시꾼'이 말을 시작했다. 듣고 있던 CEO가 그 말을 중간에서 끊었다. 그리고 물었다.

"아, 근데 잠깐만. 혹시 지금 하려는 그 얘기가 실제로 있었던 일인가요?"

"예, 그럼요."

"그러면 혹시 그 사람에게 좋은 건가요?"

말을 꺼낸 사람이 잠시 생각하는 듯하자 다시 물었다.

"아니면 지금 그 얘기가 제게 유익한 겁니까? 아, 마침 잘됐네요.

한 20분 정도 시간 있으니 어디라도 들어가서 얘기합시다."

CEO가 터놓고 공식적으로 얘기를 해보자고 하자 '낚시꾼'은 움찔했다. 예상치 못한 반응에 당황한 그는 얼른 한마디를 던지더니 약속이 있다면서 황급하게 사라졌다.

"아니요. 저도 들은 건데 혹시 참고하시라고……."

그 CEO는 이렇게 말했다.

"저도 어떤 분에게서 배운 겁니다. 확인하지는 못했는데 소크라테스가 그렇게 했다고 하더군요. 그러니까 그 옛날부터 이런 사람이 있었다는 거죠. 가끔씩 써먹습니다."(굳이 정리하자면 핵심은 세 가지다. ① 실제 있었던 일인가? ② 당사자에게 좋은 건가? ③ 나한테 유익한가?)

조심해야 할 사람이 또 있을까? 있다. 이번에는 낚시가 아니라 그물처럼 줄줄이 하소연을 늘어놓는 사람이다.

"저도 심리학 책을 보고 배운 건데, 직원들이 하는 하소연에는 긍정적인 것과 부정적인 것, 그러니까 양면성이 있어요. 긍정적인 하소연은 보통 고충이라고 하는데 이건 당연히 들어야죠. 문제는 부정적인 하소연입니다. 고충이 일을 제대로 할 수 없게 하는 장애물 같은 걸 말하는 것이라면 하소연은 마음에 있는 욕망이나 한탄 같은 감정의 찌꺼기들을 쏟아내는 겁니다. 직원들이 자신의 능력을 펼치게 해달라는 게 고충이라면, 하소연은 자신을 인정해달라고 감정적으로 떼를 쓰는 겁니다. 고충은 회사 사정을 알게 해주지만 하소연은 듣는 사람의 진을 빠지게 해요.

말하는 사람은 자기가 하고 싶은 얘기를 하지만, 듣는 사람은 듣고 싶지 않은 얘기를 끊임없이 들어야 하니 에너지 소모가 엄청나요. 진이 빠지죠. 그래서 '좋다, 그렇게 힘들면 다른 일을 해보라'고 하면 좀 있다가 또 핑계를 대고 변명합니다. 결국 들어보면 세상 탓입니다. 불평을 고충처럼 하는 거죠. 자기 능력이 부족한 걸 강자의 횡포라고 하고, 부당하다고 하면서 사실을 호도해요. 이런 사람들 조심해야 합니다."

노란 싹 III
아프지만 내쳐야 할 사람들
•

"얘기를 나누다 보면 느낌이 팍 오는 친구들이 있습니다. 본능적으로 '이거 물건인데' 하는 생각이 드는 겁니다. 사업이라는 게 뭡니까? 결국 사람 아닙니까? 해보신 분들은 뼈저리게 느꼈겠지만 정말 사람이 없잖습니까? 어쩌다 면접에서 느낌이 오는 친구들을 만나면 시간 가는 줄 모르고 이야기를 하게 되는데, 당연히 뽑고 싶죠.

그런데 임원들이나 실무진들이 반대합니다. 건방지다는 거예요. 솔직히 그럴 때마다 화가 납니다. 한마디 쏘아붙이고 싶은데 참아요. 아, 이걸 깨뜨려야 하는데……. 화낸다고 될 일이 아니니 화를 낼 수도 없어요. 그렇다고 제 마음대로 뽑는다고 됩니까? 할 수 없이 의견을 수용하고 말지만 어떨 땐 반대를 무릅쓰고 선발해버립니다. 제가 보지 못하고, 우리가 못 보는 어떤 것을 볼 수 있는 눈들이 필요한데, 대개 그런 친구들이 좀 튀거든요. 그런 친구들의 새로운 시각을 받아들이자니 기존 질서가 무너질 것 같고, 그렇다고 그냥 보내자니 아까운 그런 생각이 드는 겁니다. 답답해지죠. 그럴 땐…… 정말, 마음에 맞는 사람이 없다는 걸 절절하게 느낍니다."

이제는 사장이라고 자기 마음대로 할 수 있는 세상이 아니다. 사장이 뽑았다고 조직이 무조건 수긍해주는 것도 아니고, 사장이 언제까지 감싸고 돌 수 있는 것도 아니니 사장도 조직의 말을 들어야한다. 사실 여기까지만 해도 그럴 수 있고 그러려니 할 수 있다.

실적이 하락하고 있는 회사에 부임한 한 대기업 계열사 사장은 부임 초기 심각한 원형탈모증을 겪었다. 구조조정을 단행하면서 2,000명 가까운 직원 중 500명 넘게 내치며 손에 '피'를 묻혀야 했다. 회사를 살리는 일은 군살을 쳐내는 구조조정으로 끝나는 게 아니다. 새로운 수익원 개발이 중요하다. 전사적으로 아이디어를 모아 새로운 사업에 진출하는 과정에서 터줏대감인 부사장이 강력하게 반대했다. 물론 어떤 의도가 있어서 그런 건 아니었다. 부사장은 위험을 크게 보았고, 사장은 기회를 크게 보았을 뿐이다. 부사장의 말에도 일리는 있었다. 그렇지 않아도 구조조정을 강도 높게 해서 여력이 없는데 이번에도 안 되면 더 이상 어찌할 수 없으니 덜 위험한 걸 하자는 것이었다. 사장은 생각이 달랐다. 한시가 급한데 기존 사업만 바라보며 손가락만 빨고 있을 수 있겠는가? 필요한 건 돌파구였다.

어떤 일을 추진하는 데는 세 가지 방법이 있다. 설득과 돌파, 그리고 기다림이 그것이다. 설득을 해서 다 같이 한마음 한뜻으로 장애물을 넘는 방법이 첫 번째라면, 돌파는 나를 따르라, 하는 것이다. 가능성을 보여주어 따라오게 하는 방법이다. 세 번째는 상황이 될 때까지 기다리는 것이다. 사장은 나를 따르라고 하면서 조직을 설득하려고 하는데, 부사장은 상황이 될 때까지 기다려보자는 쪽이었다. 이럴 땐 어떻게 해야 할까?

더 이상 설득할 수도 없고 기다릴 수도 없는 상황, 그는 돌파하기로 했다. 부사장을 해임하고 신사업을 추진한 것이다. 이유는 하나였다. 결국 회사 실적에 대한 최종 책임은 자신에게 있기 때문이다. 애사심이 있다고 책임까지 지는 건 아니었다. 그는 부사장까지 자르며 스스로 벼랑 끝에 섰다.

"누가 일을 망쳤는지는 중요하지 않습니다. 결국엔 CEO가 모든 책임을 지게 되니까요."

그때의 심정이 어땠느냐는 말에 그는 간단하게 대답했다. 사실 무슨 말이 필요하겠는가? 다행히 결과가 좋은 덕분에 자신은 물론 모든 임직원이 기쁨을 누릴 수 있었다.

"제일 힘든 게, 능력은 있지만 가치관이 안 맞는 사람을 쳐내야 하는 겁니다. 안고 갈 수가 없어요. 가혹하게 들릴지 모르지만 변화를 해야 하는데 끝까지 반대하는 사람을 조직 안에 두는 건 어리석은 일입니다. 자, 생각을 해봅시다. 두 사람이 대전에 있는데 한 사람은 부산을 가야 하고 다른 한 사람은 서울로 가야 합니다. 같이 갈 수 있겠습니까? 목적지가 다른데…… 마음이 아프지만 어쩔 수 없어요."

"변화를 할 때 꼭 쳐내야 할 또 다른 사람들이 있어요. 물밑에서 불만 세력을 끌어 모으거나 별 이상한 소문을 만들어내는 조용한 저항세력입니다. 이런 사람들은 절대 밖으로 말을 안 해요. 그러다가 우연하게 안 좋은 일이나 사고가 나면 사람들 마음에 불을 지릅니다. 이런 사람들은 사장의 발목을 잡는 정도가 아니라 발목을 부러뜨려요. 기분이 좋을 리는 없지만 (잘라야지) 어쩔 수 없어요."

그는 특히 이런 사람들일수록 가능하면 빨리, 그리고 시작하면 빠르고 과감하게 도려내야 한다고 했다. 물론 조심해야 할 게 있다. 잡초를 뽑아내려다가 화초를 뽑아내면 손실은 몇 곱절이다. 묵묵히 일하는 사람이 잘려 나가면 사람들은 마음을 닫는다. 사람 보는 눈이 있어야 한다는 말이 여기서 나온다.

물론 사장의 뜻을 반대한다고 해서 모두 제거 대상이 되는 건 아니다. 내 기분이 나쁜 것과 회사에 나쁜 건 완전히 다른 문제다. 앞에서 말한 뇌 구조로 보면, 내 기분이 나쁜 건 2층 뇌에 해당하는 것이고, 회사에 나쁜 건 3층 뇌에 관련된 것이다. 좋은 리더일수록 이 둘을 명확하게 구분하고 독재자일수록 구분하지 않는다. 물론 쉬울 리가 없다. 내 기분을 나쁘게 한 사람을 '나쁜 사람'으로 여기는 우리의 본능 때문이다. 좋은 리더는 본능을 이기고 이성으로 판단한다. 자신의 심기心氣가 밖으로 드러나지 않게 한다. 자존심에 상처가 나도 신음소리를 내지 않는다. 사람들은 리더의 감정 상태를 보고 자신이 어떻게 행동할지 결정하기 때문이다.

어마어마한 프로젝트였기에 엄청난 반대에 부딪쳤던 중국 산샤 댐 설계를 주도한 정서우런은 댐이 완공되었을 때 어떻게 성공했 느냐는 질문을 받았다. 그때 그는 "반대파들이 집요하게 반대했기 에 완벽하게 완성했다"고 했다. 이에 대해 중국의 저술가 장샤오형 은《인생의 품격》에서 이렇게 말했다.

"나를 반대하는 사람은 성공을 돕는 한쪽 손이다. 반대자의 공로 는 누구도 대신할 수 없다. 반대하는 사람이 없으면 위대한 일을 이 룰 수 없다. 지난 일을 돌이켜볼 때 가장 감사해야 할 사람은 당신 을 반대한 사람이고, 당신이 가장 용서해야 할 사람도 반대자이다."

반대하는 사람들 덕분에 더 치밀하게 할 수 있었고 다른 관점에 서 볼 수 있었다는 말이다. 당장은 서운할 수 있지만 분노가 아닌 생산적인 에너지로 사용한 덕분에 성공할 수 있었다는 것이다.

진화는 멀리서 이루어지는 게 아니다. 우리가 살아가는 발밑에 서, 그리고 우리 안에서 끊임없이 진행되고 있다. 진화가 무엇인 가? 우리의 살아 있음을 위협하고 못살게 하는 것들과의 싸움에서 이기는 방법을 찾아내는 것이다. 경쟁자가 있을 때 진화가 더 잘 이 루어지듯이 경쟁논리가 있을 때 생각과 아이디어는 진화한다. 반대 와 갈등을 건전한 경쟁논리로 전환할 수 있다면 반대와 갈등은 진 화의 촉매제이자 진화의 조건이 된다.

하지만 사사건건 반대하는 걸 자신의 존재 이유인 양 여기는 사람들이 있다.

조선시대 성종에 이어 왕위에 오른 연산군은 순조로운 과정을 거쳐 즉위했다. 개국 후 많은 풍파를 겪고 즉위한 이전 왕들과는 달리 무난하게 왕위에 올랐고 출발도 좋았다. 아버지 성종이 갑자기 사망하는 바람에 급하게 왕위에 오르긴 했지만 자격이 없는 군주는 아니었다. 노련한 대신들을 존중할 줄 알고 아랫사람의 고충을 살필 줄도 아는 착실한 젊은 군주였다. 초기에 그치긴 했지만 좋은 나라를 만들기 위해 많은 노력을 했다. 그런데 이 젊은 군주가 환멸을 느끼게끔 하는 일들이 연이어 일어났다.

조선은 새로운 관료를 임용할 때 해당 부서에서 몇 명의 후보를 왕에게 올리면 왕이 그중에서 적임자를 선택하는 시스템이었다. 이 과정에서 대간臺諫이 후보 검증을 했다. 대간은 관료를 감찰하는 대관臺官과 왕에게 의견을 개진하는 간관諫官을 말하는 것으로 사헌부나 사간원 같은 곳이다. 그런데 임무에 너무 '몰입'을 하다 보니 반대를 위한 반대를 하는 경우가 흔했다. 아무런 의견을 개진하지 않으면 아무런 일을 하지 않은 것이라 여겼기에, 자신들이야말로 의義를 실천하는 주인공이며, 털끝만한 하자가 있다면 당연히 반대해야 한다고 생각했다.

젊은 왕이 우의정 자리에 정문형이라는 사람을 임명하려고 했을 때였다. 대간은 "재능과 인품이 정승의 자리에 맞지 않는다"고 반대했다. 왕이 특별히 정문형과 어떤 인연이 있어서 임명을 하는 게 아니어서 보다 못한 다른 정승들이 "오랜 기간 봉직했고 특별히 큰 공로는 없었지만, 큰 잘못도 없었다"고 그를 두둔했다. 그러자 대간은 "큰 공로가 없었다는 것이 바로 그가 정승이 되어서는 안 되는 사유"라며 오히려 정문형을 두둔한 정승들에 대한 탄핵에 들어갔다. 소인을 비호하며 임금에 아부하려 했다는 것이다. 지나친 태도에 화가 난 젊은 군주가 한마디 했다. [1]

"그럼 도대체 누구를 임명하라는 것이냐? 너희가 직접 적임자를 거론해보아라."

책임이 맡겨지자 갑자기 말이 달라졌다.

"세상 천지에 정문형만한 인물이 없겠습니까? 천거는 저희 소임이 아닙니다."

마치 밥맛이 없다, 음식이 형편없다는 사람에게 그럼 직접 밥상을 차려보라고 했더니 그건 자기 일이 아니라고 하는 것과 같은 말이다. 세상에 쉬운 일 중 하나가 가만히 앉아서 느끼는 대로, 생각나는 대로 평가하고 점수 주는 게 아닌가. 무엇보다 대간은 실무에 관한 능력이 아니라 개인의 품행과 도덕성을 지나치게 주관적으로 물고 늘어졌다. 그리고 이 지극히 주관적인 생각을 왕권의 전제와 조정의 부패를 막는 것이라고 화려한 명분을 내걸었다. 당연히 자기들 의견과 동조하면 충신으로, 반대하면 어용으로 몰았다. 한두 번이 아니었고 하루 이틀이 아니었다.

한 손으로는 손뼉 치는 소리가 날 리 없다. 여기에 젊은 왕의 호전적인 기질이 한몫했다. 일부는 들어주고 일부는 버티는 식으로 적절한 타협을 했어야 했는데 그렇지 못했다. 못 이기는 척 물러나고, 또 물러나게끔 했어야 했는데 세자 시절부터 왕을 쥐락펴락하려는 신하들에게 안 좋은 감정을 갖고 있던 젊은 왕은 '내가 왕인데, 어디 누가 이기나 해보자!' 하는 식으로 반응했다. 그러다 보니 결국 자존심 싸움으로 번졌고 며칠이면 끝날 논쟁이 몇 달씩 이어지고 말았다. 젊은 왕은 '밀리지 않겠다'고 하고 '긍지가 있는' 신하들은 '처음에 길들여놔야 한다'고 맞섰다. 그 와중에 생모生母가 폐비된 것을 알게 된 왕이 감정적으로 행동하자 이번에는 왕의 행동 하나하나를 따지고 간섭하고 성토했다. 견디다 못해 폭발한 젊은 왕이 혈기왕성한 그대로 손에 쥔 칼을 사정없이 휘둘러버렸으니 그 결과가 무오사화, 갑자사화다.

사사건건 따지고 간섭하고 성토하던 큰 목소리들이 시퍼런 칼 앞에서 조용해지자 왕은 그 칼을 무시로 사용하기 시작했다. 칼 앞에서는 누구나 몸을 사리는 진실을 안 것이다. 이후는 알려진 그대로다. 연산군은 이들의 많은 말들에 얼마나 진절머리가 났던지 폭정이 한창일 때 관료들에게 '舌是斬身刀(설시참신도)'라는 글자가 새겨진 나무 조각을 목에 걸고 다니게 했다. 회사에 출근하면 목에 거는 신분증과 같은 이 나무에 새겨진 글은 '혀는 자신의 몸을 베는 칼'이라는 뜻이다.

잔인해질 필요가 있을까?

1970년대에 내무부 장관을 지냈던 사람의 이야기다. 당시 내무부 장관은 국가가 제공해준 공관에서 살았는데 자리에서 물러나면 공관 또한 곧바로 비워주어야 했다. 어느 날 개각 소식을 듣고 집에 오니 그새 전화가 치워지고 없었다. 담당하던 경찰관이 치워버린 것이다. 이임 인사를 여러 곳에 해야 했는데 전화가 귀했던 시절이라 애를 먹어야 했다.

능력이 있었던 덕분에 그는 한참 후 다시 내무부 장관이 되었고 또 물러났다. 이번에도 개각 소식이 나자마자 전화가 철거되었다. 같은 경찰관이었다. 현직에 있을 때는 손과 발처럼 잘하더니 잘 보일 필요가 없게 되자 신속하게 등을 보인 것이다. 처음에는 그럴 수 있다고 생각했는데 또 한 번 '당하자' 슬며시 화가 났다. 물론 참았다. 세상이 다 그렇지 않은가?

그런데 무슨 연유에서인지 그가 또 내무부 장관을 맡는 일이 일어났다. 담당 경찰관은 어떻게 되었을까?

배려를 감사하게 받아들이는 사람이 있는가 하면 기가 막히게 활용하는 사람이 있다. 마음을 마음으로 받아주지 않고 눈앞의 이익이나 힘, 영향력으로만 대하는 사람들이 있다. 순발력 있게(?) 세상 변화를 활용한 담당 경찰관은 즉시 한직으로 가야 했다. 그는 그 장관이 설마 세 번씩이나 자기 앞에 나타날 줄은 꿈에도 몰랐을 것이다.

11 흔들릴 것인가, 흔들 것인가

301

사실 이 정도만 해도 그럴 수 있다고 생각할 수 있다. 능력보다 욕심으로 일을 하고, 능력 부족을 남의 노력, 아니 희생양이나 불평불만으로 채우는 사람들은 애써 베풀어준 호의와 배려를 자신의 힘이나 권한으로 활용한다. 잘해주면 고마워하기보다는 당연한 줄 안다. 직급이 올라갈수록 기세가 등등해지고 무리를 규합한다. 시간이 지나면 호의와 배려를 당연한 권리인 양 요구한다. 이런 사람에게 배려가 필요할까, 아니면 배제가 필요할까?

조직을 이끄는 일은 진실한 협력자들을 만나는 일이고, 더 나아가 이런 사람들을 키워내는 일이다. 묘한 사실은 부르지 않아도 알아서 나타나는 사람들은 진실하지 않고, 진실한 사람들은 알아서 나타나지 않는다는 것이다. 불러야 모습을 드러낸다. 제대로 일하는 사람들은 사장의 눈앞에 어른거리는 게 자기 일이 아니라는 걸 알고 있다.

몇 번의 구조조정을 성공적으로 해낸 분의 말이 있다.

"어느 회사든 가면 두 가지 유형의 사람들을 무조건 자르겠다고 했고, 잘랐습니다. 무조건 '예스yes'만 하는 사람과 무조건 '노no'만 하는 사람들, 다들 목숨이 경각에 달렸을 때를 생각해보면 이 두 사람들은 아무 쓸모가 없어요. 방해가 됐으면 됐지 노움이 안 되거든요."

'노'만 하는 사람들을 내치는 건 이해할 수 있는데 무조건 '예스'만 하는 사람은 왜 잘라야 했을까?

어느 역사에서나 순종자는 순교자가 되는 법이 거의 없다. 사사건건 따지지 않고 하자는 일을 순종적으로 잘 따라주면 반갑다. 하지만 나에게 순종적인 사람이 나에게만 순종적일까? 또 다른 사람이 오면 그는 또 그 사람에게 순종적일 것이다. 쉬운 순종자는 절대 순교자가 되지 않는다. 복종이 충성이 아니듯 순종도 마찬가지다.

자신의 일부를 떼어내는 건 아픈 일이다. 나무도 생가지 치기를 당하면 상당히 괴로워한다. 하지만 결과적으로 더 튼튼해지고 더 강한 새로운 가지를 만들어낸다. 욕심은 쳐내고 꿈은 다듬어야 한다. 건강해지는 방법이다. 유대인 랍비인 조셉 텔루슈킨이 한 말이 있다.

"잔인할 필요가 있을 때 자비를 베푸는 사람은 결국 자비를 베풀어야 할 때 잔인하게 될 것이다."

높은 자리에 오를수록, 그 자리에 오르는 순간 반대자는 어느 정도 있다고 생각해야 한다. 한 경험 많은 CEO는 "내정된 순간 조직 내의 절반은 어떻게든 나를 곱게 보지 않는 사람들일 수 있다"며 "이 중에서 수용할 사람과 버려야 할 사람을 빨리, 그러나 정확하게 선별, 선택해야 한다"고 했다. 물론 리더의 마음대로 조직을 휘두를 수만은 없다. 조직도 새로운 리더를 끊임없이 흔든다. 이 흔들림을 견딜 수 있어야 한다.

1492년 10월 15일, 초겨울에 접어들고 있던 경기도 포천의 주엽산 자락, 두 사람이 말을 달리고 있었다. 한 사람은 조선의 아홉 번째 왕 성종이었고 다른 사람은 그의 맏아들인 세자 이융, 열일곱 살의 연산군이었다.

"사냥 한번 나서는 것도 대간들 눈치를 보며 일일이 구차한 이유를 들고 명분을 따져야 하니……, 정말 이처럼 바람을 쐬는 게 얼마 만인지 모르겠구나."

"소자는 이해가 가지 않습니다. 모두가 아바마마의 땅이요, 아바마마의 신하들이 아니옵니까? 자기 땅을 돌아본다는데, 어째서 신하들을 설득해야 하는 것이옵니까? 누가 감히 아바마마의 명을 거역한단 말입니까?"

아들의 말에 성종은 웃었다. 허탈한 웃음이었다.

"너는 아직 잘 모를 것이다. 정치라고 하는 것을……. 왕이란 누구나 한 번쯤 올라가고 싶어 하는 나무지. 그러나 올라가는 그 순간부터 밑에서 흔들어 떨어뜨리려는 것을 견디지 않으면 안 된단다."[2]

2년 후인 1494년, 서른여덟 살의 성종이 승하하면서 연산군은 왕이 되는 훈련을 다 마치지 못한 채 왕위에 올랐다. 하지만 그는 아버지가 해준 말의 의미를 제대로 이해하지 못하고 자신들을 흔드는 모든 사람들을 휩쓸어버렸다. 자신이 가진 칼을 휘두를 줄만 알았지 자신을 흔드는 걸 참아내야 할 줄 몰랐다. 중종반정으로 폐위된 그는 두 달 만에 숨을 거두었다. 그의 나이 서른한 살이었다.

12

생각은
혼자하고
행동은
같이하라

너무나
인간적이었던
루이 16세의
비극

　'태양왕'으로 칭송받은 루이 14세에 이어 1774년 열아홉 살의
나이로 왕위에 오른 그의 손자 루이 16세는 선량하고 검소하고 악
의가 없는 사람이었다. 그는 국민의 원성을 살 만한 학정이나 폭압
을 한 적이 없었다. 본래 성품이 자기도 모르게 나온다는 위기에 처
했을 때도 마찬가지였다. 그가 왕비의 나라 오스트리아로 탈출하려
다 잡혀 성당에서 연금생활을 하고 있을 때 그를 지키던 병사들은
그의 인간적인 매력에 푹 빠졌다. 루이 16세의 일대기를 쓴 독일의
저술가 볼프 슈나이더는 이때의 그를 이렇게 묘사하고 있다. [1]

　"그는 병사들이 고생하는 것을 일일이 치하해주고 가족의 안부
를 물어주고, 틈나는 대로 기도하고, 점심을 먹고 난 후에는 누가

보든 말든 꾸벅꾸벅 졸았다. 이런 사랑스러운 인간을 어떻게 미워할 수 있겠는가?"

　그의 불행은 얼떨결에 왕위를 물려받은 것에서 시작되었다. 그는 아버지와 두 형이 너무 일찍 세상을 떠나는 바람에 왕위에 올랐다. 무엇보다 열다섯 살 때 한 살 연하의 오스트리아 공주 마리 앙투아네트와 결혼한 게 두고두고 화근이 되었다. 오스트리아 마리아 테레지아 여제의 막내딸인 앙투아네트는 아름다웠지만 경박했다. 하는 일마다 도마 위에 오르며 국민의 원성을 샀다. 천성적으로 사냥을 좋아하고 뚝딱뚝딱 뭔가를 만들기를 좋아했던 루이 16세는 왕위에 오른 후 필요한 개혁조치를 취하긴 했지만 그때마다 맞부딪쳐오는 저항과 수도 없이 생겨나는 문제를 헤치고 나갈 힘이 없었다. 더구나 당시는 시대적 전환기였다. 지배계층은 심각한 재정 위기를 맞고 있는 상황을 나 몰라라 외면했고 새롭게 부를 축적한 부르주아 시민계층은 자신들에게 걸맞은 힘을 요구하고 있었다.

　그는 그 사이에서 결정해야 할 때 머뭇거렸고 망설이는 바람에 때를 놓쳤다. 또 예상치 못한 상황이 벌어졌을 때 과감하게 맞서서 해결하지 못했다. 분위기가 뒤숭숭해지면서 상황이 불안해지자 일단 몸을 피하자는 왕비의 말을 따라 몰래 왕궁을 나선 것이 최대의 실수였다. 루이 16세는 그렇게 단두대의 이슬로 사라져야 했다.

　왜 루이 16세는 크게 잘못한 일이 없는데 단두대에 올랐을까?

　그는 자리에 걸맞은 능력이 없기도 했지만 그보다 더 중요한 잘못을 저질렀다. 어려운 시간을 국민과 함께하지 않고 혼자만의 안전을 위해 도망을 치려고 했던 것이다. 국민은 평소 왕의 지배를 받으며 하라는 대로 하지만 자신들을 버리면 완전히 변한다. 자신들을 내버려두고 외국으로 도망가는 왕을 곱게 보내줄 국민은 어디에도 없다. "왕이 우리를 배신했다"는 분노의 외침이 밤하늘에 울려 퍼지는 순간 분노가 들끓었고 그런 분노가 그를 단두대로 올려보냈다.

사람들은 자신들과 함께하지 않는 리더를 리더로 인정하지 않는다. 마음이 떠나는 순간, 그들의 감정이 격해 있다거나 힘이 있다면 제거되는 불상사를 맞이할 수 있다. 이 책의 프롤로그에서 사표낸 부장과 맞닥뜨리지 않기 위해 컨퍼런스로 '피신'한 사장에게 멘토들이 날 선 충고를 해주었던 것도 이 때문이다(임진왜란 때 한양의 궁궐에 불을 지른 건 왜군이 아니라 백성들이었다. 선조가 자기들을 버리고 혼자 피신했기 때문이다).

배는 혼자 뜰 수 없다. 물이 있어야 뜬다. 물에 뜨는 방식으로 만들었기 때문이다. 마찬가지로 리더는 혼자일 수 없다. 따르고 함께하는 조직이 있어야 존재할 수 있다.

서열 시스템으로 작동되는 침팬지 사회에서 우두머리에 도전하는 침팬지는 잘 싸울 수 있어야 한다. 정식으로 도전을 시작하면 하루 중 5퍼센트를 싸우는 데 할애할 정도다. 하지만 우두머리에 오르면 방식을 바꾼다. 하루 중 20퍼센트나 되는 시간을 관계를 점검하고 유지하는 데 쓴다. 그래서 힘센 수컷보다 더 자주, 그리고 오래 권좌에 앉은 우두머리들은 대개 구성원들을 돌볼 줄 아는 능력의 소유자들이다.

무리보다 훨씬 응집력이 강한 조직을 이끄는 리더는 한 발 더 나아가야 한다. 병법서인 《육도삼략六韜三略》은 〈용도龍韜〉에서 장수가 갖추고 있어야 할 세 가지 덕목을 말하고 있다.

무왕이 태공에게 물었다. '전장에서 장수의 명령 한마디에 두려움 없이 적진으로 뛰어들 수 있게 하려면 어떻게 해야 되는가?' 태공이 말했다.

"장수는 추운 겨울철에도 '혼자' 털가죽 옷을 입지 않고, 무더운 여름철에도 '혼자' 부채를 잡지 않으며, 비가 내리더라도 '혼자' 우산을 펼치지 않아야 합니다. 이를 예의 바른 장수禮將라 합니다.

좁고 험한 길을 행군하거나 진흙탕을 거쳐 가야 할 때는 반드시 수레나 말에서 내려 '함께' 걸으며 병사들과 '더불어' 괴로움을 나누어야 합니다. 이를 힘을 같이 하는 장수力將라 합니다.

군사들이 앉기 전에 먼저 앉지 말고, 군사들이 먹기 전에는 먹지 말 것이며, 추위와 더위를 군사들과 반드시 '같이' 해야 합니다. 이를 욕심을 절제하는 장수止欲將라 합니다."

혼자 호의호식하지 않고, 쉬고 싶고 먹고 싶은 마음을 참아가며 군사들과 함께 하는 게 왜 중요할까? 누구나 본능적으로 충족하고 싶어 하는 욕구를 참고 군사들과 동고동락하면 군사들은 장수가 자신들을 존중해주고 있으며, 끝까지 함께 할 것이라는 의미로 받아들인다. 이것이 '우리는 하나'라는 마음이 되면 군사들은 목숨을 초개같이 버릴 수 있게 된다. 우리 안에 있는 협력적인 성향, 그러니까 희생을 마다하지 않는 공동체 본능이 발현되는 것이다. 장수가 자신들을 위해 고생하고 있다는 걸 빤히 아는데 어찌 가만히 있겠는가? 뭐라도 해야 한다.

어느 나라를 막론하고 대통령과 장관들은 큰 재난 사건이 일어날 때마다 현장으로 달려가 피해자들이나 구조대원들과 함께 사진을 찍고 이걸 대대적으로 알린다. '인간적인 이유' 때문이다. 우리 안에는 어려움을 함께하지 않으면 즐거움도 함께할 수 없다는 인식이 깊이 뿌리내려 있다. 어렵고 힘들 때 '우리는 함께 있다'는 동질감은 신뢰의 시작이고, 이런 신뢰로 형성된 관계는 단단한 조직력을 이루는 바탕이 된다. 리더에게 이런 신뢰는 말할 것도 없이 조직을 움직이는 가장 강력한 힘이다.

5세기경 훈족의 왕으로 로마인에게 공포의 대상이었던 아틸라(재위 434~453년)는 병사들과 같은 밥그릇으로 밥을 먹고 병사들과 같은 잠자리에서 잠을 자고 왕좌에 앉을 때도 금이 아니라 돌로 만든 자리를 만들어 앉았다. 451년 서로마를 쳐들어간 그의 군대는 30만 명에 이르는 대군이었으나 이 중 훈족은 1만 명밖에 안 되었다. 하지만 그가 이끄는 군대는 일사불란하기로 유명했다. '우리는 하나'라는 공유된 하나의 정신을 가졌기 때문이다. 어려울 때는 어디론가 사라졌다가 공짜이 있을 땐 바람처럼 나타나는 사람은 오래가지 못한다.

하지만 꼭 알아야 할 게 있다. 리더는 같이 지닐 수는 있지만 같이 어울릴 수 없고, 같이 대화할 수 있지만 수다를 떨 수는 없다. 인간이라면 모두 가지고 있는 본능적인 편안함과 즐거움을 누릴 수 없다. 더 나아가 리더는 같이 먹고 자면서도 사람들보다 나아야 하고, 나아 보여야 한다. 그래야 우러름을 받는다. 이 군대를 어디로 어떻게 이끌어야 할지, 적과는 언제 어디서 어떻게 싸워야 할지를 생각하는 건 리더만의 몫이다. 혼자서 해결해야 할 일이다. 장수는 병사들이 생각하지 못하는 것을 생각하고, 욕구에 초연한 듯 품위를 유지하고, 어렵고 위험한 일이 생기면 앞장 서는 용기를 낼 수 있어야 한다. 따르는 힘, 존경은 여기서 나온다. 장수는 병사들에게 진격하라는 명령은 내릴 수 있지만 자신을 존경하라는 명령을 내릴 수는 없다. 존경은 명령하고 지시한다고 되는 일이 아니다.

그래서 조직을 이끄는 이들이 결코 잊어서는 안 되는 게 바로 생각은 혼자 하고 행동은 같이하는 것이다. 지독하게 혼자이어야 하면서도 언제나 함께 가야 한다. 말은 쉽지만 행하기는 너무나 어려운 아름다운 패러독스다. 남들이 보면 아름답지만 막상 자신의 일이 되면 괴로운 패러독스다. 하지만 인도의 속담처럼 '강가에서 살 작정이라면 악어와 친구가 되어야 한다'.

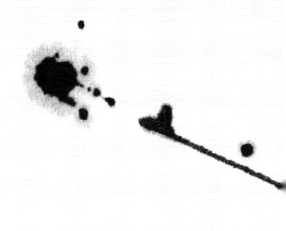

Part 3

어렵더라도
불확실성과
싸워야 한다

13

리더십이란
따라야 할 이유를
제시하는 것

유능함의
두 가지 조건

한국전쟁이 끝난 후 전국의 도시는 거지로 넘쳐났다. 전쟁이 남긴 후유증이었다. 숫자가 많아지면서 무리가 형성되자 세력을 다투는 '춘추전국시대'가 펼쳐졌고 시간이 흐르면서 각 무리의 명암이 엇갈렸다. 번성하는 무리와 사라지는 무리들이 명멸하는 가운데 전국의 거지들을 '통일'한 사람도 나타났다. 나중에 빈민구제 사업으로 유명해진 '거지왕' 김춘삼 씨였다.(전설로 회자되던 이 거지들의 왕은 1970년대와 90년대 영화와 드라마로 만들어지면서 전 국민의 거지왕이 되었다. 1975년에는 영화 〈거지왕 김춘삼〉이 상영되었고 1999년에는 드라마 〈왕초〉가 방영되었다. 영화에서는 이대근이, 드라마에서는 차인표가 거지왕으로 나왔다. 그는 나중에 《나는 왕이로소이다》라는 자서전도 냈다)

그가 거지왕으로 불린 건 단순히 거지들의 춘추전국시대를 끝냈기 때문만은 아니었다. 남모르는 선행을 베풀기는 했지만, 그가 숭고한 희생과 봉사 정신으로 이 세계에 뛰어든 건 더더욱 아니었다. 일자무식으로 밑바닥 삶을 살면서 거지 왕초가 되었지만 그는 인간애가 무엇인지, 사람들이 필요로 하는 리더십이 무엇인지를 몸으로 보여준 인물이었다.(부인 남윤자 씨는 당시 드물었던 '여대생' 출신이었다. 거지왕과 여대생의 결혼, 그의 인생은 드라마틱한 요소들이 가득했다) 그는 또 단순히 거지 무리의 우두머리에 머물지 않고 거지들의 신뢰를 기반으로 자신의 일을 한 차원 높여 빈민구제 사업으로 발전시켰다.

김춘삼은 어떻게 거지왕이 되었을까? 어떤 집단에서건 집단을 통솔하는 존재는 그냥 생겨나지 않는다. 잠시 통솔할 수는 있어도 지속적으로 자리를 지키기는 어렵다. 무엇보다도 그가 이끄는 무리와 다른 무리 사이에는 명확한 차이점이 하나 있었다.

거지들의 세상에서 추운 겨울은 위기의 시간이었고 죽음과 가까워지는 계절이었다. 그렇지 않아도 먹고살기 힘든 세상에 누가 거지들에게 밥을 나누어줄 것인가?

집단의 명암을 가른 건 '두목'의 행동이었다. '거지왕'은 직접 황량한 거리로 나서서 자신을 따르는 구성원들을 먹여 살렸다. 반면 다른 많은 '두목'들은 한줌밖에 안 되는 권력을 행사하며 부하들에게 먹을 걸 구해오라고 지시하고 강요했다. 누구를 따라야 더 나은 미래를 보장받을 수 있을까? 결과는 불을 보듯 빤했다.

어떤 리더십이 리더 자신과 집단을 살리는지에 대한 질문에 자연 역시 똑같은 답을 내놓는다.

북극에 가까운 알래스카와 캐나다 북부 지역은 시베리아와 함께 거의 일 년 내내 한겨울 같은 날씨가 이어지는 곳이다. 마치 바람이 스치듯 짧은 여름이 지나가고 나면 모든 것이 꽁꽁 얼어버리는 동토의 왕국 툰드라는 말 그대로 극한極寒의 공간이다. 어디를 둘러봐도 우중충한 하늘에 끝없이 펼쳐진 벌판은 온통 하얗고 모든 것은 불확실하다. 하지만 생명력은 여기서도 불가능을 가능으로 바꾼다. 늑대들이다.

기나긴 겨울이 오기 시작하면 이곳 늑대 무리에는 긴장감이 감돈다. 보통 늑대들은 수십 마리씩 무리를 짓고 살지만 이런 곳에서는 보통 대여섯 마리들이 함께 다닌다. 많은 입을 감당할 수 있을 만큼 먹이가 많지 않고 큰 먹잇감도 없는 까닭이다. 황량한 벌판은 말 그대로 황량할 뿐이어서 열심히 돌아다닌다고 살길을 찾을 수 있는 것도 아니다. 도리어 에너지만 낭비할 뿐이다. 이 황량한 겨울 벌판에서 녀석들은 어떻게 살길을 찾는 걸까?

물꼬를 트는 것은 역시 우두머리다. 늑대 우두머리는 무리들이 동굴 속에서 휴식을 취하는 동안 혼자서 먹이를 찾으러 나선다. 하루가 걸릴 수도 있고 2~3일씩 걸리기도 하는 어렵고 힘든 여정이다. 가도 가도 하얀 눈과 살을 에는 바람밖에 없는 벌판에 뭐가 있겠는가? 대장이라고 뾰족한 수가 있는 것도 아니니 그야말로 고난의 여정일 수밖에 없다. 천신만고 끝에 먹잇감을 발견하면 특유의 길고 긴 울음소리로 동굴에 있는 무리에게 신호를 보낸다. 먹을 걸 발견했으니 얼른 오라는 소리다.

늑대 무리를 이끄는 우두머리는 살을 에는 찬바람과 눈보라가 몰아치는 허허벌판 속으로 들어가야 하고 아무것도 없을 것 같은 벌판을 헤매며 먹을 것을 찾아야 한다. 그래야 대장으로 인정받을 수 있다. 그것도 혼자서! 부하를 보낼 수 있지만 그러면 대장의 권위가 떨어진다. 능력이 없다는 것을 스스로 증명하는 것이기 때문이다.

늑대 무리를 이끄는 대장이 되려면 두 가지 능력이 필수다. 이렇듯 아무것도 없을 것 같은 곳에서 무리에게 먹일 걸 찾아(나설 수 있어)야 하고, 그 다음으로 무리에 분란이 일어나지 않도록 잘 이끄는 능력을 갖추어야 한다.

눈보라가 몰아치는 황량한 벌판으로 나가 먹이를 찾는 게 쉬울까? 모두가 먹고살기 힘든 시절에 그것도 겨울에 거리로 나서는 게 누구나 할 수 있는 일일까? 거지왕은 가장 먼저 눈보라가 몰아치는 거리로 나섰고, 먹을 걸 구하면 어린 아이들을 먼저 먹였다. 굶어야 할 때는 자신이 먼저 굶었다. 만약 누군가를 따라야 한다면 누구를 따를까? 누가 끝까지 자신들과 '함께' 하면서 자신들을 더 나은 곳으로 이끌어줄 것이라고 생각할까?

리더십이란 구성원들이 리더를 따라야 할 이유를 제시하는 것이다. 인간은 단순한 양떼가 아니다. 누가 이래라 저래라 하는 걸 좋아하지 않는다. 자유의지가 있다. 자신을 낳아준 부모가 간섭하는 것도 싫어하는데 월급 주는 사장이야 말할 필요도 없다. 하지만 따라야 할 이유가 있을 때는 따르지 말라고 해도 양떼처럼 따르게 되는 게 또 사람이다. 2차 세계대전 때 벨라루스에서 비엘스키 형제를 따르던 유대인들처럼 말이다. 사람들은 어떨 때 누군가를 순순히 따를까? 다시 말해 사람들이 누군가를 따르는 가장 중요한 요건이 뭘까?

젊은이들에게 인기가 많은 한 스님이 자신을 찾아온 방문자와 경내를 걷다가 물었다.

"저 연못에 왜 고기가 사는지 아십니까?"

"……."

"먹을 게 있기 때문입니다. 먹을 게 있으니 떠나지 않고 있는 겁니다. 저 물속의 물고기에게서 배울 게 있어요. 물고기들은 비가 많이 와서 아무리 물이 불어도 여기를 떠나지 않습니다. 먹을 것이 있기 때문이지요. 사람도 그런 것 같아요. 내가 무엇인가를 가지고 있으면 나를 떠나지 않아요."

물고기만 그럴까? 흥망성쇠를 여러 번 겪어봤던 중소기업 사장이 한 말이 있다.

"직원들이요? 아주 귀신이에요, 귀신! 뭐가 좀 되겠다 싶으면 나가라고 해도 절대 안 나가요. 근데 내가 안 되는 걸 붙잡고 있으면서 잘될 것이니 두고 봐라, 하면 아무리 호언장담해도 손 안의 모래알처럼 하나둘 슬슬 다 빠져나갑니다. 바짓가랑이 붙잡는다고 붙어있질 않아요. 사람들을 내 옆에 붙들어두려면 능력을 보여주어야 합니다. 그러면 나가라고 해도 찰싹 붙어요. 장사라면 나 혼자 하겠지만 사업은 혼자 하는 게 아니잖아요. 다들 함께 해야지. 아무도 없으면 어떻게 합니까? 하지만 능력을 보여주어야 따라와요."

월급날은 다가오는데 줄 돈이 없을 때 사장은 거리로 나서고 황야 같은 세상 속으로 들어간다. 백방을 헤매며 월급 줄 돈을 구한다. 지금은 중견기업으로 자리 잡은 한 회사 사장은 어려웠던 시절 돈이 떨어지자 사채시장까지 가서 돈을 빌려와 월급을 주었다. 나중에 그 사정을 안 직원들은 월급의 절반만 받겠다고 했고, 그들은 나중에 훨씬 더 많은 월급과 성과급으로 보답받았다.

이 세상 모든 생명체에게 가장 중요한 것은 '먹는 일'이다. 그래야 살아갈 힘을 얻을 수 있다. 국가 경영의 세 요체가 식食, 병兵, 신信이라고 한 공자는 이 중 으뜸을 '식'이라고 했다. 먹어야 살기 때문이고, 사람들이 이걸 가장 중요시하기 때문이다('목구멍이 포도청'이라는 속담도 마찬가지다).

첨단 기술이 세상을 이끌어가는 요즘 가장 좋은 회사는 어디일까? 연봉이 높은 회사다. 그래서 대기업에 부정적인 인식을 갖고 있는 젊은이들도 입사철만 되면 그 대기업에 들어가려고 구름처럼 모인다. 회사에서도 누군가 지속적으로 능력을 보이면 그의 뒤에는 소리 없이 줄이 생긴다. 기업의 역할을 묻는 어느 조사에서 전문가들은 기업은 가치 창출을 해야 한다고 말했다. 하지만 일반인들의 대답은 달랐다. 그들은 일자리 창출이라고 답했다. 일반인들에게 가치 창출은 맨 마지막 항목이었다. 사람에게는 먹고사는 문제가 우선이다.

　조직은 '먹고사는' 원초적 욕구를 시작으로 매슬로우의 욕구 5단계(① 생리 ② 안전 ③ 소속감과 애정 ④ 존경 ⑤ 자아실현 욕구)를 차례로 지향한다. 이것이 리더에게 중요한 이유는 이 각각의 단계가 조직이 리더를 따르는 이유가 되기 때문이다.(조직이 리더를 따르는 이유는 구성원의 마음속에 내재화되어 자부심으로 나타난다) 공자는 3단계를 들었지만 매슬로우는 더 세분화했다. 이 단계들은 높아질수록 우리가 말하는 비전의 원천 요소가 된다. 예를 들어 생리적 욕구를 채워주어야 하는데 사장이 존경이나 자아실현만을 강조하면 사람들은 그를 따르지 않는다. 조직은 3단계인 소속감과 애정을 필요로 하고 있는데 사장이 1, 2단계인 생리와 안전에 머물러 있으면 그들은 떠난다. 각각의 상황에 따라 적합한 비전을 제시해야 한다.

　애플의 스티브 잡스는 직원들에게 연봉을 많이 주기도 했지만 괴팍한 성격 그대로 직원들을 무던히도 못살게 굴었다. 하지만 직원들은 연못의 물고기들이 그러는 것처럼 잡스와 애플을 떠나지 않았다. 잡스를 최고의 보스로, 애플을 최고의 직장으로 여겼다. 최고 수준의 연봉을 받는 데다 자신들이 새로운 미래를 개척하는 최일선을 달리고 있다고 믿었기 때문이다. 그들은 자신들이 '세상을 바꾸는 세계 최초를 만든다'는 가치를 실현하고 있다고 믿었다('져주는 힘'에 나온 사장이 말한 '성장 본능'이고 매슬로우의 욕구 중 마지막 5단계 자아실현 욕구다). 잡스가 자신들을 괴롭히는 것도 이걸 위한 것이라고 여기고 순순히 받아들였다.

리더십이란 두 가지 원초적인 능력에서 시작한다. 성과를 내는 (먹을 걸 찾아내거나 만들어내는) 능력과 조직을 하나로 만드는(그래서 효과적으로 움직이게 하는) 능력이다. 조직이 리더를 따르는 가장 기본적이고 강력한 이유이다. 이 능력을 효과적으로 증명하는 순간 조직은 리더를 따르지 말라고 해도 따른다. 사람들 안에 있는 리더 희구 본능이 자동으로 작동하여 그들의 몸을 이끌어간다. 리더가 자격이 있다는 걸 능력으로 증명할 때 조직은 스스럼없이 따르고, 가치가 있다고 믿으면 자신의 노력뿐만 아니라 자신의 모든 것, 목숨까지 바친다.

특히 한국인은 탁월한 리더가 맨 앞에서 숙명처럼 느껴지는 비전이나 목표를 제시하면 그 어느 누구보다 빠르게 응집한다. 몸만 나서는 게 아니라 리더의 삶에 자신의 삶을 맞추는 한국인 특유의 집단주의적 정신이 발휘되기 시작한다. 회사 문을 나서는 게 퇴근이 아니라 헤어져야 퇴근이 되는 그런 문화를 만들어낸다. 한국인은 왜 따라야 하는지를 강력하게 제시하면 누구보다 밀도 있게 따르는 경향이 있다. 왜 따라야 하는지, 명확하고도 강력한 이유를 제시하는 게 그 어느 나라보다 중요한 이유다. 똑똑한 사람들이 회사를 위해 일하고 싶은 강력한 이유를 만들어내는 것, 리더가 해야 할 일이 바로 이것이다.

진정한 리더는 자신의 능력을 말로 설명하지 않는다. 왕관과 계급장 그리고 명함 같은 상징물로 힘을 과시하지 않는다. 능력으로 증명해 사람들이 따르게 한다. 그래서 위기는 언제나 새로운 리더가 출현하는 무대가 된다. 진정한 능력은 돈을 주고 살 수 없고 땅속에서 캐낼 수도 없다. 아무리 철권을 물려받아도 능력이 없으면 그 자리를 지킬 수 없는 게 세상 이치다. 왜 탁월함은 언제나 귀한 단어일까? 생명력이라는 말은 왜 영원한 테마일까? 가지고 싶다는 마음만으로 가질 수 있는 능력이 아니기 때문이다.

진정한 리더는 주변에 있는 사람들을 기꺼이 행동하게 만든다. 자신을 강하게 내세우기보다 그들 스스로가 마음으로 받아들이게 한다. 따라야 할 이유를 능력으로 제시한다. 그들은 자신의 존재 이유why를 확실하게 한 다음, 뭔가what를 하러 나선다. 전설과 신화 속의 영웅들이 항상 자신의 존재 이유를 알고 길을 떠나듯이 말이다. 위대한 전쟁 영웅들이 공통적으로 가지는 특징 중 하나는 병사들에게 왜 싸워야 하는지를 말한 다음, 전투에 임한다는 점이다. 탁월한 CEO들도 마찬가지다. 뭔가를 하기 전 반드시 조직에게 왜 이걸 해야 하는지, 우리가 지금 뭘 하려고 하는지, 이것이 어떤 가치가 있는지를 말한다. 그런 다음 무엇을 어떻게 해야 할지를 말한다.

후계자가 가장 먼저
갖춰야 할 것

●

어느 정도 자리를 잡은 회사 사장들은 누구나 후계자 문제로 골머리를 앓는다. 핏줄이라고 해서 무조건 회사를 물려줄 수는 없는 일, 사업이란 자전거 타기와 같아서 페달을 멈추거나 잘못 돌리면 반드시 상응한 대가가 뒤따른다. 아무리 피눈물로 쌓은 회사라도 한 순간에 사라진다. '그래도 핏줄이니까', 아니면 '말 잘 듣고 성실하니 괜찮을 거야' 하면서 자식에게 물려준 회사는 대체로 결과가 좋지 않다. 핏줄과 성실은 조직을 지속 가능하게 하는 리더십에 필요한 자질이기는 하지만 핵심 자질은 아니다.

자신이 세상을 살아온 햇수보다 더 오래된 사업을 이어받아야 한다(한 후계자의 말이다)는 생각에 막연한 불안감에 시달리는 후계자들이 반드시 알아두어야 할 게 있다. 아버지의 것이니 당연히 내 것이라는 생각은 물론이고 열심히 하면 되겠지, 라는 막연한 생각은 어느 순간 뜨거운 감자가 되고 '믿는 도끼'가 되어 발등을 찍는다. 예외 없이 곤란한 상황으로 직행한다. 능력 있는 사장이 되려면 힘이 어디서 나오는지, 어떻게 영향력을 발휘해야 하는지 알 필요가 있다.

존 프렌치 주니어와 미국 UCLA 대학 심리학과 버트램 레이븐 교수에 의하면 사람들 사이에서 생기는 권력(사회적 권력)의 원천은 다섯 가지다. 다시 말해 리더들의 다섯 가지 유형이 있다.(나는 어떤 유형일까?)

첫째는 '나를 따르면 이런 걸 해주겠다. 그러나 따르지 않으면 국물도 없다'고 하는 유형이다. 연말 보너스나 인사 평점 같은 보상을 내세워 '시키는 대로 하라'고 하는 사람들이 잘 쓰는 영향력이다. 보상적 권력이라고 한다.

둘째는 '내가 사장이라는 지위에 있으니 이렇게 하겠다'고 하는 리더들이다. 업무를 바꿔줄 수 있고 해고할 수도 있는 규칙과 법으로 힘을 행사한다. 정해진 지위나 자리에서 나오는 합법적 권력이다.

셋째는 '좋게 말할 때 하라는 대로 해!'라고 하는 유형이다. 힘과 영향력을 이용해 일방적으로 지시하고 명령한다. 듣지 않으면 처벌이라는 '채찍'을 날리는 강압적 권력이다. 무서운 '채찍'이 무시로 날아다니니 모든 일이 즉시, 그리고 빠르게 이루어진다. 하지 말아야 할 것을 못하게 하는 효과가 분명하게, 그것도 즉각 나타난다. 그러나 알아서 하게끔 할 수는 없다. 인간은 정서적으로 위축되고 마음이 닫히면 새로운 정보를 잘 받아들이지 않는다. 순응적이 된다.

넷째는 변호사나 세무사 또는 엔지니어처럼 전문적인 지식이나 기술을 갖고 있거나 멘토처럼 자신만의 경험에서 나오는 영향력을 행사하는 전문화된 힘이다.

마지막으로 다섯째는 '나도 저 사람처럼 되고 싶다'는 마음이 들게 하는 유형이다. 이른바 준거적 권력이다. 가장 효과가 좋다. 마음으로 따르기에 '불로 뛰어들어라' 해도 뛰어든다. 믿기 때문이다.

어떤 힘이 가장 좋을까? 말할 것도 없이 마지막 유형이다. 하지만 이 유형에는 조건이 따른다. 리더가 조직에게 자신을 따라야 할 이유를 먼저 제시해야 한다. 먹고살게 해주는 능력을 보여주고, 조직을 잘 이끌어가는 역할 모델이 되어야 한다. 사업이나 조직을 이어받을 후계자 또한 여기에 기반한 두 개의 성장동력을 만들어내야 한다.

하나는 사업에서의 성장동력이다. 새로운 기술이나 신제품 또는 새로운 시장을 개발해 새로운 에너지(성장동력)를 만들어내야 한다. 다른 하나는 이걸 담당할 자신만의 조직이다. 아버지와 같이 성장한 완고하고 완력 또한 강한 사람들은 절대 호락호락하지 않다. 후계자들에게 이런 사람들은 강을 건너는 징검다리가 아니라 걸림돌로 보인다. 사사건건 어깃장을 놓고 불편하게 한다. 그렇다고 이 사람들을 무조건 물갈이할 수도 없고 해서도 안 된다. 그들은 나름대로 조직에 뿌리를 내리고 있는 우람한 나무 같은 존재여서 그들을 제거하면 속은 시원할지 몰라도 조직 속에 내린, 뿌리가 있었던 부분이 텅 비게 되어 조직력이 약해진다. 서서히 자신만의 새로운 분야에서 새로운 사업을 발굴하고 키워가면서 그 사업을 짊어지고 갈 사람을 키워야 한다. '내 사람들'을 만들어야 한다. 후계자가 만들어야 할 두 번째 성장동력이다.

역사의 성군들은 이런 방식으로 치세를 이루어냈다. 조선의 세종은 집현전을 통해, 그리고 정조는 규장각을 통해 자기 사람과 새로운 정책을 생산해내면서 자신만의 힘을 만들어냈다. 이런 과정을 통해 무조건 따르라고 하기보다 왜 따라야 하는지를 보여주었다. 자격이 있음을 증명했다. 곧 침몰할 것 같은 회사의 구원투수로 등장해 회생을 성공시킨 CEO들도 마찬가지다. 새로운 정책, 새로운 비전을 실적으로 만들어내는 자기 사람들을 만들어낸 덕분에 성공할 수 있었다. 지난 2000년 기울어가던 P&G의 수장으로 부임해 회사를 부활시키는 데 성공한 앨런 래플리는 이걸 '자신만의 팀'이라고 했다.

전 세계를 무대로 활동하는 다국적 기업들이 선호하는 유능한 임원이 되려면 무엇이 필요할까? 헤드헌팅 회사들이 꼽는 자질은 크게 두 가지다. 첫째는 남들과 차별화된 전문성이나 성과가 있느냐 하는 것이고, 두 번째는 조직과의 융합을 잘할 수 있느냐 하는 것이다.(늑대 우두머리가 갖춰야 하는 자격 조건과 똑같다)

외견상 이 두 자격 모두 갖췄다 하더라도 능력 있는 부하를 떠나보낸 적이 있다면 거의 무조건 탈락이다. 두 번째 조건인 융합 능력이 없다는 생각에서 그런 것 같지만 사실은 성과를 만들어내는 능력이 없다는 증거이기 때문이다. 리더는 부하들이 성과를 잘 내게 하는 사람이고, 부하의 성과가 자기 성과가 되는 것인데, 그걸 제대로 하지 못했으니 낮게 평가하는 것이다.

14
————

등산하는
직원,
탐험하는
사장

딸 가진
아버지들이
불안해하는 이유

딸을 가진 아버지가 맞닥뜨리는 가장 불안한 순간은 언제일까?

딸이 어느 날 결혼을 하겠다고 웬 낯선 남자를 데려올 때다. 생전 처음 보는 남자가 집에 들어선 순간, 엄마는 호기심 어린 눈길로 요모조모 살펴본다. 아버지는 반대다. 애지중지 키운 딸을 훔쳐가려는 도둑을 대하는 듯 영 마뜩치 않은 눈길로 '취조'를 시작한다. 엄한 얼굴과 굳은 자세로 집안 내력부터 하는 일과 정신 상태까지 하나하나 따져 묻는다. 여의치 않으면 알코올 테스트까지 한다. 술이 들어간 상태에서도 올바르게 행동하는지 알아본다.

왜 딸 가진 아버지들은 다들 비슷할까? 딸이 데려온 '녀석'은 단순히 낯선 남자가 아니다. 소중한 딸의 인생을 좌우할, 아직은 알 수 없는 정체불명의 인물이다. 이 녀석으로 인해 딸의 삶이 어떻게 바뀔지 모른다. 한마디로 불확실성 그 자체다. 그러니 어떻게든 이 도둑 같은 녀석의 정체를 확인해야 한다. 물론 정체를 확인하고서도 막상 딸을 완전히 떠나보내는 결혼식 날에는 가슴 한쪽이 텅 빈다. 딸을 보낸 아쉬움일까, 아니면 불안함일까?

둘 다일 것이다. 딸은 이제 자신의 품을 떠나 다른 남자의 품으로 갔다. 내 영역을 떠나 내 힘이 미치지 않는 완전한 불확실성 속으로, 더 이상 어찌할 수 없는 곳으로 가버린 것이다. 물론 떠나보냈다고 끝난 게 아니다. 결혼한 후에도 잘살 수 있도록 해주는 것이 부모의 도리다. 딸이 아기를 낳아 친정에 오면 이번에는 친정 엄마가 나선다. 사위 앞에서 딸이 낳은 아기를 들여다보면서 들으라는 듯 전형적인 멘트를 구사한다.

"아이고, 지(제) 아빠를 빼다 박았네!"

친정 엄마는 아기가 딸을 닮았어도 이렇게 말하고 사위를 닮지 않았어도 똑같이 말한다. 왜 세상의 아기들은 외갓집에만 가면 '아빠를 빼다 박은 얼굴'이 될까?

결혼하려는 딸을 가진 부모가 가지는 불안(불확실성)은 딸이 좋은 남편을 만날까 하는 것이다. 반면 이런 딸과 결혼한 남자들은 다른 불안(불확실성)을 갖고 있다. 내 자식이 진짜 내 핏줄인가 하는 세상 모든 수컷이 가지는 불안이다.(동물의 왕국에서 수컷은 자기 새끼가 확실하다고 여겨질때만 양육에 헌신한다) 이 두 불안이 작아지고 없어질수록 딸 부부는 잘산다. 그래서 딸 가진 아빠는 사위가 될 낯선 남자의 정체를 하나하나 확인하고, 장모는 사위의 원초적인 불안을 한방에 잠재울 수 있는 멘트를 구사한다. 이 세상 친정 엄마들은 유전자라는 게 과학적으로 규명되지 않았을 때에도 아주 중요한 세상 원리를 알고 있었던 셈이다.

왜 이런 행동들이 우리 생활 속에 뿌리내려 있을까? 불확실성을 확실한 가능성으로, 불규칙한 것을 규칙(적)으로, 아무것도 없는 것에서 무언가를 만들어내는 것이 더 잘살아가는 일(진화)이기 때문이다. 산다는 건 이렇게 불확실하고 불규칙한 것들과 싸우는 것이다. 아무 것도 없는 곳에서 뭔가를 만들어내고 찾아내서 우리가 살아갈 수 있게 하는 것이다. 불확실성이란 확실하지 않다는 것뿐만이 아니라 언제 어떻게 될지 모르는 위험이 다분한 상태를 말한다. 늑대 무리의 대장이 나서야 하는 혹독한 툰드라의 벌판이고 거지 왕이 떠돌아야 하는 삭풍 부는 거리 같은 것이다. 자칫 잘못하는 순간 우리를 궁지와 사지로 몰아넣는 것들을 가리키는 말이다.

불확실성이 우리의 생존력보다 더 크고 세고 강하면 우리 삶은 위험해진다. 잘 살아갈 수 없다. 그래서 우리는 마지 못하는 상황이 아니면 불확실성과 마주치고 싶어 하지 않는다. 이왕이면 안전이 확인된 확실한 것을 원한다. 하던 걸 하고자 하고, 가던 길을 가려고 한다. 괜히 새로운 일을 벌이다 가진 걸 다 날릴 수도 있는 상황에 빠지고 싶어 하지 않는다. 다른 사람들과의 관계에서 우리 본능이 주는 것보다 받는 것을 선호한다면, 외부 세계를 대할 때 우리의 본능은 앞장서지 말고 따라가라고 한다.

"진짜야?", "정말?", "확실해?", "나 못 믿어?", "나 믿지?"

우리는 왜 말끝마다 이런 말을 입에 달고 살까? 불확실을 해소하고 불안을 없애기 위해서다. 내 안의 불확실과 불안을 누그러뜨리기 위해 다그쳐 묻고, 상대의 불안을 확신으로 돌리기 위해 믿음을 강조한다. 반대로 보면 믿음을 유난히 강조한다는 건 관계가 불안정하다는 뜻이고 돌다리를 두드리듯 확인한다는 건 그만큼 상대를 믿지 못한다는 얘기다.

우리만이 아니다. 작은 생쥐마저도 낯선 곳에 갖다 놓으면 불안한 나머지 신경이 예민해지다 못해 날카로워진다. 낯선 곳은 불확실성이 가득한 곳이라 안전과 거리가 멀고 죽음과 가까워질 수 있는 곳이기 때문이다.

아프리카 깊은 숲에 사는 고릴라는 우리와 마찬가지로 어둠 속 시력이 좋지 않다. 캄캄한 어둠 속에서는 아무것도 볼 수 없다. 그런데 이 어둠 속에서 어떤 정체 모를 소리가 점점 가까워지면 이 녀석들은 어쩔 줄을 모른다. 무언가 다가오는 게 분명한데 그게 뭔지 모르고 보이지 않으니 어떻게 대처해야 할지 알 수 없다. 이럴 때 대장 수컷은 영화 〈킹콩〉에 나오는 주인공처럼 커다란 가슴을 주먹으로 쿵쿵 친다(킹콩으로 나오는 녀석이 바로 고릴라다).

원래 수컷들이 영역 다툼을 벌이거나 암컷을 두고 한판 싸움을 벌일 때 하는 이러한 행위는 '나는 이렇게 소리를 크게 낼 수 있을 정도로 세. 그러니 좋은 말 할 때 물러가라'는 경고다. 극단적인 불안함을 '싸워 봤자 너만 손해'라는 메시지를 담은 과시행위로 나타내는 것이다. 고릴라에 비해 덩치가 작은 원숭이들은 이런 상황을 만나면 거의 공황 상태가 된다. 공포에 질려 비명을 지르다 못해 주위에 있는 다른 원숭이를 때리고 내던지고 깨무는 통제 불능 상태에 빠져든다.

우리는 어떨까? 태어난 지 얼마 되지 않은 아기는 위험천만한 불이나 칼에 거리낌 없이 손을 내밀지만 어둠 속으로는 가려 하지 않는다. 어둠 속에 혼자 두면 울기 시작하고, 계속 두면 악을 쓰며 자지러진다. 어둠 속은 언제 무슨 일이 일어날지 모르는 불확실성의 세상, 살아 있음을 보장할 수 없는 죽음에 가까운 세계이기 때문이다. 아무도 없는 캄캄한 밤, 혼자 있는데 어디선가 바스락거리는 소리가 지속적으로 들리면 어른이라도 머리칼이 쭈뼛 선다. 낯선 곳을 갔을 때 불안을 느끼는 건 몸이 위험신호를 보내기 때문이다. 뭔가 이상한 느낌이 들 때 우리 뇌는 왜 그런지 인지하지 못하지만 우리 심장은 벌써 자기 마음대로 뛰기 시작한다. 불이 인류의 삶에 혁명을 가져온 이유는 음식을 익혀 먹을 수 있게끔 해주었을 뿐만 아니라 아무것도 보이지 않는 어둠을 환하게 밝히면서 맹수를 쫓아내주는 탁월한 불확실성 타개 수단이었기 때문이기도 하다.

불확실성에 반응하는 우리의 태도는 삶 깊숙이 배어 있다. 동서양을 막론하고 가장 좋은 주거지는 듬직한 산을 뒤로 하고 앞이 탁 트인 곳이다. 무슨 일이 일어나는지 훤히 알 수 있고 나에게 무엇이 어떻게 오는지 한눈에 파악할 수 있다. 뒤쪽은 산이 막아주고 있으니 뒤통수를 맞을 일도 없다. 불확실성을 최소한으로 낮출 수 있는

지형이다. 인류학자 레비 스트로스는 인간은 다른 건 다 참아도 무질서만은 참지 못한다고 말했다. 왜 그럴까? 무질서는 불확실성이 가득한 상태이기 때문이다. 대부분의 엄마들이 자식들에게 "책상 정리 좀 해!", "청소 좀 해!"라고 소리치는 건 그저 하는 잔소리가 아니다. 생물학적인 본능에서 나오는 충고인 것이다.

책상 위 무질서를 본능적으로 싫어할 정도이니 우리의 머릿속을 정신없이 흐트러뜨려놓는 사람을 싫어하는 건 인지상정이고 당연한 일이다. 비서들이 가장 싫어하는 CEO는 일을 많이 시키는 CEO가 아니다. 어떻게 저럴 수 있을까 싶을 정도로 감정을 다재다능하게 폭발시키는 다혈질 사장들이다. 이걸 시켰다가 저걸 시키고, 이렇게 하라고 했다가 언제 그랬냐는 듯 저렇게 하라고 하는, 그러면서 수시로 감정을 터뜨리며 하루하루를 온통 헝클어뜨리고 수습 불가 상태로 만드는 CEO들이다. 만사 제쳐놓고 벗어나고 싶은 상사들이다. 견디다 못한 직원들이 사표를 던지고 나갈 수 있는 상황이 아니라면 기계처럼 '예스'만 하게 하는 무기력한 순응을 만드는 사람들이다. 그래 놓고는 왜 알아서, 스마트하게 움직이지 않느냐고 하는 사람들이다.

혹시 사람들이 자신을 멀리하도록 만들고 싶다면 이렇게 하면 된다. 도무지 일관성이란 눈 씻고 찾아볼 수 없을 정도로 불규칙하고 불확실하게 행동하는 것이다. 아마 조만간 "믿을 만한 구석이 하나도 없다"는 말을 들을 수 있을 것이다. 또 같이 있어야 할 때 혼자 있게 될 것이다.

잘나가는 기업과 못 나가는 기업의 본질적 차이

　야구에서 유격수는 굉장히 중요한 자리다. 빠르고 불규칙하게 날아오는 볼을 가장 많이 받아내야 하는 위치다. 팀에 뛰어난 유격수가 있느냐 없느냐에 따라 팀의 성적이 바뀔 정도다. 하지만 열심히 뛴다고 뛰어난 유격수가 되는 건 아니다. 열심히 하는 것 이상의 뭔가가 필요하다.

　열심히 뛰는 유격수는 자기에게 오는 공 하나하나에 최선을 다한다. 뛰어난 유격수는 여기에 하나를 더한다. 미리 타자의 기록을 보고 공이 어느 쪽으로 올지, 그래서 어디쯤 서 있어야 할지를 안다. 공이 가는 방향으로 달려가는 게 아니라 미리 공이 오는 쪽에 가 있다. 불확실성이 눈앞의 현실로 닥쳐야 열심히 뛰는 것이 아니라 미리 준비하고 노력한다. 불확실성을 다루는 차이가 능력의 차이로 나타난다.

한 백화점이 각 분야의 '판매왕'들에게 고객이 물건을 살 의향이 있는지 어떤지 알 수 있느냐고 묻자 79퍼센트가 알 수 있다고 대답했다. 무엇으로 알 수 있느냐고 묻자 '눈빛이 다르다'(35.5퍼센트)고 했다. 다음은 상품을 만지거나 사이즈를 확인하는 태도에서 파악할 수 있다고 답했다. 그들에게는 고객의 마음을 읽는 남다른 눈이 있었다. 보통 사람은 알 수 없는 고객의 마음을 읽어내 성과로 만들어내는 그들만의 능력이 있었다. 그들이 '왕'이 된 비결은 불확실성 속에서 가능성을 찾아내는 능력이었다. [1]

리더라는 자리가 왜 힘들까? 열심히 뛰는 유격수가 아니라 뛰어난 유격수가 되어야 하고 판매왕들처럼 불확실성 속에서 확실성을 찾아내야 하기 때문이다. 혼자만 먹고 살면 되는 게 아니라 다 같이 먹을 수 있는 걸 찾아야 하니 고민스러울 수밖에 없다.

직원들은 회사가 하라고 하는 일을 하거나 어딘가에 '있는 정답'을 찾으면 된다. 하루 종일 주어진 일에 최선을 다하는 것만으로도 충분하다. 만두가게의 직원은 만두를 잘 만들거나 손님 접대를 잘하면 된다. 사장은 하는 일이 다르다. 아니, 달라야 한다. 사장이 하는 일에 정해진 영역이 없고 해야 할 일이 일목요연하게 정리된 매뉴얼이 없는 것은 세상과 상황이 회사에 요구하는 답을 그때그때 찾아야 하기 때문이다. 장사가 안 되면 왜 안 되는지 원인을 찾아 상권을 헤매야 하고, 가게 앞을 그냥 지나치는 사람들 마음속으로 들어가야 한다. 장사가 잘되면 만의 하나 어떤 위험이 어떻게 다가올지 주시하고 있어야 한다. 그렇게 눈에 보이지 않는 것(불확실성)과 부딪쳐 눈에 보이는 것(원인이나 비전, 목표)을 찾아내 구성원에게 보여주어야 한다. 단순히 보여주기만 하는 것으로 끝나는 것도 아니다. 그들에게 확신을 주고 어떻게 해야 할지 알려주어야 한다. 알려주고 제대로 하고 있는지 점검해야 한다.

세상과 시장 같은 외부 세계에 대응하는 사장의 능력은 한마디로 불확실성을 어떻게 대하고 처리할 것인가에서 시작하고 결정된다. 왜 사장은 임원들이 반대하는 튀는 신입사원을 뽑으려고 할까? 어떻게든 가능성을 찾아내야 하기 때문이다. 물론 튀다 보니 다루기 쉽지는 않을 것이다. 하지만 혹시 새로운 뭔가를 제시할 수 있지 않을까 하는 생각이 드는 것이다. 하나라도 찾아낸다면 얼마나 다행인가. 하지만 명확한 자기 영역에서 확실한 일을 하고 있고, 또 하려고 하는 임직원들은 언제 어디로 튈지 모르는 '문제아'들을 싫어한다. 그들은 불확실성을 싫어한다.

같은 산을 오른다 하더라도 등산과 탐험은 근본적으로 다르다. 등산은 길이 있는 곳을 간다. 탐험은 길이 없는 곳을 간다. 등산은 지도를 갖고 가지만 탐험은 지도를 만들면서 가야 한다. 세계에서 가장 높은 에베레스트를 올라가는 건 어렵다. 하지만 이 산을 올라가는 걸 탐험이라고 하지 않는 이유는 길이 있기 때문이다. 탐험은 길이 없다. 뭐가 있는지 모르고 중간에 무슨 일이 어떻게 일어날지 모른다. 모르는 세상으로 들어가는 게 탐험이다.

직원들이 등산을 하게끔 하기 위해 사장은 탐험을 해야 한다. 가혹한 툰드라에서 무리를 이끌어야 하는 늑대 우두머리가 눈보라 치는 황야로 들어가고 거지왕이 맨 먼저 한겨울 찬바람 속을 헤매듯 사장은 불확실성 가득한 세상 속을 돌아다니며 길을 찾아야 한다. 아무도 가지 않는 길을 가야 한다. 다 함께 같이 가기 위해 혼자 나서야 하고, 그것도 먼저 나서야 한다. 불확실성은 리더가 지고 가야 할 평생의 짐이다. 한 개인이 감당해야 할 불확실성이 아니라 조직 구성원 전체가 사장의 어깨에 지워준 불확실성을 책임져야 한다.

45억 년 전 우주를 떠돌아다니던 암석 덩어리들과 불덩어리들이 모여 만들어진 지구는 언제 어디서 무슨 일이 일어날지 모르는 불확실성 가득한 곳으로 행성 지구의 삶을 시작했다. 이런 불확실성 속에서 확실함을 만들어내고 살아 있음을 견고하게 다져온 것이 생명의 역사다. 살아 있음이란 무엇인가? 살아가는 힘, 생명력을 확보하는 것이다. 이 힘이 있으면 사는 것이고 없으면 사라지는 것이다. 세상의 본질은 불확실성이고 삶의 본질은 이 불확실성 속에서 생명력을 만들어내는 것이다.

지금이라고 다를까? 세상은 여전히 살아가는 힘이 있는 사람의 편이고 그들의 손을 들어준다. 불확실성을 내 것으로, 우리 것으로 만드는 사람의 손을 들어준다. 사장은 바로 이런 생명력을 얻기 위해 불확실성의 세계에 뛰어들어 날마다 동분서주하는 사람이다.

잘나가는 기업과 그렇지 못한 기업의 본질적인 차이도 여기서 시작한다. 기업체 강의를 하다 보면 두 회사에 확실한 차이가 있다는 걸 알게 된다. 잘나가는 회사는 사전 준비 능력이 강하다. 강사에 대해 면밀하게 조사한 후 어느 날 어느 시간에 어떤 주제로 강의해달라고 요청한다. 간단하고 깔끔하다. 처음 이런 섭외를 받을 땐 좀 의아할 정도였다. 사장은 물론 전 임원들이 참석하는 중요한 전략회의인데 이렇게 간단하게 주문해도 되나 싶었을 정도다.

지지부진한 회사나 몇 년 사이에 수익이 확실하게 떨어져 분위기가 안 좋은 회사는 반대다. 우선 이러저러한 걸 보내달라는 요구사항이 많고 어떤 강의를 할지 일일이 설명해보라고 한다. 심지어 강의 전에 직접 회사에 와서 담당자들에게 내용을 설명해보라는 회사도 있다. 불확실성을 자신들이 감당하거나 처리하지 않고 강사에게 전가하고는 자신들은 가만히 앉아서 검사만 한다. 자신들에게 필요한 게 무엇인지 잘 모르니 강의 내용보다 어디서 강의를 했느냐를 중시한다. 객관적인 평가 기준이 있을 리 없다. 자의적이다. 기준도 없고 자신도 없으니 경력과 명함과 현재의 인기에 의존한다. 직원들도 마찬가지다. 강의를 해도 박수도 별로 치지 않고 평가도 무척 인색하다. 자신들이 모르는 것, 그리고 새로운 것에 적극적이지 않다. 불확실한 것들이 아예 자기 주변에 범접할 수 없게 한다. 대신 당장 내일 써먹을 수 있는 것에 관심이 많고 손해에 대해 민감하다. 불확실성을 자기 것으로 만들려고 하지 않는다.

이런 회사는 내부 구조도 약속이나 한 듯 비슷하다. 아래 직급으로 갈수록 험하고 불확실한 일을 하고 위로 갈수록 안전하고 명확한 일을 한다. 당연히 아래 직급의 이직률이 높을 수밖에 없다. 또 일이 생기면 희생양을 만들면 되니 책임질 일이 없다.

이렇듯 불확실성을 처리하는 능력이 낮다 보니 수익이 낮아질 수밖에 없다. 불확실성을 앞장서 개척해주어야 할 윗사람들이 제 일을 하지 않고 있으니 허물어질 수밖에 없다. 새로운 것이나 기회는 항상 불확실성 속에서 나오는 것인데 아무도 불확실한 곳으로 가지 않으려고 하니 발전할 리 없다. 확실하고 안전한 내부에서 윗사람에게 잘 보이면 쉽게 영향력과 힘을 얻을 수 있는데 누가 불확실한 곳으로 가겠는가? 반대로 잘나가는 회사는 위로 갈수록 불확실성과 만나고 이렇게 일하는 방식이 조직 문화에 그대로 투영되어 있어서 뛰어난 유격수처럼 불확실성을 미리 알아서 처리하고 소화한다. 시간을 들이고 노력해서 초빙하는 강사에 대해 탐색한 후 자신 있게 선택한다. 해봐서 아니다 싶으면 다시는 발을 못 붙이게 한다. 스스로 불확실성과 만나고 어쩔 수 없는 건 감수한다. 실패를 통해 학습한다.

삶을 바쳐야 한다, 목숨을 걸어야 한다

●

몇 년 동안 각고의 노력을 기울여 신기술을 개발해 기술신용보증기금에서 기술보증서를 받은 벤처기업 사장이 있다. 보증서를 들고 은행에 갔더니 보증서는 그냥 보증서일 뿐이었다. 은행 대출 담당자는 기술력이나 성장 가능성 같은 건 거들떠보지도 않고 오로지 지금 돈이 오가는 재무제표만 보고 또 봤다. 특허가 있다고 했더니 곧바로 짧은 대답이 돌아왔다.

"실적이 없잖아요!"

실적 말고 다른 걸로 대신할 수 없느냐 했더니 낯익은 단어들이 튀어나왔다. 담보 대출, 보증인······.

"이해는 합니다. 무슨 일이 생기면 대출 담당자가 다 뒤집어써야 하니 본인으로서는 그럴 수밖에 없을 겁니다."

벤처기업을 하는 사장들에게 은행은 더 큰 한숨을 짓게 하고 그렇지 않아도 답답한 가슴을 꽉 막히게 하는 또 하나의 거대한 불확실성이다. 왜 그럴까? 불확실성을 보는 눈이 없고 처리할 만한 능력이 없기 때문이다. 이런 걸 배운 적도 없고 익힐 틈도 없다. 일이 잘못되면 시스템이 아니라 담당자가 모든 책임을 져야 한다. 물론 이익이 생기면 은행이 잘한 것이니 다들 나눠 갖는다. 당연히 안전을 선호할 수밖에 없다. 그러니 담보 대출이나 보증인, 실적 같은, 미래의 능력 대신 과거나 현재의 능력만 본다. 미래라는 불확실성에서 진짜 경쟁력이 나온다는 걸 감안하면 제대로 된 경쟁력이 없는 것이나 마찬가지다.(앞에서 말한 못 나가는 회사도 과거와 현재 눈앞에 보이는 것만 본다) 은행을 비롯한 금융권들이 외국 금융사들의 진입을 국가적 차원에서 막아달라고 하는 데는 이런 이유가 있다(실제로 우리나라는 총력을 다해 막아주고 있다. 외환위기도 알고 보면 낙후

된 금융 경쟁력 때문에 일어난 것이나 다름없다).

이 회사가 가지고 있는 기술이 3년 후나 5년 후에는 어떤 시장성을 갖출지, 이 기술을 가치로 환산하면 얼마나 되는지, 어떻게 수익으로 돌아올지, 이런 불확실성 속의 가능성을 가늠하고 계산할 줄 아는 사람도 없고, 있다 해도 윗사람들이 알아주지 않는다. 그들은 쉽게 일한다. 불확실한 미래 가치보다 확실한 과거 실적으로 일하는 게 훨씬 편한데 왜 모험을 사서 하겠는가?

"대출을 받아도 언제 무슨 일이 있을지 안심할 수 없어요. 공장을 새로 짓거나 비싼 설비를 들여놓다 보면 재무제표에 일시적인 적자가 날 수밖에 없어요. 그런데 경기가 나빠질 때 이런 일이 겹치면 바다에서 맞는 삼각파도가 따로 없습니다. 은행은 재무제표만 보고 금리를 확 올립니다. 왜 그러느냐고 항의하면 열이 확 받는 대답만 합니다. 불만 있으면 상환하라는 거죠."

"담보 대출을 받아 최신 설비를 갖춰 열심히 매출을 늘려가고 있는데 어느 날 대출을 다 갚으라는 거예요. 아니 연체 한 번 없었고 연장 신청도 했는데 왜 그러느냐고 했더니 재무제표 상의 매출이 계속 하락세여서 자기네들이 위험하다고 판단했다는 겁니다. 이제 매출이 막 살아나는데 무슨 소리냐고 했더니 어쨌든 자기네들은 그렇게 판단했고 윗분들도 그렇게 하라고 했으니 해야 한다는 거예요. 신문에서 보니 그걸 선제적 대응이라고 하더군요. 웃음밖에 안 나왔습니다."

사업하는 사람들이 공통적으로 분통을 터뜨리는 두 종류의 사람들이 있다. 은행 사람들과 공무원이다. 법과 규정, 규칙에 따라 일해 온 사람들이다. 시장 상황은 하루가 다르게 바뀌고 있는데 이런 시장 흐름과는 별 상관이 없이 살아가는 사람들이다. 아니, 그렇게 살아도 살아가는데 별 문제가 없는 사람들이다. 그렇게 살아도 별 문제가 없으니 변할 필요가 없고 변하지도 않는다. 발등에 불이 떨어진 사장들의 복장만 터진다.

"위기란 게 뭡니까? 지금까지 해온 걸로는 해결이 안 된다는 거잖아요? 그러면 해결책은 바깥에 있다는 건데 다들 지금까지 해온 대로만 하려고 해요. 물론 문제가 생기면 그들도 자기들만 피해를 보니 어쩔 수 없기는 할 텐데……. 하여튼 참 이 사람들하고는 적응이 안돼요."

사업한 지 25년이 넘었다는 한 사장은 그동안 자신이 경험한 걸 '젬병'이라는 운을 섞어 풀어내기도 했다.

"상관이 이렇게 하라 저렇게 하라는 지시를 하면 누구보다 잘하는 사람들인데, 알아서 해야 하는 일이나 생산적인 대안 제시에는 영 젬병인 사람들입니다. 하부 기관이나 누군가에게 지시는 잘하는데 설득엔 영 젬병입니다. 법 적용은 귀신같이 잘하는데 성과를 만드는 건 영 젬병인 사람들입니다."

관계 능력 덕분에 관리자에 오르거나 전문성이 떨어지는 사람들이 조직을 이끄는 자리나 영향력을 행사하는 자리에 앉게 되면 으레 보이는 특징이 있다. 일일이 모든 걸 컨트롤하는 것으로 자신에게 오는 불확실성을 낮추려고 한다. 일을 잘 알면 핵심과 급소만 점검하면 되지만 그럴 수 없기 때문이다. 당연히 바쁠 수밖에 없다. 사업가들에게 관공서는 딱 이런 관리자처럼 여겨진다.

선진국의 정책당국과 내로라하는 연구(소) 조직들은 지원하되 간섭하지 않는다는 원칙에 철저하다. 잘나가는 기업들이 강사를 초빙할 때 그러하듯 사람을 선정할 때 시간과 노력을 들여 불확실성을 다 제거했기에 선정 후에는 아낌없이 지원해주고 결과에 대해 책임지라고 한다. 일일이 보고하라고 하지 않고 감 놔라 배 놔라 간섭하지도 않는다. 예를 들어 13명의 노벨상 수상자를 배출한 영국 케임브리지 MRC 분자생물학실험실LMB의 책임자는 10년 단위로 일하고 정부는 모든 것을 일임한다.(독일의 유명한 막스플랑크 연구소도 마찬가지다). 우리는 거꾸로다. 선정 기준이나 과정이 애매할 때가 많고(보통 2층 뇌 기준으로 선정한다. 3층의 옳고 그르냐가 아니라 2층의 좋고 나쁘냐로 판단한다) 선정하고 나서도 지원은 거의 없고 간섭은 많다. 사장들에게는 관공서 역시 거대한 불확실성을 생산하는 곳이다.

불확실성을 줄여주어야 할 은행과 관공서가 불확실성을 제대로 보고 해독해주기는커녕 더 큰 불확실성을 안겨주고 있으니 사장들의 발등에 떨어지는 불확실성은 갈수록 높아질 수밖에 없다.

이뿐인가? 회사도 틈만 나면 불확실성을 전가한다. '이런 건 사장님이 결정해야 할 중요한 사안'이라고 하면서 결재라는 이름으로 불확실한 일들을 사장실로 올려 보낸다. 은근슬쩍 책임을 떠넘기는 것이다. 그래서 어떤 사장은 이런 결재가 올라오거나 "어떻게 할까요?"라고 물으면 조용히 되묻는다.

"김 상무가 그 자리에 있는 이유가 뭐요?"

대부분의 조직은 상황이 불확실하고 위험할수록 모든 걸 리더에게 위임한다. 말이 위임이지 꼼짝하지 않고 리더만 바라보고 쳐다본다. 어서 능력을 발휘해 풍족함을 구현해주고 안전함을 제공해달라는 것이다. 어떻게 그걸 만들어낼 수 있을까? 결국 혼자 길을 떠나야 한다. 신화나 전설 속의 숱한 영웅들이 그런 것처럼 혼자 길을 떠나야 한다. 저 불확실성 가득한 세상 속으로 들어가야 한다. 조직과 공동체는 다 같이 함께 가자고 만든 것인데 가장 위험한 순간에는 언제나 혼자가 되어 가장 위험한 불확실성 속으로 들어가야 한다. 머릿속은 막막, 가슴은 답답, 등에는 식은땀이 흐른다.

온 국민이 관람한 영화 〈명량〉의 한 장면을 돌이켜보자. 이순신은 거친 소용돌이가 이는 파도 속으로, 그리고 적함이 새까맣게 몰려 있는 적진으로 들어간다. 두렵지 않았을까, 무섭지 않았을까? 왜 그렇지 않았겠는가? 나타내지 않았을 뿐 두렵고 무서웠을 것이다. 더구나 가다 보니 혼자다. 지시를 내리고 명령을 내렸는데도 부하들은 머뭇거리고 망설이며 움직이지 않는다. 당연하다. 모든 생명체는 죽을 가능성이 다분한 불확실성 속으로 들어가려 하지 않는다. 누가 죽을 게 빤한 불길 속으로 들어가겠는가? 누가 수렁 속으로 뛰어들겠는가? 조직은 말할 것이다. 그래서 리더라는 존재를 만들어내지 않는가, 라고.

신화와 전설 속에서 사람들은 영웅을 먼저 알아보고 서로 힘을 합쳐 세상을 괴롭히는 괴물을 처치하지 않는다. 영웅이 온갖 고난과 시련을 이기고 돌아왔을 때에야 환호하며 떠받들며 새로운 왕국을 시작한다.(이순신의 뒤에서 머뭇거리던 부하 장수들도 승리의 가능성이 보이자 그때서야 참전한다) 그러니 영웅은 스스로 길을 떠나 자신의 능력과 가치를 증명해야 한다. 이제 용과 괴물이 사라졌으니 영웅의 시대도 가버린 걸까?

용과 괴물이라는 겉모습은 사라졌지만 본질은 여전하다. 용과 괴물은 불확실성이라는 다른 이름으로 우리 삶을 넘본다. 불경기나 금융위기라는 '괴물'의 위세 또한 변함이 없다. 첨단시대가 되어갈수록 리더의 중요성이 부각되고 온갖 우려와 비난에도 CEO의 연봉이 높아지는 이유가 여기에 있다. 물론 달라진 게 있기는 있다. 예전에는 이기고 돌아온 영웅만이 온갖 풍요로움을 누릴 수 있었지만 이제는 그 풍요로움을 매년 받는다. 덕분에 실패해도 먹고살 수는 있다. 하지만 사회적 추락은 면할 수 없다. 자신의 길을 가거나 자신의 사업을 하는 사람은 여전히 자신의 삶을 다 바쳐야 한다. 목숨을 걸어야 한다.

15

신사업은…
애간장이고
목숨줄

마음속
시소 전쟁

"답답하다고 해야 할지 막막하다고 해야 할지……. 그래도 설마 했는데 막상 와보니 무너지기 직전이었어요. 배의 선장이 되긴 했는데 침몰 직전이더란 말입니다. 그룹이 분해되면서 그룹에서 몰아주던 수출 물량은 뚝 끊겼고, 내부 부실까지 겹치면서 언제 사라질지 모르는 상황이었습니다."

한때 종합상사는 국가 경제의 한 축을 담당한 주역이었다. 종합상사를 빼놓고 현대 한국경제를 이야기할 수 있을까? 하지만 세상은 달라졌고 시대는 변했다. 종합상사의 시대는 가버렸다. 이런 회사의 CEO로 부임한 사장이 하소연을 쏟아낸 것도 어쩔 수 없는 일이었다.

"(그룹에서) 상사라는 게 뭡니까. 예전에야 그룹 계열사들이 열심히 물건을 만들면 부지런히 해외 시장에 내다 파는 게 우리 일이었습니다. 그룹의 영업부였죠. 그런데 좀 심하게 말하면 갈수록 그룹의 심부름꾼으로 변한 겁니다. (그룹이) 수출을 원활하게 하도록 하는 일은 (지금 생각해보면 아무것도 아닌) 공허한 비즈니스였어요. 내실이 있을 리 있겠습니까? 우리만의 상품이 없었습니다. 우리만의 상품을 팔아본 경험은 더더욱 없었고요. 매출액이라는 게 빤하죠. 수출은 제조사가 하지만 세관신고는 종합상사가 하는 면장 대행이 대부분이었습니다. 근데 새 회계 기준이 발표돼 면장 대행이 매출액에서 제외됐습니다. 매출액이 27조 원대에서 3조 원대로 팍 주저앉더군요. 매출액만 그랬겠습니까? 자본금도 잠식된 상황이었습니다."

그렇다고 그대로 앉아 죽을 날만 기다릴 수는 없는 일, 뭐라도 해야 했다.

"뭔가를 찾아야 했어요. 돈 되는 사업 말입니다. 팀을 만들어 새로운 사업거리를 찾아보라고 했는데 별의별 게 다 나오더군요. 건설을 해보자, 아니다 유통을 하자, 요즘 펜션이 뜬다더라……. 그런데 결론은 한 가지더군요. 어떤 사업을 하든 대규모 투자가 필요하다는 거였어요. 유통은 백화점 하자는 소리인데 요즘 여기 경쟁이 얼마나 치열합니까. 우리는 문외한인데. 그럴 듯한 시장이라고 생각되는 곳에는 이미 누군가 들어가 있고……. 우리가 시간이 있습니까, 자금이 있습니까, 인내할 체력이 있습니까?

신규 사업팀을 만들어 새로운 사업 기준을 정했습니다. 최소 비용으로 투자하되 단 한 번의 실수나 실패도 없어야 할 것! 어디 그 것뿐이었겠습니까? 단시간에 승부를 볼 수 있으면서 고수익을 실현할 것! 말이 좋지 환상에 가까운 퍼펙트perfect 게임 아닙니까? 하지만 어쩔 수 없잖아요. 그게 회사가 처한 현실이고 운명인 것을."

그때 한 임원이 "일단 작게나마 뭔가라도 시도해보자"면서 "세련된 초밥집을 해보겠다"고 했다. 뜻밖의 아이템이어서 난감하기도 했지만 더 난감한 건 종합상사가 장사까지 한다는 세간의 눈총이었다. 사장이 고민을 하자 그 임원이 조심스레 그나마 안심이 되는 말을 했다. 잘되어서 프랜차이즈로 확장하면 절대 장사가 아니라는 것이다. 그냥 구멍가게 장사가 아니라 맥도날드 같은 기업형 프랜차이즈를 하겠다는 것이다. '그래? 맥도날드라……' 구미가 확 당겼지만 뒷덜미를 잡아끄는 무엇이 있었다.

"아무리 상황이 좋지 않다고 해도 음식점이라니……, 이런 생각이 드는 겁니다. 저도 이 회사에서 뼈가 굵어온 사람이라 '상사 = 수출'이라는 등식을 기둥처럼 안고 살아왔는데 말입니다. 더구나 수출보국을 내세웠던 창업주가 손도 못 대게 했던 품목이 몇 개 있었습니다. 내수內需와 소비품, 그리고 사치품이 그거였는데, 장사라니……. 게다가 만의 하나 실패하면……."

머리가 아파 좀 피해보자는 심정으로 이사회에 상정을 했는데 이게 웬일인가. 은근히 반대할 줄 알았던 사외이사들이 흔쾌히 찬성하는 게 아닌가. 직원들도 처음에는 반으로 갈려 하자, 말자 하더니 점차 '해보자'는 목소리가 커졌다.

'한번 해보자' 하는 마음이 되었다가도 외부 사람들이 '진짜 (그런 걸) 하느냐'고 물어오면 또 하지 말자는 쪽으로 확 기울었다. '에이, 그래 하지 말자.', '그래 안 하는 거야. 그까짓 것…….' 하지만 다 죽어가는 회사로 돌아오면 기울었던 시소는 다시 오락가락 흔들리는 상태로 되돌아갔다.

"죽을 땐 죽더라도 '한번 대시해보자'는 직원들을 보면 마음이 또 확 기울어져요. 그럴 때면 정말 가슴에 꽉 차 있던 불안감이 확 사라집니다. 솔직히 그때마다 창피했어요. '내가 사장인데 직원만도 못한 확신을 갖고 있구나' 하는 생각에 말이죠. 그런 확신도 없이 어떻게 회사를 끌고 나갈 수 있을까, 생각하니 부끄럽고 그래서 더 열심히 해야겠구나 하곤 했죠. 해보기로 했어요. 이왕 하기로 한 것 제대로 하자고 했죠. 가장 번화가인 서울 강남에 114석이나 되는 기업형으로 말입니다."

개업 며칠 후 찾아갔을 때 그는 밝게 웃고 있었다.

"이제야 하는 말이지만 이거 하나 내면서 정말 떨었습니다. (웃음) 실내 인테리어를 할 때였던가요. 궁금해서 보러 왔다가 '괜히 왔구나' 하는 생각이 드는 겁니다. '이 넓은 자리가 다 찰까' 하는 생각이 들자 간신히 안정시켜놓은 마음에 불안감이 확 몰아치는 거예요. 혼자 끙끙 앓으면서 회사로 왔는데 한동안 그 넓은 매장이 잊히지가 않는 겁니다.

아무래도 불안해 이리저리 수소문을 하는데 경험 많은 분들이 하나같이 '음식 장사가 얼마나 어려운데 왜 그걸 하느냐'고 하는 거예요. 그때마다 얼마나 답답해지고 간이 콩알만 해지던지……. 제가 생각하지 못한 뭔가를 들을 때마다 가슴이 철렁철렁했어요. 말 한마디 제대로 못하고 '예, 예……' 하다가 끊었죠. 세상에 쉬운 일이 없다지만 초밥집 하나 내는 게 이렇게 어려울 줄 몰랐습니다."

개업 첫날 그는 엄동설한을 맨몸으로 맞은 듯 떨었다. 하루 내내 일이 손에 잡힐 리 있겠는가? 그렇다고 가볼 수도 없고, 안 가볼 수도 없는 상황, 어찌어찌 퇴근시간이 되었지만 어디 가지도 못하고 전전긍긍하고 있는데 밤 9시쯤 담당 임원이 전화를 했다.

"'매출이 1천만 원을 넘었다'는 겁니다. 저도 모르게 한숨이 나왔습니다. 아마 내가 내 얼굴을 보지 못했지만 분명히 웃었을 겁니다. 피가 멈췄다 다시 도는 기분이었어요."

"이거 해보니 번지르르한 사업을 하는 것보다 배울 게 더 많습니다. 사실 우리가 푼돈의 귀중함을 알았다면 부실을 이렇게 키우지 않았을 겁니다. 돈 버는 어려움을 몰랐던 것이지요. 푼돈이 모여서 큰돈이 되는 것을 말입니다. 우리 직원들은 초밥집 프로젝트를 시작하면서 '꿈에서도 일을 했다'고 합니다. 귀중한 경험이에요. 지금까지는 규모가 있고 큰 것만 해왔는데 이제는 '더 큰 것'보다 '더 정교한 것'을 지향할 겁니다. 항상 근성을 가지라고 제 스스로에게 말해왔고 직원들에게 말해왔어요. 최선을 다하고 그 결과를 기다려라, 이게 제 신조입니다. 항상 생각하고 항상 직원들에게 묻습니다. '내일 우리의 모습이 뭘까?'"

그는 또 이런 말도 했다.

"앞으로도 돈 되는 일이라면 무엇이든 할 겁니다. 세상이 변했는데 안 변할 수 있나요? 변해야죠."

말이 듣기 좋아 신사업이지 세상의 모든 신사업에는 사장의 오만 가지 생각과 조마조마한 마음과 간절함이 들어 있다. 누구한테 보이지도 못할 애간장을 태우고 자나 깨나 그것만 생각하게 하는 목숨줄이다. 보란 듯이 잘되면 더할 나위 없겠지만 상황을 잘못 만나 적자 행진이 이어지면 고난의 행군이 따로 없다. 이 사장의 고심작 초밥집은 어떻게 되었을까? 안타깝게도 3년 만에 문을 닫았다. 생각대로 안 된 것이다. 이 사장 또한 결국 물러났다. 새로운 성장 동력, 쉬운 말로 하면 먹을거리를 만들어내지 못했기 때문이다.

위스키
한 잔의
리더십

   시베리아는 1900년 전까지만 해도 지도에 없는 땅이었다. 워낙 추워 사람이 살 만한 곳이 아니었다. 하지만 담비 가죽이 유럽 사교계의 선호 품목이 되면서 사냥꾼들의 발길이 잦아지기 시작했고 재정 적자에 허덕이고 있던 러시아는 국가적인 지원을 통해 모피 사냥을 독려했다. 더구나 당시 서구 제국주의 열강들이 벌이는 팽창 정책들은 러시아로 하여금 겨울에도 얼지 않는 태평양 쪽의 항구를 찾도록 만들고 있었다. 러시아의 동진東進은 이렇게 시작되고 가속화되었다.

   1902년 시베리아 중에서도 오지로 꼽히는 곳에 블라디미르 클라우디에비치 아르세니에프라는 긴 이름의 러시아 탐험가가 찾아왔다. 시베리아와 북태평양 사이에 놓인 미지의 세계를 지도에 옮겨놓기 위해서였다. 블라디보스토크에서 북쪽으로 한참 올라간, 시호테 알린 산맥을 포함한 이 지역은 원주민과 사냥꾼들 외에는 아무도 발을 들여놓은 적이 없는, 지도에 없는 곳이었다. 당시만 해도 지도에 없는 지역을 탐험해서 제대로 된 지도를 그리면 그 나라 땅으로 인정하는 게 국제 관례였다.

1907년 7월 1일 그는 다섯 번째 탐험에 나섰다. 이번 탐험은 시호테 알린 산맥을 가로질러 내륙 쪽의 하바로프스크로 가는 긴 여정이었다. 이전 탐험과는 비교도 안 되는 험난한 여정이라 블라디보스토크에 주둔하고 있던 러시아 병사들을 안전요원(대원)으로 삼아 13명의 탐험대를 구성했다. 그렇게 떠난 여정은 끝없이 이어졌다. 떠난 지 6개월이 다 되어가는 크리스마스이브에도 험난한 산속에 있어야 했다. 그날 아르세니에프는 일기에 이렇게 기록했다.[1]

'12월 24일, 이날도 우리의 행군은 계속되었다.'

원주민 외에는 그 누구도 간 적이 없는, 마치 미궁 같은 산 속을 헤매다 보니 지치지 않을 수 없었다. 단순히 횡단하면 되는 게 아니라 지도를 그려야 하니 험난한 산봉우리들을 이쪽에서 오르고 저쪽에서 또 올라야 했다. 더구나 곰과 호랑이의 주요 서식처인 곳이라 언제 어디서 무슨 일이 일어날지 모르기에 잠시도 긴장을 늦출 수 없었다. 하루라도 빨리 하바로프스크로 가야 했지만 지도 작업을 하면서 나아가는 그들의 발길은 더디기만 했다. 그렇게 산속에서 크리스마스이브를 맞은 그들은 다음 날을 생각해서 푹 쉴 만한 곳을 찾기로 했다.

마침 원주민인 우데헤 족 마을을 발견한 덕분에 만국공통어인 손짓 발짓으로 밤을 보낼 곳이 있는지 물을 수 있었다. 마을 사람들은 저 바위산 너머에 사람이 살지 않는 집이 있다고 했다. 얼마나 걸리느냐고 했더니 손가락 둘을 세우는 게 아닌가. 여기서 쓰이는 거리 단위인 1벨스타가 약 1.1킬로미터 정도이니 2킬로미터 남짓만 가면 되는 거리였다. 지치긴 했지만 그 정도면 충분히 갈 수 있겠다 싶었다. 더구나 오늘은 크리스마스이브가 아닌가. 편안하게 쉴 곳이 필요했다. 안내해줄 수 있느냐고 했더니 오케이까지 한다. 됐다. 오늘 밤은 편안하게 잘 수 있겠구나.

가뿐한 마음으로 3킬로미터쯤 갔지만 집이 나올 기미가 보이지 않았다. 탐험대를 안내하는 우데헤 사람에게 아직 멀었느냐고 물었더니 시원한 대답이 돌아왔다.

"거의 다 왔다."

그러면서 손가락으로 앞을 가리키는 게 아닌가. 그래 좀 더 가보자. 그런데 그렇게 4킬로미터를 더 간 다음 다시 물었을 때도 마찬가지였다. 그래, 여기 사람들은 거리 감각이 정확하지 않으니 금방 나타나겠지, 다들 마음을 다독이면서 걸었다. 힘들 때마다 "아직 멀었느냐"고 물으면서. 그때마다 "거의 다 왔다"는 말이 돌아왔다. 한두 번도 아니고 같은 대답을 계속 들었는데도 찾던 집이 나타나지 않자 급기야 대원으로 참가한 병사들이 욕을 퍼붓는 사태가 발생했다. "거의 다 왔다"는 말만 믿고서 도대체 얼마를 걸어왔던가. 처음 3킬로미터를 걸었고, 다음 4킬로미터를 걸었으며, 꾹꾹 참으며 8킬로미터를 걸었다. 짜증이 나지 않을 수 없었다.

하지만 어딘지도 모르는 깊은 산속을 안내하는 사람에게 화를 낸다는 건 자살행위에 가까운 일, 만약 이들이 돌아가 버리면 어떻게 할 것인가? 아르세니에프 대장은 일단 멈추게 한 다음 우데헤 사람에게 다시 확인했다. 그리고 주저앉았다. '이틀'이라는 의미로 손가락 두 개를 펼쳐 보였던 걸 '2벨스타', 즉 2킬로미터 정도라고 이해했던 것이다. 그런데 그걸로 끝나지 않았다.

"거기까지 가려면 당신들 걸음으로는 열흘도 넘게 걸린다."

무려 15킬로미터나 걸었는데 아직도 열흘이나 더 가야 한다니! 이런 상황에 처했을 때 대장은 어떻게 해야 할까?

대장은 즉시 정지 명령을 내리고 눈을 헤쳐 텐트를 쳤다. 잘못하면 눈 속에서 얼어 죽을 판이었다. 크리스마스이브의 축복은 고사하고 예기치 않은 불상사를 맞은 상황, 특히 군인 신분으로 참가한 대원들의 굳은 표정에서는 꼭 무슨 일을 벌일 것만 같은 불길한 기운이 뿜어져 나오고 있었다.

급하게 저녁을 먹고 모두들 모닥불 곁에 앉아 몸을 녹이고 있을 때였다. 생각지도 않은 상황이 또 벌어졌다. 정말 생각할 수도 없는, 시베리아 동토에서는 꿈속에서나 맛볼 수 있는 초콜릿을 넣은 럼주가 돌기 시작했다. 떨리는 손으로 럼주를 돌리는 사이 크리스마스가 어떻게 생겨났는지를 말하는 대장의 목소리가 들렸다. 너무나 오랜만에 느껴보는, 입 안으로 퍼지는 럼주의 짜릿한 감촉, 따뜻한 모닥불 옆에서 마신 럼주 한 잔에 모든 게 녹아버렸던 것일까? 성마른 역정을 얼굴 가득 담고 있던 대원들은 대장의 이야기에 조용히 귀를 기울였다. 아르세니에프는 이 광경을 이렇게 기록했다.

'그날 시호테 알린의 밤은 너무나 아름다웠다. 낮에 보지 못한 세계를 만났다. 하늘을 가득 메운 별들의 속삭임이 끝없이 들려오는 듯했다. 그 순간이 바로 평안이었다.'

선물은 럼주만이 아니었다. 텐트 옆 조그만 가문비나무를 크리스마스트리로 세우라고 한 대장은 출발한 후 지금까지 한 번도 열어보지 않았던 작은 상자를 꺼내더니 금박으로 싼 호두, 양초와 촛대, 그리고 과자를 대원들에게 풀었다. 그리고 다음 날 하루 전부를 쉬는 날로 선언했다. 탐험에 나선 이후 하루 전부를 쉬겠다고 한 것은 처음이었다. 반응은? 말할 필요도 없었다.

다음 날 늦게까지 잠을 잔 그들은 얼어붙은 강 위에서 작은 게임을 벌였고 날이 어두워질 때까지 계속했다. 모두들 동심으로 돌아가 하루를 온통 그렇게 보냈다. 저녁에는 크리스마스트리에 매단 양초에 불을 붙였고 폭죽을 쏘았다. 대장은 제비를 뽑아 은잔과 진주 조가비로 만든 펜, 최고급 나이프 같은 선물을 주었다. 떠들썩한 가운데 누군가 캐럴을 부르기 시작하자 다 함께 불렀다. 노랫소리가 멀리 숲 속 동물들의 단잠을 깨울 정도로 높았다. 건초 위에 누워 이야기를 주고받던 대원들은 한밤중이 다 되어서야 잠이 들었다. 그날은 축복 가득한 크리스마스였다.

군인이라는 신분 때문에 가고 싶지도 않은 깊고 험한 산속을 헤매고 있던 병사들이 갖고 있던 터질 듯한 불만과 신경질은 다 어디로 갔을까? 럼주에 녹고 아이들처럼 노는 사이에 사라져버렸으며 뜻하지 않은 선물을 받고 캐럴을 부르면서 새로운 힘으로 대체되었다. 하루 만에 완전히 다른 기운이 그들 마음속을 채우고 있었다. 대장은 일기에 이렇게 썼다.

'하루 동안의 휴식으로 모두들 활기가 넘쳤다. 우리는 다시 힘차게 걸음을 내디뎠다.'

대장은 여러 번의 탐험을 통해 이번처럼 긴 여정에서는 대원들의 지친 마음이 가장 큰 장애물이라는 걸 알고 있었다. 그래서 출발하기 전 크리스마스를 염두에 두고 대원들 몰래 이 모든 걸 준비했다. 작지만 지치고 힘든 마음을 위로하는 대장의 마음 씀씀이는 대원들에게 그대로 전해졌고 감동이 되었다. 마음 충만한 감동은 무한한 신뢰로 이어지는 법이다.

힘으로 밀어붙이는 것만이 추진력의 전부가 아니다. 명령과 지시가 힘의 전부는 아니다. 목표를 향하는 발걸음이 도중에 주저앉거나 끊이지 않게끔 이끌어가는 힘이 추진력이다. 언젠가 다가올지도 모르는 만일의 상황에 대비해 미리 그에 필요한 것들을 세심하게 준비해서 새로운 힘을 내도록 하는 게 리더가 가져야 할 추진력이다. 때로는 겨울바람처럼 휘몰아쳐야 하지만, 또 때로는 봄바람처럼 지치고 힘든 마음을 어루만져주는 부드러움으로 앞으로 나아가는 힘을 만들 수 있어야 한다. 그렇게 가고자 하는 곳으로 계속 힘 있게 가게끔 하는 게 리더십이다. 앞으로 나아가는 힘은 근육에서만 생겨나는 게 아니다. 마음에서 더 큰 힘이 생겨난다.

그들은 결국 멀고도 험난한 탐험을 무사히 마치고 하바로프스크에 도착했고, 아르세니에프는 몇 년 후 이 여정을 기록한 《데르수 우잘라》라는 세계적인 베스트셀러를 펴냈다. '데르수 우잘라'는 그와 탐험을 같이하면서 수많은 영감을 주었던 원주민의 이름이다. 러시아의 문호 막심 고리키가 "정말 감동적"이라고 찬탄해마지 않았던 책이다.

직원과 사장의 차이
언젠가 Vs 언제든지
●

진정한 리더십이란 사람의 마음을 이끌어가는 것이다. 마음을 이끌 수 있다는 건 그들을 움직이는 법을 안다는 뜻이다. 비슷한 상황이 또 있었다. 우리나라에서는 단순히 산악인으로 알려져 있는 허영호 씨는 7대륙 최고봉과 3극 지점 '등정'으로 세계적인 탐험가 반열에 올라 있는 사람이다. 그가 1995년 러시아 쪽에서 시작해 지도상의 거리로만 200킬로미터가 넘는 북극해 횡단에 나섰을 때의 일이다. 극한 지역 탐험인지라 참가한 대원들은 모두 프로급이었다. 하지만 프로라고 해서 탐험이 수월해지는 것은 아니다. 견디고 헤쳐 나아가는 힘이 조금 더 좋을 뿐 힘든 고통은 누구에게나 여지없이 찾아온다.

"어느 날 '날도 어두워지고 너무 오래 걸어 지쳤으니 여기서 텐트 치자'고 하면서 배낭을 벗는데, 대원들이 말을 듣지 않아요. 모두들 배낭을 내려놓지 않고 묵묵히 서 있는 겁니다. 내 지시를 못 들은 척 말입니다.(탐험대의 군기는 사실 군대보다 더하면 더했지 덜하지는 않다. 사소함이 생명을 좌우하기 때문이다) 왜 그러느냐고 했더니 '이왕 여기까지 왔으니 조금 더 가자'는 거예요."

대장이 쉬자는데 더 가자는 대원들, 역시 프로는 다른 걸까? 그게 아니었다. 허 대장은 전날 대원들에게 한 가지 '빅뉴스'를 전했었다.

"위도 1도를 횡단할 때마다 위스키 한 잔씩을 마신다."

'조금 더 가자'는 대원들의 머릿속에는 이 말 한마디가 새겨져 있었다. 조금만 더 가면 꿀맛 같은 위스키 한 잔을 마실 수 있는데 여기서 멈출 수 없다는 것이었다.

"해보지 않으면 몰라요. 그 고된 탐험 중간에 위스키 한 잔이 주는 쾌감이란 말로 표현할 수 없어요. 날마다 힘들고 고통스러운 시간들뿐이거든요."

오지 탐험은 불확실한 곳으로 향하는 힘겨운 여정인 동시에 무게와의 싸움이기도 하다. 그래서 경험이 많을수록 짐을 줄이기 위해 눈물겨운 노력을 한다. 초짜와 고수는 짐 싸는 것에서부터 티가 난다. 예를 들면 배낭 속의 칫솔이 그렇다. 경험 많은 고수는 칫솔 자루를 자를 수 있는 데까지 자른다. 무게를 줄이기 위해서다. 초짜는 그냥 칫솔 한 개를 넣어 온다. 별것 아닌 것 같지만 이 차이는 갈수록 커진다. 오랫동안 걷다 보면 금방이라도 무릎과 어깨가 부서져 내릴 것 같은 고통이 찾아오게 마련이다. 단 1그램이라도 무게를 줄여야 이길 수 있는 이 불확실성과의 싸움에서 칫솔 한 개의 무게는 갈수록 엄청난 고통의 무게가 된다. 이런 것들이 몇 개씩 되고, 하루하루 피로로 축적되면 생과 사를 갈라놓을 수도 있다.

그래서 배낭 속의 양주 한 병은 그야말로 커다란 바윗돌이나 다름없는데 이걸 넣어온 것이다. 하지만 이 '바윗돌'이 마음속의 바윗돌을 없애준다면 어떨까?

위도 1도마다 딱 한 잔. 사실 북극에서 위도 1도는 어마어마한 거리다. 하루 종일 걸었는데도 나중에 재보면 겨우 500미터를 걸은 날도 있다. 그들이 횡단하는 곳은 거대한 얼음 위인데 바다 위에 떠 있는 이 얼음이 뒤로 밀리면 아무리 걸어도 나아갈 수 없기 때문이다. 어떤 날은 하루 종일 죽을 고생을 하면서 걸었는데 뒤로 가 있는 경우도 있다. 죽을힘을 다해 걸었는데 뒤로 가 있는 것이다! 죽을 맛이 따로 없다. 이럴 때 위스키 한 잔이 가져다주는 짜릿함을 말로 표현할 수 있을까? 허 대장의 말대로 위스키 한 잔은 하루의 피로를 잊고 다음날 새로운 힘을 내게 하는 마법 같은 효력을 발휘한다.

초짜와 고수는 위스키 한 잔 마시는 데서도 차이가 난다.

"마시는 법이 처절해요. 한 잔을 들이켜는 건 같은데 고수는 절대 그냥 넘기지 않습니다. 30분 이상을 입 안에서 돌립니다. 멋모르고 꿀딱 삼킨 사람은 30분 동안 옆 사람 입에서 나는 향기를 맡으며 고문을 당해야 합니다. 위스키 한 잔이 주는 마력이죠."

이 덕분이었을까? 허영호 탐험대는 99일이라는 세계 최단 시간 횡단이라는 대기록을 이룩했다. 보이지 않게 미리 준비한 리더의 세심한 준비가, 백 마디 말보다 한 잔의 위스키가 위대한 기록을 만들어낸 것이다.

뛰어난 유격수와 그렇지 못한 유격수의 차이가 불확실성을 어떻게 처리하느냐에 있듯 리더도 마찬가지다. 언젠가 닥칠 최악의 상황을 염두에 두고 준비할 수 있어야 리더다. 대원들은 체력단련 같은 자기 역할에 충실하면서 준비하면 되지만 대장은 언젠가 어디선가 만날 수 있고 닥칠 수 있는 상황을 미리 감안해야 한다. 다들 '언젠가' 좋은 날이 오겠지 라고 생각할 때 리더는 '언제든지' 최악의 상황이 올 수 있다고 생각하고 있어야 한다. 지금 올 수도 있고 나중에 올 수도 있지만 언제 어떻게 올지 모르니 항상 준비하고 있어야 한다.

왜 뛰어난 리더들이 하나같이 안목과 통찰력을 강조할까? 모두가 볼 수 있는 눈앞은 물론이고 보이지 않는 그 너머를 볼 수 있어야 하기 때문이다. 먼저 보고 미리 대비해야 하기 때문이다.

두 탐험대장이 럼주나 위스키를 대원들과 같이 준비했다면 어땠을까? 지치고 힘든 현실을 딛고 앞으로 나아갈 힘이 될 수 있었을까? 그러지 않았을 것이다. 혼자 조용히 준비한 덕분에 지치고 힘든 상황에서 빅뉴스를 전할 수 있었고 이걸 반전의 계기, 즉 모멘텀으로 삼아 새로운 힘으로 충전할 수 있었다.

SK그룹을 굴지의 기업으로 키운 최종현 전 회장이 환갑 기념으로 친구들과 설악산 대청봉을 오를 때였다. 그는 그 지역 사람들에게 물어 가장 믿음직스러운 사람을 등산 가이드로 앞세웠다. 운전기사에게도 뒤를 따르게 했다. [2]

"(그동안 많이 올라서) 빤한 길인데 가이드가 왜 필요해?"

궁금한 친구가 물었다. 최 회장이 뭐라고 했을까?

"산에 올라가다 도중에 만의 하나라도 낙오자가 생기면 누가 그를 데리고 하산할 거야?"

"……."

다들 환갑 나이라 만의 하나 무슨 일이 생기면 난감할 수밖에 없기에 그것에 대비했던 것이다. 친구들과의 산행에서도 이럴 정도니 경영에서는 말할 필요도 없었다. 그는 큰일이든 작은 일이든 계획 없이 일을 한 적이 없었다. "항상 서리가 내리는 날을 예상해야 한다"는 평소의 생각 때문이었다. 세기의 경영자라는 평가를 받은 잭 웰치가 한 말이 있다.

"진정한 리더는 어려움이 닥쳤을 때에야 대책을 강구하는 사람이 아니라, 어려움이 닥칠 것을 예견하고 준비하는 사람이다."

말이 쉽지 쉽게 얻을 수 없는 능력이다. 그런데 국내에 진출한 다국적 기업의 CEO를 20년 넘게 한 분도 같은 애기를 했다.

"사장은 주머니를 여러 개 가지고 있어야 합니다. 어떤 상황이 닥쳐도 능력 발휘를 해야 해요."

16

니체는 왜
위험하게
살라고 했을까?

이
무시무시한 일을
견딘다는 것

우리나라 뮤지컬 역사에서 〈명성황후〉는 가히 전설적이다. 세계 뮤지컬의 양대 본산이라고 하는 뉴욕과 런던에 성공적으로 입성해 진가를 인정받았을 뿐만 아니라 1995년 초연한 이후 버전을 계속 업그레이드해가며 20년 넘게 공연 중이다. 생명력이 없다면 꿈도 꾸지 못할 성과다.

물론 우연이 아니다. 〈명성황후〉는 우리나라 창작 뮤지컬의 대부로 인정받고 있는 윤호진 에이콤 인터내셔널 대표의 피와 땀에서 나온 '작품'이다. 작품은 스스로 빛나지 않는다. 작품이 예술이라는 이름으로 빛나려면 경영이 필요하다. 뮤지컬 한 편에 수십억, 많게는 수백억 원이 들어가는 까닭이다. 대중을 상대로 하는 시장에서 예술이 빛이라면 경영은 어둠이다. 예술을 빛나게 해주는 보이지 않는 손이고 발이다. 공연기업의 CEO는 이 빛과 어둠 같은, 예술과 경영이라는 두 세계의 경계를 넘나들어야 한다.

"이 바닥에서 커오면서 정말 숱하게 욕을 먹었어요. 욕먹지 않을 수 있나요? 모든 게 타이밍 싸움인데 이러쿵저러쿵 (말만) 하느라 아까운 시간 다 허비하고 있잖아요. 이건 예술이 아니다, 이런 말을 하는 사람들이 있어요. 그러면 내용은 예술적인데 관객이 없으면 뭘 합니까? 저는 관객이 없는 건 범죄라고 생각해요. 망해서 동정받는 것보다 차라리 욕먹는 게 나아요."

마침 이 자리에 함께했던 한 프로농구팀 감독이 격하게 맞장구를 쳤다.

"맞습니다. 저는 사실 (선수들한테) 사기도 치고 엄포도 놓고 그럽니다. 스포츠는 이겨야 되잖아요? 보시는 분들이 볼 때는 아름다운 패배라고 말할 수 있지만 나쁜 방법만 쓰지 않는다면 이겨야 합니다. 우리에게 아름다운 패배라는 말은 없어요. 맨날 지는 게 어떻게 아름다울 수 있겠어요?"

그렇다. 아름다운 패배는 있을 수 있다. 하지만 계속되는 패배는 아름다울 수 없다. 아름다운 패배란 성공할 수 있었고 성공할 뻔했다는 가능성 때문에 아름다워 보이는 것이고 그래서 아쉽고 안타깝다는 것일 뿐, 계속되는 패배는 결코 아름다운 것도 아니고 아름다울 수도 없다. 성공의 가능성이 사라지면 아름다움도 사라진다.

망해서 동정받는 게 나을까, 아니면 욕먹고 성공하는 게 나을까?

사업하는 사람들에게 이 물음은 의미가 없다. 물론 도덕적으로 비난받을 행동을 해서는 안 되겠지만 단순히 지금까지 하지 않은 것을 한다고, 또 모두가 가고 있는 방향으로 가지 않고 다른 곳으로 간다고 손가락질 받는 건 으레 감당해야 하고 그럴 수밖에 없는 일이기 때문이다. 망해서 동정받는 건 살아야 할 이유가 아니다. 아니, 제대로 된 사업을 한다는 건 어쩌면 욕을 먹는 일일지도 모른다.

세상에 욕을 잘 먹는 두 가지 유형의 사람이 있다. 위선적인 사람과 신기루 같은 일(불확실성)에 뛰어드는 사람이다. 둘 다 세상의 불편한 눈길과 손가락질을 받는다. 하지만 두 사람은 삶의 지향점이 다르다. 위선적인 사람은 남을 속이고 자신을 속여 가며 자신만의 이익을 취한다. 욕먹을 행동을 하지만 드러나지 않게 하니 손가락질을 덜 당한다. 반대로 신기루 같은 말도 안 되는 일에 뛰어드는 사람은 도덕적으로 욕먹을 행동을 하지 않는데도 손가락질을 더 많이 받는다. 멀쩡한 사람이 쓸데없어 보이는 일을 공개적으로 하는 까닭이다.

150여 년 전만 해도 석유는 쓸모가 거의 없었다. 지표면으로 자연스럽게 흘러나오는 석유를 등잔불 기름으로 사용하거나 그냥 버리곤 했던 시절이었다. 흙과 물이 뒤섞여 있어 별 가치가 없었다.

'혹시 이곳을 파 들어가면 기름만 있는 커다란 저장 공간이 있지 않을까?'

사람들은 시커멓게 흘러나오는 것을 으레 그러려니 하고 지나치고 말았지만 그는 한 번 더 생각했다. 철도회사를 다니다 은퇴한 그는 이 사업에 자금을 투자했고, 시커먼 것이 지표면으로 흘러나오는 곳을 우물을 파듯 내려갔다. 분명 뭔가 있을 듯했다. 하지만 그가 파내려 간 곳에는 실패만 있었다. 단단한 땅이 아니라 시커먼 액체가 스며든 땅을 파내려가다 보니 물이 뿜어져 나오고 흙이 뭉개져 더 이상 파내려갈 수가 없었다. 이미 돈은 돈대로 들어갔으니 이쯤 되면 어떤 결정을 내려야 할 상황이었다.

그는 고민했다. 포기해야 할지 말지를 고민하는 게 아니라 어떻게 하면 제대로 파고 들어갈 수 있을까를 고민했다. 석탄을 파내기 위해 지하 갱도를 만들 때 목재를 대고 파 들어가는 걸 본 그는 무릎을 쳤다. 그래 저거다.

1859년 8월 미국 펜실베이니아 타이터스빌, 목재를 대가며 21미터를 파내려갔을 때였다. 시커먼 것이 콸콸 솟아올랐다. 물이 섞이지 않는 석유였다. 최초의 유정油井 발견이었다. 이 작은 성공 하나가 거대한 석유산업에 불을 붙였다. 이후 10년 동안 미국 전역에는 3,000개의 유정이 생겨났을 정도로 석유 채굴은 대박 산업이 되었고 석유는 인류의 모든 생활과 미래를 바꿔놓았다. 최초의 유정 발견자로 거부가 된 에드윈 드레이크의 이야기다. 지금 석유가 없는 세상을 상상할 수 있을까? 하지만 그가 1년 동안 남들이 하지 않는 일을 하고 있을 때 세상은 다들 그를 '미친 드레이크'라고 손가락질했다. 거대한 부는 그 손가락질을 이겨낸 대가였다.

이제는 전 세계적으로 유명한 공연기업 '태양의 서커스'가 동물을 빼고 대신 연극과 뮤지컬 요소를 강화하겠다고 했을 때도 사람들은 "말도 안 되는 미친 짓"이라고 했다. 호랑이가 없고 코끼리가 없는 서커스가 과연 있을 수나 있단 말인가?

작은 성공은 남들보다 잘하는 것에서 나오고, 큰 성공은 미친 짓과 손가락질에서 시작된다. 남들이 가지 않는 길을 가고, 하지 않는 것을 하는 것에서 나온다. 위대한 일 중에 박수 받고 시작한 일이 있을까? 거의 없다. 태양의 서커스 CEO인 대니얼 라마르가 세상의 냉소를 이기고 차원이 다른 서커스를 선보이며 전 세계 공연계의 별이 되어갈 때 냉소를 날리던 사람들은 죄다 어디론가 사라졌다. 자신들이 한 말을 잊어버리거나 조용히 입을 닫았다. 세상이란 이런 곳이다. 이뿐인가? 캐나다의 한 작은 호텔 사장이 1970년 영국 런던에 5성급 호텔을 지으려 하자 모든 사람이 반대했다. 호텔 시장은 이미 포화상태인데 왜 그런 걸 하느냐는 것이었다. 영국인들이 알지도 못하는 브랜드로 말이다. 그래도 강행하자 사람들은 그를 '어리석은 캐나다인'이라고 했다.

이 어리석은 캐나다인 사업가 이사도어 샤프는 지금 어떻게 되었을까? 그는 지금 전 세계 41개국에 96개 호텔을 가진, 럭셔리 호텔의 대명사 포시즌스 호텔 앤 리조트의 회장으로 바쁘게 살고 있다. 현재 세계 최고 기업인 구글의 두 창업자가 자신들이 개발한 검색엔진이 아무리 해도 팔리지 않자 '할 수 없이' 창업을 했을 때, 그들은 도대체 무슨 가능성이 있다고 검색시장을 들어가느냐는 소리를 들어야 했다.

남들이 하지 않는 일을 하고, 남들이 가지 않는 길을 가는 것이 야말로 창의적인 것이다. 창의성의 핵심이 몰입flow이라는 걸 밝혀낸 미하이 칙센트미하이 교수는 창의적인 사람은 그렇지 않은 사람에 비해 확실히 다른 점이 있다고 했다. 어떤 차이가 있을까?

창의적인 사람들은 완전히 다른 두 가지를 함께 가지는 특징이 있다. 예를 들어 창의적인 과학자는 놀기 좋아하는 것처럼 보이지만 자세히 들여다보면 철저한 규율과 원칙을 갖고 있다. 세상 사람들에게 그렇게 보일 뿐 나름의 내재적인 질서 속에서 살려고 노력한다. 창의적인 조각가는 온통 뒤죽박죽인 작업실에서 뭐가 뭔지 알 수도 없을 정도로 엉망진창으로 일을 하는 것 같지만 알고 보면 믿을 수 없을 정도로 계획적으로 일을 한다. 그들은 특히 마무리가 정확하다. 계획적으로 일했다는 증거다. 창의적인 금융전문가는 평소 사무실에서건 집에서건 책상 위에 뭔가를 무수히 쌓아놓고 있지만 복잡해 보일 뿐 그 서류들은 모두 분류가 되어 있고 나름대로 이유에 따라 쌓여 있다. 당연히 일단 일에 돌입하면 무엇이든 아주 깔끔하게 해낸다.

이들은 왜 완전히 다른 성향을 동시에 갖고 있을까? 아니, 두 성향을 동시에 갖고 있다는 건 뭘 의미할까?

칙센트미하이 교수는 이들이 혼돈과 질서를 동시에 갖고 있다고 말한다. 항상 혼돈을 받아들이고 그 혼돈에서 새로운 질서를 만들어내고 있다는 것이다. 질서만 있는 곳에서, 그리고 질서만 강조하는 곳에서 새로운 걸 만들어낼 수 있을까? 그럴 수 없다. 새로운 건 항상 불확실성(혼돈) 속에 있기 때문이다.

시계를 분해하는 건 다시 조립하기 위해서다. 완제품이란 어떤 질서로 만들어져 있는 것이다. 창의적인 사람들은 질서 있게 배열된 완제품을 낱낱이 분해해 무질서한 상태로 만든 다음 다시 조립한다. 그러면 그 질서를 알 수 있고 나름의 새로운 질서를 만들어낼수 있는 능력을 갖게 된다. 창의성은 기존의 질서를 해체하고 무질서에서 새로운 질서를 만들어내는 것이다. 창의적인 사람들은 분해와 조립, 부분과 전체, 혼돈과 질서를 동시에 갖고 있다.

탁월한 CEO들도 마찬가지다. 그들은 혼돈 속에서 나름의 패턴을 찾아내고, 세상 사람들의 눈에 안 보이는 불확실성 속에서 가능성을 찾아내 눈에 보이는 확실한 가치로 만든다(생명의 역사를 발전시켜온 진화의 가장 일반적인 모습이다). 조직을 이끌어갈 때도 그들은 마치 시계를 분해했다가 다시 조립하는 것처럼 한다. 조직은 자기도 모르게 해오던 것을 계속하려는 관행에 젖어들기 쉽고, 지금까지 이익을 얻어오던 질서에 쉽게 안주하려 한다. 주류라는 이름으로 기득권을 형성하려고 한다. 그래서 탁월한 CEO들은 조직이 고정되고 경직되지 않도록 수시로 흐트러뜨리거나 흔든다. 안되면 분해해서 다시 조립한다. 하던 일을 반복하는 게 아니라 항상 새로워지는 일을 반복한다. 부분에서는 디테일을 강조하고, 전체에서는 균형을 고려한다. 혼돈을 끌어들여 새로운 질서를 만들어낼줄 안다.

영혼 속에 혼돈을,
가운데가 아닌 경계를!
●

니체는 일찍이 이런 말을 한 적이 있다.

"저 밤하늘에 춤추는 별을 이 세상으로 가져오려면 자기 영혼
속에 혼돈을 품어야 한다."

왜 혼돈을 품어야 할까? 혼돈 속에 창조의 씨앗이 들어 있기 때
문이다. 그는 또 이렇게 말했다.

"익숙하지 않는 것에 호기심을 가지면 그것이 내 것이 된다."

호기심이란 무엇인가? 지금까지의 질서를 다르게 보는 것이고
흐트러뜨려보는 것이고 분해해보는 것이다. 몰랐던 낯선 것을 내
안으로 가져오고 싶어 하는 것이다. 질서 안에 머물고 질서 안에 갇
혀 있는 게 아니라 질서와 혼돈의 경계에 서는 것이고 그 밖으로
나가보는 것이다. 왜 콜럼버스가 대단한가? 다들 지도 안에 머물러
있을 때 그 한계를 넘어 지도 밖으로 나갔기 때문이다. 왜 우주 개
발이 세상의 관심을 끄는가? 지도 밖으로 나가는 것이야말로 미래
로 가는 길이기 때문이다.

가운데는 안전하지만 무언가를 창조해내는 혼돈, 즉 불확실성이
없다. 혹시 밀려나지 않을까, 잘못되지 않을까 하는 불안은 새로운
것을 만들어내지 못한다. 하루하루 성장하고 있는 회사에는 그렇지
못한 회사들이 갖지 못한 특징이 있다. 이런 회사에는 질서 안에 곱
게 머물러 있는 사람이 별로 없다. 다들 어딘가에서 불확실성과 싸

우고 있고 또 그런 사람이 우대받는다. 이런 회사는 또 상위 직급으로 갈수록 앞으로 닥칠 불확실성과 기꺼이 만나고, 아래 직급으로 갈수록 발밑의 불확실성, 그러니까 현장 속의 불확실성과 부딪쳐가며 새로운 뭔가를 만든다. 모두 경계에 있다. 경계에 서서 한계를 넓혀간다. 이들이 서 있는 경계는 끊임없이 요동치고 활발하게 움직인다. 영역을 넓혀가는 나라일수록 경계선의 움직임이 활발하고 여기에 모든 중요 자원이 집중되듯이 성장하는 회사도 마찬가지다. 성장이 다해가는 회사는 반대다. 모든 중요한 자원이 중심에 있고 중심으로 몰린다. 경계境界를 소홀히 하면 할수록 경계심警戒心 또한 잃게 된다. 활기는 사라지고 동력은 식어간다.

경계는 새로운 것을 만들어내는 곳이다. 언제나 어디서나 마찬가지다. 요즘 최첨단을 달리는 물리학에서도 경계는 호기심 어린 대상으로 부각되고 있다. 서로 다른 두 소재가 만나는 경계면, 즉 인터페이스interface에 기존에 없던 새로운 물리화학적 특성이 나타나고 있기 때문이다. 잘만 하면 지금까지 존재하지 않았던 신소재를 개발할 수 있다. 나일론이나 플라스틱이 그랬듯이 획기적인 소재의 출현은 그 자체로 하나의 산업이 될 수 있을 만큼 파급력이 큰데, 이처럼 좋은 징후가 경계에서 나타나고 있는 것이다. 함민복 시인이 잘 표현했듯이 '모든 경계에는 꽃이 핀다'.

성장하는 회사의 사장은 사장실에 앉아 있지 못한다. 아니, 앉아 있을 수 없다. 경계에서의 어제와 오늘은 완전히 다른 하루다. 오늘은 오늘의 꽃이 피고, 내일은 또 내일의 꽃이 피는데 어떻게 사장실에 앉아 있을 수 있겠는가. 반면 경계를 멀리하며 가운데에만 머무르려고 하는 회사의 사장실은 반대다. 언제 어디서 무슨 일이 일어날지 몰라 불안해하고 전전긍긍하다 보니 제대로 앉아 있을 수조차 없는 곳이 된다.

경계를 가까이하는 사장실은 현황을 점검하고 체크하는 장소가 된다. 세상과 시장의 불확실성을 타개하는 아이디어가 몰리는 곳이고, 이 아이디어들이 현실화되도록 리드하고 지원하는 사통팔달의 센터가 된다. 반대로 경계를 멀리하는 사장실은 일방적인 명령과 지시가 내려가는, 잘못하면 사람을 의심하는 진원지가 된다. 국경선을 멀리하는 궁궐이 도대체 뭘 하는지 모를 구중심처가 되기 십상인 것처럼 현장과 멀어진 본사는 회사 상황을 가장 모르는 곳이 되고, 사장실은 아무도 찾지 않는 섬이 된다. 그래서 노련한 사장들은 항상 사장실을 비우고 현장을 어슬렁거린다. 마이크로소프트라는 거대 기업을 일군 빌 게이츠가 한 말이 있다.

"아마 지금 또 어떤 젊은이들이 나처럼 차고에서 세상을 바꿀 무언가를 만들어내고 있을 겁니다. 그게 무섭습니다. 잠이 안 와요."

그에게 가장 큰 불확실성은 바로 뭔가를 만들어내는 어딘가의 차고이다. 가운데가 아닌 변두리, 지금은 보이지 않는 어딘가이다. 상대하기에 가장 두려운 상대가 언제 어디서 무슨 일을 할지 모르는 상대인 것처럼 말이다.

경계는 새로운 것을 만들어내는 곳이지만 여기서 살아가는 건 결코 쉽지 않다. 쉬울 수도 없고 안전할 수도 없다. 왜 사업가를 교도소 담장 위를 걸어가는 사람이라고 할까? 경계선 위의 삶을 살기 때문이다.

경계선 위의 삶, 사장들은 왜 이 위험천만한 삶을 살까?

마음속에 있는 것들을 하나둘 눈앞의 뭔가로 만들어내는 기쁨을 그 무엇과 바꿀 수 있을까? 남들이 할 수 없는 것을 하고 남들이 이루지 못한 것을 이루고, 남들이 느낄 수 없는 것을 느끼는 걸 어디서 경험할 수 있을까? 사업이란 삶을 제대로 한번 살아보는 것이다.

밀물이 밀려오고 썰물이 밀려가는 건 어쩔 수 없는 일이지만, 우리는 우리가 뭘 어떻게 해야 할지는 선택할 수 있다. 바람이 불고 해가 뜨는 걸 우리가 어떻게 할 수는 없지만 우리가 어떤 사람이 될지는 선택할 수 있다. 그래서 용기가 필요하다. 쉽지 않은, 아니 위험한 삶을 살겠다는 선택을 해야 하기에 용기가 필요하다. 그리고 그 선택을 밀고 나가야 하기에 용기가 필요하다. 한 번도 연습해보지 않은 걸 어떻게 잘할 수 있겠는가? 부딪치고 엎어지고 깨져야 한다.

밑바닥에 내동댕이쳐진 경험이 있는 사장들이 절절하게 깨닫는 것들이 있다. 약해서 서러운 일을 당한다는 건 비극의 주인공도 되지 못한다는 것이다. 생각해보라. 하물며 비극의 주인공도 마냥 약하진 않다. 약하게 사는 건 사는 게 아니다. 한 사장에게 사업을 하면서 배운 게 있느냐, 뭘 배웠느냐고 물었던 적이 있다.

"끈기죠! 세상은 절대 제 생각처럼 움직여주지 않습니다. 분명 가능성이 있다고 생각했는데 말도 안 될 정도로 허망한 결과가 나올 때가 있어요. 잘될 때는 뒤로 넘어져도 예쁜 님의 품에 넘어질 수 있지만 안 될 때는 무슨 수를 써도 안 될 때가 있어요. 그럴 땐 묵묵히 내 길을 가야 합니다. 견뎌야 합니다. 가야 할 길을 그렇게 가는 겁니다. 고개 빼들고 누가 날 도와주지 않을까, 혹시 좋은 일이 일어나지 않을까를 기다리는 게 아니라 묵묵히 앞으로 나아가는 겁니다. 제 힘으로, 제 발걸음으로 말입니다. 이게 끈기입니다."

그렇다. 앞으로 달려 나가는 용기만이 아니라 견디고 버티는 끈기라는 용기도 필요하다. 이 중요한 끈기, 어떻게 배울 수 있을까?

"몸으로 배웠습니다. 엎어지고 깨지면서 배웠습니다. 많이 맞아본 사람은 덜 아픈 곳을 맞는 능력이 생긴다고 하는데, 맞는 말입니다. 하다 보면 어느 순간 저절로 느껴집니다. 끈기 있게 나아가면서 제 자신에 대한 믿음을 만들어내고 그걸 밑천 삼아 끈덕지게 밀어붙이면 잘될 때가 옵니다. 일단 잘되면 그때는 또 뭘 해도 잘됩니다. 이걸 바라고 사는 거죠."

내 몫의 어둠 길들이기

기원전 5세기 고대 그리스의 소포클레스가 쓴 《안티고네》라는 비극 작품이 있다. 테베의 왕 오이디푸스가 사망하자 두 아들은 교대로 나라를 통치하기로 한다. 하지만 왕권을 잡은 형이 자리를 내놓지 않자 동생이 반발해 혈육 간 전쟁이 벌어지고 결국 둘 다 전사하고 만다. 덕분에 왕에 오른 삼촌은 사망한 두 조카를 완전히 다르게 대한다. 왕이었던 형에 대한 장례는 후하게 치르지만 동생에 대해서는 국법으로 장례나 애도를 금한다. 반역을 했다는 이유에서다. 두 여동생 또한 의견이 갈린다. 안티고네는 그래도 오빠인데 외면하면 인륜에 어긋난다며 기어코 장례를 지내려고 하지만 다른 여동생 이스메네는 국법이니 지켜야 한다고 한다. 이때 안티고네가 의미심장한 한마디를 한다. [1]

"오빠를 내 손으로 묻을 거야. 내가 이걸 했다고 죽는다 해도 그렇게 죽으면 영광일 거야. 너는 상관하지 마. 나는 이 무시무시한 일을 견딜 테니까."

안티고네는 실제로 자신의 생각을 실천한다. 믿음을 행동으로 옮기고 그것에 목숨을 바친다. 죽음으로 무시무시한 일을 견딘다. 독일의 철학자 하이데거는 '이 무시무시한 일을 견디는' 것을 두고 이렇게 말했다.

'지금 여기에서 일어나고 있는 알 수 없는 이상한 현실을 자신의 본질로 수용하는 것.'

뭔가가 얼른 지나가기를 바라며 움츠리고 있는 게 아니라 '알 수 없는 이상한 현실을 자신의 본질로' 받아들이고 담담하게 겪어내는 게 견딘다는 것의 참의미라는 것이다.

열정이란 게 뭘까? 내 안의 뭔가를 불사르는 것일까? 열정passion

은 고대 그리스어로 '견디다'라는 의미를 가진 '파세인pathein'에서 나왔다. 무시무시하지만 의미 있다고 생각하는 것을 내 것으로 만드는 것이 바로 열정인 것이다.

누구나 어둠 속으로 들어가는 걸 무서워한다. 그 속에 무엇이 있는지 모르기 때문이다. 그래서 어둠 속으로 들어간다는 건 어떤 사람이 될지 스스로 선택하는 일이다. 사업을 하기 위해 불확실성 속으로 들어가는 것도 마찬가지다. 사업을 하겠다는 건 온몸으로 고민하면서, 여기에 삶을 바친다는 것이다. 위험하지만 의미 있는 길을 가겠다는 것이다. 한 시인은 이걸 이렇게 표현했다.

산다는 건/ 누구나 자기 몫의 어둠을 길들이는 일 (…)
붉은 꽃을 피우는 일 (휘민, 〈숨은 꽃〉)

그렇다. 산다는 건 내 몫의 어둠을 길들여 빛을 만들고 그 빛으로 다시 또 다른 어둠을 헤치고 나아가는 것이다. 그렇게 꽃을 피우는 일이다. 그래서 니체는 또 이렇게 말했을 것이다.

"위험하게 살라."

니체는 왜 위험하게 살라고 했을까? 지금 위험하게 살아야 미래가 덜 위험해지기 때문이다. 위험하게 살수록 덜 위험해지는 게 세상의 이치이기 때문이다. 이게 진짜 잘사는 길이기 때문이다.

모퉁이와
꽃자리

많은 사장들이 혼자 부르는 노래가 있다. 다른 사람들과 있을 때 부르면 궁상맞다고 해서 혼자 부르는 노래, 조용필의 '킬리만자로의 표범'이다.

> 바람처럼 왔다가 이슬처럼 갈 순 없잖아. 내가 산 흔적일랑 남겨둬야지. 묻지 마라. 왜냐고 왜 그렇게 높은 곳까지 오르려 애쓰는지 묻지를 마라. (…) 살아가는 일이 허전하고 등이 시릴 때 (…) 모든 것을 거니까 외로운 거야. (…) 모두를 건다는 건 외로운 거야

생각보다 시간이 훨씬 더 많이 걸렸기에 몇 번의 고비가 있었고 그럴 때마다 나도 그들처럼 이 노래를 혼자 부르며 길을 찾아야 했

다. 덕분에 여기까지 올 수 있었다.

'사장의 딜레마'가 어디에서 시작되는지를 탐색하러 떠난 이번 여정은 한 점, 정상을 오르는 일이 아니었다. 분명히 세상에 존재하지만 제대로 알려지지 않은 곳을 하나하나 더듬어 표시하는, 지도를 그리는 것 같은 일이었다. 이제 마침표를 찍지만 이게 끝이 아니고 더 정밀한 탐색의 시작일 것이라는 생각이 든다. 참 수도 없이 헛걸음했던 것 같은데 생각해보니 덕분에 앞으로는 헛걸음을 많이 줄일 수 있을 것 같은 반가운 마음도 든다.

생각지도 않았던 곳에서 자신들의 마음을 열어준 많은 사장님들과 밑도 끝도 없는 질문에 생각하기도 싫은 걸 떠올리느라 힘들었을 많은 분에게 감사를 드리고 싶다. 그들이 아니었으면 어떻게 이 '마음의 지도'를 만들 수 있었을까. 대부분 "내가 이런 말 했다고 하지 말아달라"고 하는 까닭에 '그들'이나 '어떤 사장'으로 표현되었지만 그들의 이름은 내 마음속에 분명하게 기록되어 있다. 때로는 10~20분밖에 안 되는 짧은 시간에 한두 시간을 해도 모자랄 중요한 이야기를 해준 분들의 얘기를 담아와 책상 앞에서 찬찬히 풀어볼 땐 언제나 마음이 아렸다. 얼마나 무거운 짐을 지고 있고 고민하고 있길래 그랬을까 싶었다.

재미있으면서도 마음이 짠했던 건 몇몇 사장님들께 집필 중인 원고를 검토해달라고 했을 때였다. 다들 "내가 이런 얘기도 했느냐"고 깜짝 놀라거나 "내가 술에 많이 취했던 것 같다"며 너무 많은 얘기를 한 듯 난감한 표정을 지었다. 식사 반주로 몇 잔 한 적은 있지만 '마신' 적은 없는데 말이다. 사실 그들이 읽은 사례들은 그들이 해준 얘기 속에 없었다. 그런데도 마치 자신들이 말해준 것처럼 느꼈던 건 사장으로 살아야 하는 일들이 대체로 같기 때문일 것이다.

마지막에 이 여정에 참여한 출판사 분들도 고생 많았다. '사장의 마음'을 다룬 내용이라 엄청나게 까다롭게 굴었기 때문이다. 흐름출판 유정연 대표와 송병규 팀장, 최창욱 팀장, 임충진 팀장, 신묘정 파트장을 비롯한 직원들에게 이 자리를 빌려 감사의 인사를 전한다. 몸이 안 좋은 상태에서도 교정교열에 도움을 준 이양훈 작가에게도 고맙다는 말을 전하고 싶다.

세상은 이제 한 번도 가본 적 없는 커다란 모퉁이를 돌고 있는 것 같다. 단순한 시대 변화나 불경기가 아니라 한 시대가 새로운 방향으로 향하는 시대적 전환기라는 모퉁이다. 하루하루 최선을 다해 열심히 산다고 내일도 사업을 할 수 있는 게 아닌 세상에 살고 있는 것이다. 이 책 말미를 쓸 때 만난 한 알짜 중소기업 오너는 "(후계자인) 아들에게 잘하라고 하지만 사실 나도 어떻게 해야 할지 모르겠다"고 했다. 산전수전 다 겪어온 그에게도 지금 이 시대는 어디로 가야 할지 알 수 없는 어려운 시대인 것이다.

하지만 이런 때일수록 마음을 가다듬는 시간과 노력이 필요하다. 화살이 몇 개 남지 않았을 때 사냥꾼의 면모가 드러나는 법이다. 세상은 우리를 힘들게 하고 내가 어떤 약점이 있는지를 아프게 드러내도록 만들지만 자신감이라는 살아가는 힘을 전해주기도 한다. 어떻게 살아가느냐가 문제다. 나를 알고, 사람을 알고, 세상을 아는, 본질에 대한 깊은 이해와 통찰로 장애물을 넘고 길을 찾아야 한다. 11년 전《사장으로 산다는 것》의 에필로그에 '사장도 인간이니까'라는 말로 끝냈는데 알고 보니 잘 모르고 맞힌 정답이었다. 인간을 알고 세상을 알아야 한다.

네가 시방/ 가시방석처럼 여기는/ 너의 앉은 그 자리가/
바로 꽃자리니라. (구상, 〈꽃자리〉)

이 책을 쓰는 내내 이 말이 잊히지 않았다. 사장이라는 자리와 역할을 한 마디로 나타낸 말이 아닌가 싶다. 니체는《자라투스트라는 이렇게 말했다》에서 이런 말을 하고 있다.

"인간은 동물과 초인 사이를 잇는 밧줄, 심연 위에 걸쳐 있는 밧줄이다. 저편으로 건너가는 것도 위험하고 도중에 있는 것도, 뒤돌아보는 것도, 벌벌 떨며 멈춰 서 있는 것도 위험하다."

사장으로 대표되는 리더는 아마 이 밧줄의 맨 앞에 있을 것이다. 돌아갈 수 없는. 그런데 돌풍이 불어오면서 밧줄이 심하게 흔들리고 있다. 어떻게 해야 할까?

1939년 런던은 거의 패닉 상태였다. 2차 세계대전을 일으키며 유럽을 휩쓴 독일이 무차별 미사일 공습에 이어 곧 영국에 상륙한다는 소문 때문이었다. 공포는 흉흉한 소문을 낳고, 소문은 더 큰 공포를 낳는 법이다. 국왕인 조지 6세와 윈스턴 처칠 수상은 공포에 떠는 국민에게 세 가지를 부탁했다.

"자유가 위험에 처했습니다. 모든 힘으로 맞서야 합니다. 여러분의 용기와 기운, 그리고 결심이 우리에게 승리를 가져다줄 것입니다. 침착하게 하던 일을 계속하십시오.(Keep calm and carry on)"

그렇다. 우리가 원하는 삶을 위협하고 있는 지금의 이 어려움을 온몸으로 맞서야 한다. 온몸으로 살아야 한다. 용기를 내고 기운을 차리고 마음을 굳게 먹어 이겨내야 한다. 그렇게 계속 나아가야 한다. 가던 길을, 가고자 했던 길을 계속 가야 한다.

프롤로그 | 회사에서 도망간 CEO

1 아담 브라이언트, 《사장실로 가는 길》, 윤영삼 옮김, 가디언, 2012년,
   261~262쪽

PART 1 외롭더라도 혼자 가야 한다

1 나는 잘하고 있는 걸까

1 한애란·남윤호·황세희·변선구, 중앙일보 2010년 5월 20일자, 인터뷰-
   산부인과 의사 출신 신창재 교보생명 회장, "사원과 소통하며 기업문화
   바꿔"
2 홍사중, 《나는 한없이 살았다》, 살림출판사, 2002년, 185~186쪽, 292쪽
3 어수웅, 조선일보 2013년 2월 21일자, 시인 신달자 "우아한 시인? 굴욕을
   씹으며 여기까지 왔다"

4 박현영, 중앙일보 2010년 7월 25일자, 양귀애 대한전선 명예회장 "측근은 자신보다 나은 사람으로…"

5 이경민, 중앙일보 2013년 2월 16일자, '링컨' 열연 대니얼 데이 루이스

6 강호철, 조선일보 2009년 5월 29일자, 감독으로 맞붙은 허재, 강동희

2 혼자, 죽음 다음의 형벌

1 보리스 페드로비치 세르게이예프, 《동물들의 신비한 초능력》, 이병국·조영신 옮김, 청아출판사, 2000년, 189~190쪽

2 프랑크 쉬르마허, 《가족-부활이냐 몰락이냐》, 장혜경 옮김, 나무생각, 2006년, 17~28쪽. Grayson, D.K.: "Differential mortality and the Donner Party Disaster", in evolutionary anthropology, 1993, 2, S. 151-159

3 존 카치오포·윌리엄 패트릭, 《인간은 왜 외로움을 느끼는가》, 이원기 옮김, 민음사, 2013년, 13~65쪽, 238~258쪽

4 존 어데어, 《리더의 탄생》, 이윤성 옮김, 미래의창, 2008년, 407쪽

3 결국 혼자 가는 길

1 내셔널지오그래픽 채널, 다큐멘터리 〈왕이 된다는 것〉, 2009년 1월 17일 방영

2 폴 존슨, 《영웅들의 세계사》, 왕수민 옮김, 웅진지식하우스, 2009년, 332쪽

3 마크 뷰캐넌, 《사회적 원자》, 김희봉 옮김, 사이언스북스 2010년, 129쪽

5 혼자 밥 먹을 수 있는가?

1 엘리아스 카네티, 《군중과 권력》, 강두식·박병덕 옮김, 바다출판사, 2002년, 561~562쪽

2 로이 스트롱, 《권력자들의 만찬》, 강주헌 옮김, 넥서스Books, 2005년,

126~179쪽

3 노명우,《혼자 산다는 것에 대하여》, 사월의 책, 2013년, 200쪽

6 내일을 사는 힘, 나만의 그곳

1 그래엄 터너,《침묵, 삶을 바꾸다》, 박은영 옮김, 열대림, 2014년, 33~41쪽

2 노명우,《혼자 산다는 것에 대하여》, 사월의 책, 2013년, 204~205쪽

3 장원준, 조선일보 2008년 12월 9일자, "세계 경기 침체 10년 갈수도… 한
   국 혹독한 불황 대비해야"

4 고야마 군도,《무심코 좋은 생각》, 이준호 옮김, 위즈덤하우스, 2014년

PART 2 괴롭더라도 같이 가야 한다

7 져주는 힘

1 이응선,《청계천을 떠나며》, 황금가지, 2003년, 45쪽

2 Pearce, Jone L. & Xu, Q. J. Organization science 2012 vol. 23, no. 2:
   373~385, "rating performance or contesting status: evidence against
   the homophily explanation for supervisor demographic skew in
   performance ratings"

9 먼저 주고 다가선다는 것

1 《구약성서》〈신명기〉 24장

10 기다리는 마음

1 오강남 풀이,《장자》, 현암사, 1999년, 379~380쪽

2 양준영, 한국경제신문 2006년 10월 9일자, 조정남 SK 텔레콤 부회장 "직원들 믿고 일했더니 CEO까지 됐죠"

3 배우근, 스포츠서울 2014년 10월2 8일자, 夢人 염경엽 감독 "욕 좀 그만하라고 해요" / 이재국, 스포츠동아 2014년 10월 28일자, 잠잘 때도 야구 꿈꾸는 염경엽 감독)

4 장평순, 한국경제신문 2010년 4월 12일자, 기다림의 리더십

5 아잔 브라흐마, 《술 취한 코끼리 길들이기》, 류시화 옮김, 도서출판 이레, 2008년, 133~134쪽

11 흔들릴 것인가, 흔들 것인가

1 함규진, 《왕의 투쟁》, 페이퍼로드, 2007년, 79~145쪽

2 함규진, 같은 책, 79~80쪽

12 생각은 혼자하고 행동은 같이하라

1 볼프 슈나이더, 《위대한 패배자》, 박종대 옮김, 을유문화사, 2005년, 149~166쪽

PART 3 어렵더라도 불확실성과 싸워야 한다

14 등산하는 직원, 탐험하는 사장

1 권재현, 경향신문 2006년 10월 19일자, "숍매니저가 고객 마음 읽는 법은?"

15 신사업은… 애간장이고 목숨줄

1   블라디미르 클라우디에비치 아르세니에프 지음, 《데르수 우잘라》, 김욱 옮
    김, 갈라파고스, 2006년, 315~322쪽. 전작인 《시작하라 그들처럼》 초판에
    게재하고 개정판에서 제외시켰던 것을 여기에 실었다.

2   홍사중, 《나는 한없이 살았다》, 살림출판사, 2002년, 184쪽

16 니체는 왜 위험하게 살라고 했을까?

1   배철현, 경향신문 2015년 10월 30일자, 배철현의 심연-열정

사
장
의
길

·

오늘이 힘들다면…
당신은 잘하고 있는 겁니다.